대한제국기 형사재판과 의병판결

이 저서는 2014년 대한민국 교육부와 한국학중앙연구원(한국학진흥사업단)을 통해
한국학 분야 토대연구지원사업의 지원을 받아 수행된 연구임(AKS-2014-KFR-1230010-).

동국대학교 대외교류연구원·인간과미래연구소 일제하 형사판결문 해제집 1

대한제국기 형사재판과 의병판결

초판 1쇄 발행 2020년 2월 10일

저 자 | 김항기
펴낸이 | 윤관백
펴낸곳 | ⬛돌선 선인

등 록 | 제5-77호(1998.11.4)
주 소 | 서울시 마포구 마포대로 4다길 4 곳마루 B/D 1층
전 화 | 02) 718-6252 / 6257
팩 스 | 02) 718-6253
E-mail | sunin72@chol.com

정가 24,000원

ISBN 979-11-6068-348-6 94910
ISBN 979-11-6068-347-9 (세트)

동국대학교 대외교류연구원 · 인간과미래연구소
일제하 형사판결문 해제집 1

대한제국기 형사재판과 의병판결

김 항 기

 도서출판 선인

▌ 발간사 ▌

이 책은 동국대학교 대외교류연구원이 한국학중앙연구원의 지원을 받아 3년간(2014년 9월 1일부터 2017년 8월 31일까지) 연구한 「일제강점기 형사사건기록의 수집·정리·해제·DB화」 사업의 결과물을 간행한 것이다.

일제하 식민지 사회는 전통과 근대, 지배층과 피지배층이 교차하고 공존하는 시기로 복잡다기한 사회적 갈등이 새로운 양상으로 표출되던 공간이었다. 전통 사회의 해체과정에서 생성된 다양한 계층이 근대적 문물을 접하면서 욕망하는 개인으로 존재감을 드러내기 시작하였으나, 다른 한편 그들 모두가 일본의 핍박과 억압에 저항하거나 순응하는 피지배자의 굴레를 벗어날 수가 없는 운명공동체이기도 하였다. 이 같은 전환기 식민시대 조선인의 이중성을 인식하지 않고는 당시 상황의 본질을 이해하기가 어렵다.

그동안 식민지 사회의 연구는 그 시기 소수의 지식인들이 집필한 저서의 분석이 주를 이루었다. 그러기에 저자들의 주관적 사상이나 현실과 유리된 지식의 울타리에 머무를 수밖에 없었다. 당연히 식민지 사회의 다수를 차지했던 일반인, 특히 하층민들의 삶과 의식에 대한 연구는 뒷전으로 밀릴 수밖에 없었다. 그런 의미에서 식민지인의 일상을 그대로 조명할 수 있는 새로운 자료의 발굴은 있는 그대로의 식민지 사회를 이해하기 위해 반드시 필요한 과제라고도 할 수 있다.

형사사건 기록은 일제강점기 다양한 계층의 일상을 민낯으로 보여주기에 식민지 사회의 이중적이고 복합적인 모습을 있는 그대로 드러낸다. 동시에 일제의 형사법 체계가 어떻게 이루어져 있고, 그것이 식민지 조선 사회에 어떤 영향을 미쳤는가를 보여준다. 나아가 식민지 시대 형사법을 계승한 해방 이후 및 현대의 형사법 체계를 이해하는 데도 도움을 준다.

이 책은 일제강점기를 크게 ① '무단통치기'(1910~1919년) ② '문화통치기'(1920~1929년) ③ '전시체제기'(1930~1945년) 등 3시기로 구분하였다. '무단통치기'는 일제에 의해 조선총독부가 설치되면서 조선에 대한 식민지배가 본격화되는 시기이다. 1910년 한일병합시기부터 1919년 3·1운동 시기까지의 다양한 민중들의 삶과 사회적 문제, 3·1운동 관련 판결문 등을 다루었다. 그런데 이 책에서는 대한제국시기 『형법대전』이 만들어지고 근대적 형법체제가 형성되지만, 을사늑약 이후 통감부가 설치되면서 일제의 정치적 개입과 경제적 침략이 전개되면서 의병운동이 일어나던 시기의 관련 판결문을 포함하였다.

1920년대 '문화통치기'에는 일제의 탄압이 고도화되고 치밀해지고, 일본제국주의 독점자본이 도시와 농촌까지 장악하면서, 전통적인 삶의 양식이나 습속, 의식 등에서 '야만'과 '문명'이 충돌하게 된다. 형사사건의 유형에서도 '저항'과 '협력' 사이에서 고뇌하고 분노하는 조선인들의 이중적 모습이 각양각색으로 나타난다.

'무단통치기'와 '문화통치기'에 일제는 「조선태형령(朝鮮笞刑令)」(1912년, 제령 제13호)을 폐지하고, 「정치에 관한 범죄처벌의 건」(1919.4.15, 제령 제7호)을 제정하여 '집단적 독립운동의 기도'에 대해 형벌을 가중하면서 탄압을 본격화한다. 또한 1925년 5월 「치안유지법(治安維持法)」을 공포하여 식민지의 독립과 해방을 추구하는 모든 행위를 이 법의 적용대상으로 삼았다. 그러기에 이 시기 조선 독립운동 사건 가운데 상당수가 살인, 강도, 사기 등 범죄 행위로 왜곡된다.

1930년대의 '전시체제기'에는 세계대공황과 함께 일제도 다른 제국주의 국가들처럼 자국의 독점자본의 위기와 공황의 타개책을 모색하였다. 1931년 만주사변과 1937년 중일전쟁의 발발은 이러한 일본제국주의 위기의 돌파구였다. 이에 일본제국주의는 식민지 조선을 대륙침략의 전진기지로 활용하면서 경제적 지배정책도 병참기지화로 선회하였다. 특히 1938년 이래 국가총동원법의 시행에 따라 '가격통제령', '미곡통제령', '국민징용령', '임금통제령', '물자통제령', '국민근로동원령' 등이 발효되면서 식민지 민중에 대한 탄압도 고도화되었다. 일제는 식민지 민중의 저항을 억압하기 위해 '조선사상범보호관찰령', '조선사상범예방구금령'을 제정하여 치안유지법 위반자 중 기소유예, 집행유예, 가출옥, 만기출옥한 자를 2년 동안 보호관찰하고, 더 나아가 계속 구금할 수 있는 법적 기반을 마련하였다. 또한 '조선임시보안령' 등을 제정하여 언론, 출판, 집회, 결사 등 기본권을 제한하였다. 이러한 탄압에도 불구하고 지속적으로 증가하는 식민지인의 일상적 저항이 판결문 및 형사기록 등에서 확인된다.

이 책은 일제 강점기 일반 형사사건의 기록물을 통해 당시 민초들의 일상적 삶을 엿보고 형사법 체계에 반영된 식민지 통치의 변화를 추적한다. 이 연구를 통해 일제강점기 형사사건 기록물과 판결문 및 이와 관련된 신문조서나 당시 발행된 신문·잡지 등의 자료 활용이 용이하게 되기를 기대한다. 더불어 보다 많은 연구자들이 이 연구에 의한 기초자료의 분석·해제와 DB를 토대로 일제시대 다양한 형사사건 자료에 자유롭게 접근하게 되길 바란다. 나아가 일제강점기 형사법의 성립과 변천 과정에 대한 세밀한 기록이 형사법 체계의 발달사에도 기여하게 되기를 기대한다.

이 연구는 기록물을 일일이 찾아 선별하여 상호 교차 검토하고 해제한 후, 이를 교열·감수하는 지난한 작업공정으로 이루어졌다. 참여 교수들 모두가 최대한 객관적이고 정확한 해제를 하려고 노력하였음에도 불구하고, 다소의 주관적 요소나 오류가 발견된다면 연구팀 공동의 책임이다. 이 연구에는 연구책임자인 본인을 포함하여 여러 선생님들이 참여하였다. 특히 이 책이 나오기까지 대외교류연구원 고재석 원장님과 하원호 부원장님을 비롯하여 공동연구원인 서울대 규장각의 윤대원 선생님, 국사편찬위원회의 김득중 선생님, 형사사건기록 연구팀 구성원인 이홍락 선생님, 전명혁 선생님, 박정애 선생님과 연구행정과 책 집필까지 맡아 준 김항기 선생께 감사드린다.

2020년 2월
연구책임자 동국대학교 조성혜

▌차 례 ▐

1

의병관련 사건

– 내란(內亂) 적용

1) 서은구 판결선고서(1907.05.18. 平理院)

피고 서은구와 피고 엄해윤과 피고 노공일에 대한 안건을 검사 공소에 의해 심리하였다. 피고 서은구는 작년 음력 11월 19일에 처음으로 만나 인사하여 알게 된 노응규(盧應奎)의 초대를 받아 황간 상촌에 갔다. 그곳에서 노응규가, "지금 일본이 우리나라를 압제하여 인민이 곤란을 받고 있으니 이대로 좌시할 수 없다. 우리 또한 국민으로 외국에게 수모를 당함이 어찌 분하지 아니한가? 뜻을 같이 하는 많은 인사를 모아 모두 경성통감부에 가서 설전(舌戰)하여 외국인을 물리쳐서 우리나라의 종사(宗社)와 생령(生靈)을 편안하게 할 것을 기약하자. 만약 이것이 여의치 않으면 같이 죽어 돌아오지 말자"고 하였다. 서은구는 "집에는 늙으신 부모가 있고 나는 재주도 없으니 협력하여 도모할 수 없다"고 대답하였지만, 노응규가 협박하는 말로써 회피하지 못하게 하여 부득이 말을 따르겠다 하였고 이에 같이 묵었다가 다음날 새벽에 잡혔다고 했다. 박상삼(朴相三) 집에서 총을 탈취하여 정거장을 격파하자는 말은 단지 노응규의 말을 들은 것이지 처음부터 함께 계획하지 않았고, 마패(馬牌)를 위조한 사정 역시 듣지도 알지도 못하는 일로 잡혀온 후에 비로소 노응규의 공술을 듣고 알게 되었다 했다.

피고 엄해윤은 본래 의술을 직업으로 하는 자로 작년 음력 11월 20일에 처음으로 만나 인사하고 알게 된 서은구의 병 치료를 요청 받고 황간 상촌에 갔다. 가서보니 노응규와 서은구가 같이 있었다. 노응규가 의병을 일으키자고 논의하면서 "많은 인사를 모아 경성통감부로 가서 국권회복의 일로 설전하자"고 하기에, 그것 참 장하다고 했으나 처음부터 함께 계획한 일이 없고 서은구의 병을 치료하고자 묵었다가 다음날 새벽에 잡힌 것이다. 의병을 일으켜 공격한다는 말은 아는 바가 없고 비록 그 일을 하고자 하더라도 본래 오랜 병이 있어 수족(手足)을 쓸 수 없는데 어찌 병사를 부리는 일에 참여할 수 있겠는가? 몸 상태를 보아 깊이 헤아려 주길 바라며 마패 위조의 사정 또한 노응규를 만난 지 얼마 되지 않아서 어찌 알 수 있겠으며, 다만 의병을 일으키는 일을 듣고는 장하다고 했을 뿐이라 했다.

피고 노공일은 지난해 음력 11월 20일에 약을 구하여 돌아오던 중에 황간 상촌에 사는 집안 어른인 노응규의 집에 들렀는데, 노응규가 장차 의병을 일으키려 하니 너도 역시 나를 따라 심부름을 하라 말하기에, 집안이 어려우며 부모님이 연로하시고 나이가 어려 아는 것이 적으니 승낙할 수 없다고 했으나 계속 강권하여, 일의 상황은 처음부터 의논한 바 없이 화약 1봉(封)을 이유춘(李有春)에게 전하라 하기에 집안 어른의 명을 거역할 수 없어 부득이 한차례 심부름하다가 중도에 잡혀왔으며, 마패를 수선한 사정은 처음부터 듣지 못한 일이라 그 사실은 피고 등의 진술에 증거가 명백하다.

해 제

본 문서는 국가기록원 소장 관리번호 CJA-0000021-0045 문서로 의병에 가담했던 서은구, 노공일, 엄해윤의 판결서이다. 평리원 판결문이고 재판장은 이윤용(李允用), 배석판사는 김정목(金正穆)·김택(金澤)·안치윤(安致潤)·이용성(李容成)·이용상(李容相)·육종면(陸鍾冕)이 재판을 담당했고 주사 이용의(李溶儀)가 참여했다. 국한문 문서로 모두 7쪽으로 구성되어 있다. 피고인은 경상남도 거창군 거주 전 참봉(參奉), 피고 서은구(徐殷九) 32세, 경상남도 창녕군 거주 유업(儒業), 피고 노공일(盧公一) 26세, 강원도 영월군 거주 의술(醫術), 피고 엄해윤(嚴海潤) 44세 3인이다.

사실관계를 먼저 파악해보면 먼저 피고 서은구는 노응규의 초대로 그를 찾아갔다 협박에 의해 의병에 참여하게 된다. 따라서 사건의 발단을 제공한 사람은 노응규라 할 수 있다. 노응규에 대해 살펴보면, 경남 안의 출신의 의병장이다. 본관은 광주(光州)로 경남 안의에서 노이선(盧以善)의 2남으로 태어났다. 어려서부터 유학 공부에 힘썼다. 당시 영남 유림의 권위로 알려진 성재 허전(許傳)의 문하에서 수학하였다. 그는 면암 최익현을 찾아 사사하고, 연재 송병선, 입재 송근수에게도 나아가 학문을 연마하고, 국가사를 논의하기도 하였다. 이때 일본은 을미사변을 일으키고 이어 단발령을 내렸다.

1896년 1월 7일에 노응규는 승려 서재기 등과 안의에서 거의하였다. 노응규는 국왕에게 창의소를 올려서, 창의의 불가피함을 강조하고 사방에 격문을 돌려 민중들의 적극적인 참여를 호소하였다. 이를 통해 진주 일대를 장악한 진주의병은 3월 28일에 부산을 공략하기 위해 의병 부대를 김해로 이동시켰다. 하지만 일본군 측은 사전에 정보를 수집하여 준비를 갖추고 있었다. 의병부대를 먼저 공격해 온 일본군과 4월 11~12일간 김해에서 치열한 공방전을 벌였으나 정한용이 관군과 결탁하여 노응규를 배반하여 진주성이 함락되고 말았다. 또한 아버지와 형 응교(應交)가 살해되고, 가산을 몰수당하였다.

1897년 10월에 상경하여 「지부자현소(持斧自見疏)」를 올리고, 1902년에 동궁시종(東宮侍從)의 직책을 맡았으나, 을사늑약 이후 관직을 그만두고 1906년 6월에 최익현 의진에 합류하고자 했다. 그러나 순창 일대에서 거의한 최익현 의진이 해산되어 실현하지 못하였다. 이후에도 의병 활동을 계속 이어나가서 1906년 가을에 매곡면 일대를 훈련소로 삼아 인근의 이장춘, 문태수 의진의 의병들과 함께 합동 훈련도 실시하고 경부철도 파괴, 열차 전복 등의 활동을 하였으나, 체포되어 한성경무서 감옥에서 옥중 투쟁을 계속하다가 옥사하였다(1907.02.16).[1]

따라서 노응규는 사망하였으므로 더 이상 살펴볼 필요가 없다고 판단하고 피고 서은구, 피고 노공일, 피고 엄해윤의 행위를 심사했다. 먼저 서은구의 경우 노응규의 협박에 의해 의병에 합류하였고 정거장 격파, 마패 위조 등은 모르는 일이라고 진술했다. 엄해윤은 의관이기 때문에 노응규 집에 묵던 서은구의 병을 치료차 들렀을 뿐이라고 진술했다. 의병이 장하다고 생각은 하지만 자신은 불구의 몸이고 따라서 그 활동에 관여하지 않았다고 주장했다. 마지막으로 노공일은 노응규가 화약 1봉을 이유춘에게 전하라 하기에 집안 어른의 명을 거역할 수 없어 부득이 한차례 심부름하다가 중도에 잡혀왔으며, 마패를 수선한 사정은 처음부터 듣지 못한 일이라고 진술했다.

이에 재판부는 내란율인 『형법대전』 195조를 적용하였다. 내란죄라 함은 폭동에 의해 국가의 존립과 헌법질서를 위태롭게 하는 범죄, 즉 국토를 참절(僭竊)하거나 국헌을 문란하게 할 목적으로 폭동 함으로써 성립되는 범죄이다. 내란죄는 국가적 법익에 대한 죄의 영역에 속한다. 국가적 법익에 대한 죄라 함은 국가의 존립과 권위 또는 국가의 기능을 보호하기 위한 범죄를 말한다. 그러므로 국가적 법익에 대한 죄는 국가의 존립과 권위에 대한 죄와 국가의 기능에 대한 죄로 나누어 볼 수 있다. 내란죄는 이 중 국가의 존립과 권위에 대한 죄의 영역에 속한다. 국

[1] 홍순권, 「한말 경남 서부지역의 의병활동」, 『지역사회연구』 5, 1997; 조용욱, 『우리 역사문화의 갈래를 찾아서』, 역사공간, 2011; 박은식, 『독립운동지혈사』 참조.

가의 존립과 권위에 대한 죄는 국가의 존립을 보호하기 위한 국가보호 형법과 국가의 권위를 보호하기 위한 범죄를 포함하고 있다.

피고 서은구는 의병을 일으키자는 말을 듣고 장하다고 했으나 함께 하자는 노응규의 의견에 할 수 없다고 사양하였다가 마침내 협박을 이기지 못하고 부득이 허락하고 따랐고,

피고 노공일은 집안 어른의 명을 따라 한차례 심부름을 하던 중에 잡힌 것이고, 피고 엄해윤은 서은구를 치료하기 위하여 찾아 갔다가 의병을 일으키자는 말을 듣고 쓸데없이 장하다고 했을 뿐이고 협의한 정황과는 다르므로 참가한 사정을 법에 비추어볼 때 용서할 만한 사정이 없지 않다고 판단하였다. 이에 따라 동법 135조와 137조에 의해 감형하여 각각 유배 7년에 처한다고 판결하였다.[2]

---

[2] 적용 법률의 내용은 아래와 같다(『한말근대법령자료집』 4, 147쪽).
　　제135조 從犯은 首犯의 律에一等을 減함
　　제137조 未遂犯은 左開에 依하여 處斷함이라
　　　　一 死刑의 罪에는 一等을 減함이라
　　　　二 流刑과 役刑의 罪에는 二等을 減함이라
　　　　三 禁獄의 罪에는 三等을 減함이라
　　　　四 笞刑의 罪에는 四等을 減함이라

2) 민종식 외 6인 판결선고서(1907.07.02. 平理院)

(CJA-0000021-0045)

　피고 민종식, 피고 이용규, 피고 박윤식, 피고 김덕진, 피고 곽한일, 피고 정재호, 피고 황영수의 안건을 검사의 공소에 의해 심리하였다.

　피고 민종식은 진술하기를, "슬프다. 일본이 병자통상 이후로 갑신 10월의 변이 있었고, 또 갑오 6월의 변이 있었고, 을미 8월에 이르러 우리 국모를 시해하였다. 을사 10월에는 우리 정부 대신과 체결하고 우리 임금을 공갈 협박하여 강제로 5조약을 성사시켜 국권을 점탈하여 우리의 생령(生靈)을 노예로 하였다. 이에 내가 격해져 충분을 참지 못하고 장차 일본인을 토멸(討滅)하여 5적을 다 죽이고 우리 국권을 회복하여 우리 생령을 구하고 종사를 편안케 할 계획으로, 병오년(1906) 봄에 의병을 일으켰다. 같은 해 4월 18일에 홍산에 모여 서천으로 들어가 총, 포, 약환(탄약)을 취하고 남포에 들어가 역시 위와 같이 하고 보령을 지나 결성(結城)에서 묵고 같은 달 26일에 홍주성에 들어가 주둔하니, 총을 멘 군인이 6백여 명, 창을 잡은 병사가 2백여 명, 무기를 들지 않은 백면서생이 300여 명이었다. …(중략)… 같은 달 27일부터 윤 4월 초8일까지 전투나 수비 중 죽은 일본인이 대략 10여 명, 사로잡아 총살한 자가 전후 합쳐 4명, 같은 날 한밤중에 패하여 도망칠 때 따르던 무리 중에 성 동문에서 전사한 자가 몇 있었으나 그 수를 자세히 알지 못하고, 단신으로 성을 넘어 결성(結城)에 들어가 여러 곳을 돌아다니며 잠복하다가 공주 땅에서 잡혀왔다."고 하였다.

　피고 이용규와 박윤식은 민종식과 뜻이 서로 맞아 동일한 계획으로 홍산에 모여 홍주에 함께 들어가서, 피고 이용규는 참모 대열에 있었고, 피고 박윤식은 향관(餉官)으로 있었다.

피고 김덕진은 민종식과 동일한 뜻으로 공주에 나아가 근거지로 삼을 것을 약속하고 이세영과 같이 공주로 가는 길 중간에서 민종식을 맞이하여 보기로 하였으나 민종식이 곧바로 홍주에 들어갔기에 공주에 주둔할 뜻으로 병사를 나누자고 청하였으나 허락받지 못하였다.

민종식의 전령문을 받아 각 처에 보내서 군병을 모집하다가 윤 4월 초9일에 갑자기 홍주성 함락 소식을 듣고 모집한 사람들을 돌려보내고 여러 곳에 잠복하다가 예산 땅에서 잡혔다고 한다.

피고 곽한일은 본래 최익현의 제자로 민종식과 동일한 뜻으로 병오년 2월경에 최익현에게 '尊攘討復'이라는 기호(旗號)를 얻고 선봉의 명을 받아 윤4월 초5일에 중군 남규진으로 하여금 예산에서 병사를 일으키게 하여 4백여 명의 무리를 이끌고 해미성에 들어가 주둔하고자 했으나 민종식이 홍주에서 포위당했다는 소식을 듣고 홍주로 진입하여 민종식의 참모 대열에 있다가 초8일 밤에 함께 도망갔다고 한다.

피고 정재호는 민종식이 의병을 일으켰다는 소리를 듣고 정산(定山)으로 방문하여 한번 담론(談論)에 뜻이 서로 맞아서 홍산에서 모여 홍주에 들어가 잠깐 중군의 임무를 맡았다고 한다.

피고 황영수는 4월 27일에 민종식의 부름을 받고 홍주성에 들어갔는데 중군의 임무를 주기에 사양하며 책임을 감당하기 어렵다고 하니 이틀 후에 이세영이 대신 임무를 맡았으므로 곧바로 집에 돌아와 농업에 종사하였다고 한다.

(CJA-0000021-0020)
충청남도 홍주군 전 대사성(大司成) 피고 김상덕(金商悳, 55세), 충청남도 홍주군 유생 최상하(29세) 두 피고를 각각 유배 10년과 유배 5년에 처한다. 김상덕은 지난해 10월 신조약[3] 변을 당하자 괴로움을 이기지 못하고 스스로 죽고자 한 지가 오래되었는데 올해 음력 4월에 전 참판 민종식(閔宗植)이 일본의 뜻에 반대하며 홍주성에 들어가 거의(擧義)하고 윤4월에 결사보국의 뜻을 전해 오니, 자신도 홍주 사람이라 의로움을 어렵다고 사양함이 옳지 않고 구차하게 몸을 보존하는 것도 불가하므로 이에 비분강개한 마음으로 가서 보고서, 몸이 병들고 옹졸하여 의병을 할 역량이 안 되지만 단지 목숨이라도 버리자고 결심하였다. 홍주성에 들어가 보니 촌민의 머리에 수건을 두르고 손에는 총 잡은 자가 대략 수백 미만이라. 깊은 밤이 되자 흩어져버리고 자기도 역시 실신했지만 죽지 못하고 난민에 휩쓸려 성을 나와서 여기저기 숨어 지냄에 하루를 살면 하루의 수치가 더해지므로 마침내 자수하여 본원(本院)에 거적을 깔고 처분을 기다리며 엎드려 당장 효시함을 베풀어 다만 감옥에서 죽는 것을 면한다면 죽음의 영광을 얻을 뿐이며 실로 국체를 바르게 할 것이므로 격절함과 애절함을 이기지 못하고 임금께 아뢴다면서 위와 같이 진술한다고 하였다.

피고 최상하는 스스로 김상덕에게 10년을 배워 의리를 깨달은 바 김상덕이 민종식을 따라 함께 죽기를 약속함에 자신도 역시 목숨을 걸고 따랐으나 불행히도 구차하게 살아남았으니, 살아있어도 죽은 것만 같지 못하고, 오늘 김상덕이 본원에 자수하므로 의리는 홀로 편안할 수 없는 것이라 역시 자수하니 함께 처분하기를 엎드려 바란다고 한 사실은 피고인들의 자수 진술에 증거가 명백하다.

....

[3] 1906년 판결문이고 지난해 10월에 체결한 신조약의 변이라고 표현한 것으로 보아 1905년 11월 17일에 체결된 을사조약(일사늑약)으로 추정된다.

(CJA-0000021-0027)

충청남도 남포군 거주 농민 이사성(李思聖, 27세), 같은 도 임천군⁴⁾ 거주 농민 이한구(李漢龜, 33세), 전라북도 구례군 거주 상업 이춘경(李春京, 24세) 이사성은 올해 음력 4월 21일 남포⁵⁾에서 모시를 팔다가 의병에게 피착되어 들어가 창을 잡고 성을 지키다가 홍주로 옮겨갔다가 잡혔다. 피고 이한구는 같은 달 24일 무렵 논과 집을 팔기 위하여 남포로 가는 길에 보령군 대천에서 의병에게 잡혀 홍주성에 따라 들갔다가 임천, 한산 2군(郡)에서 사람을 모으라는 전령을 받아 이사성과 같이 잡혔다. 피고 이춘경은 같은 달 21일 비인군 판교시에서 의병에게 잡혀와 선봉장 박영두에게서 상등병의 임무를 받고 조총을 가지고 남포군에 가서 화약을 수송하고, 같은 달 24일 민종식의 지휘를 받으며 포탄을 수송한 후 간제시에 갔다가 공주 진위대의 병사에게 붙잡혔다.

(CJA-0000021-0031)

경상북도 안동군 거주 의업 박양래(朴樑來, 42세), 평안북도 용천군 거주 농업 김덕원(金德元, 34세) 피고 박양래는 올해 음력 3월에 피고 전덕원을 방문하여 한번 본 후 오랜 친구처럼 사귀어 평안도 유약소(儒約所)를 전덕원 집에 창설하였다. 서로 작년 한일신조약을 성립시키기 위하여 선언한 선천(宣川)의 한국현(韓國顯)은 실로 매국적으로 백성의 재산을 없앤 것이 거만(巨萬)에 이르니 먼저 그를 제거하는 것이 옳다고 은밀히 의논하고, 홍주의병소에 장차 들어갈 것을 결의하였다. 전덕원을 안동현에 보내서 단총 2자루를 구입했으나 홍주성 함락 소식을 들

4) 현재의 충남 부여.
5) 현재의 충남 보령시 남포면.

고 의병을 일으키겠다는 뜻은 포기하고 이민조약(移民條約)을 반대하기
위하여 통문을 여러 곳에 보내다가 의주시 재판소에 잡힌 사실은 두 피
고의 진술 자백에 증거가 명백하다.

(CJA-0000021-0049)

충청남도 해미군 거주, 피고 박두표(朴斗杓) 48세, 피고 박두표의 안
건을 검사 공소(公訴)에 의해 심리하였다. 피고가 진술하기를, 작년 음
력 윤4월 3일에 창의대장(倡義大將) 민종식이 나에게 소모장(召募將)의
임무를 맡긴다는 첩지(帖紙)를 유철준(柳哲濬)이 가지고 와서 전하기에,
다음날 홍주성에 가보니 성문이 이미 닫혀서 명함을 문 앞의 군사에게
주어 민종식에게 보냈다.

곧바로 문을 열어주기에 들어가 민종식을 보고 "저는 기량이 부족하
거늘 어찌 소모장에 임명하였습니까?"라 말하니, 민종식이 "그대의 명성
을 이미 많이 들었기에 임명하였다"고 하였다. 이에 내가 "소모장은 중
대한 임무로 감당할 수 없습니다"라고 하니 민종식이 운량관(運糧官)을
수행하라면서, 해미군 환곡(還穀)을 봉류(封留)하라는 뜻을 이미 해당
군수에게 전령(傳令)하였으니 그대는 해당 군으로 달려가 곡식을 이곳
으로 운송하라고 하기에 결국 허락하고 길을 떠나려 했다. 그러나 일본
병이 와서 의병과 접전하고 같은 달 초6일 아침에 일본병이 퇴군(退軍)
했기에 바로 해미군으로 가서 해미읍에 머물렀다. 다음 날 초7일에 해
당군수가 도피했다고 해서, 등짐장수 7명과 장교 8명으로 하여금 봉류
(封留) 환곡(還穀)을 지키게 하고 바로 집으로 돌아왔다. 초9일 이른 아
침에야 홍주성이 함락 되었다는 소식을 듣고 노모와 함께 마을에서 도
피하였고, 같은 해 섣달에야 집으로 돌아왔는데, 올해 음력 정월 26일에
해당 군 분파소 순사에게 체포되었다고 한다. 창의(倡義)의 목적이 '존

화양이(尊華攘夷)'로 역적을 토벌하여 원수를 갚으려 한 사실은 피고의 진술과 자백에 증거가 명백하다.

피고 박두표를 『형법대전』 제195조 정사를 변경하기 위하여 난을 일으킨 자의 형률로, 제135조 종범(從犯)은 수범(首犯)의 형률에서 한 등급을 감한다는 판결문(文)에 비추어 처벌할만하다. 그러나 의(義)라는 이름을 빙자한 부름에 끝까지 거절하지 못하고 잠시 임무를 받았다가 바로 도피하였는데 이는 우매한 소치에 불과하니 정상을 참작하여 죄 그대로 부과하기 어려우므로 본 법률에서 2등급을 감하여 유배 10년에 처한다.

해 제

본 문서들은 홍주의병 관련 사건들이다. 홍주의병은 1896년과 1906년 두 차례 전개되었다.[6] 1896년 홍주의병은 정부의 개화정책과 일제의 침략행위에 반대하여 단발령공포 직후 봉기하여 김복한(金福漢) 등 주도자들이 체포되어 옥고를 치르는 등 탄압을 받았다. 홍주유생과 민중들은 을사조약에 항거하여 1906년 의병을 다시 봉기하였으며 일본정규군과의 치열한 홍주성 전투를 치렀다.

이 홍주성 전투는 중기의병 중에 최대의 전과를 올렸으며 단일 전투로는 최대의 희생자를 낸 것으로 기록된다. 또한 전국적으로 의병전쟁

---

6) 姜秉植,「韓末 洪州城義兵에 대하여」,『民族思想』2, 1984; 宋容縡 편,『洪州義兵實錄』, 홍주의병유족회, 1986; 柳漢喆,「洪州城義陣(1906)의 組織과 活動」,『한국독립운동사연구』4, 한국독립운동사연구소, 1990; 金祥起,「1895-1896년 洪州義兵의 思想的 淵源과 展開」,『尹炳奭教授華甲紀念 韓國近代史論叢』, 知識産業社, 1990;「조선말 홍주의병의 봉기원인과 전개」,『한민족독립운동사논총』, 1992; 李恩淑,「1905-10년 洪州義兵運動의 研究」, 숙명여대 박사학위논문, 2004.

을 폭발할 수 있게 한 도화선이 되었다.[7]

　1896년에 홍주의병을 주도하였던 안병찬, 채광묵, 박창로, 이세영 등은 을사5조약의 늑결 소식을 듣고 1896년 의병 때와 마찬가지로 적극적인 의병 투쟁을 통한 국권회복 운동을 전개할 것을 다짐하였다. 특히 안병찬은 "왜놈들에게 대권이 옮겨져 있으니 비록 천장의 상소와 백장의 공문서를 올린들 무슨 유익한 일이 있겠는가. 한갓 소용없는 빈말만 할진대 차라리 군사를 일으켜 왜놈 하나라도 죽이고 죽는 것만 못하다"라고 1906년 초부터 의병 봉기를 추진하였다. 그는 동지들과 함께 의병을 초모하는 동시에 정산에 거주하는 전 참판 민종식을 찾아가 총수의 책임을 맡아줄 것을 청하였다. 민종식은 3월 15일(음력, 2월 21일)에 이를 받아들여 의병장에 올랐으며 박토 10여 두락을 팔아 5만 냥을 군자금으로 내놓았다. 민종식은 대장에 추대되어 의진의 근거지를 정산의 천장리로 삼고 항전에 돌입하여 격문과 각국의 공사에게 보내는 청원문과 통문을 작성하였다. 민종식은 의진을 편성하고 광수장터(지금의 예산군 광시면)로 진군하였다. 이들은 이곳에서 편제를 정하고 대장단을 세워 천제를 올리고 의진을 정비하였다. 이들은 이튿날 바로 홍주로 향하여 홍주의 동문 밖 하고개에 진을 쳤다. 다음날 의진은 광시장터로 집결하여 군제를 바로잡고 병사들을 훈련시켜 공주를 공격하기로 하였다. 의병진은 화성의 합천(지금의 청양군 화성면 합천)에 진을 쳤다. 이 소식을 듣고 공주 주재 일본헌병대가 급파되어 홍주군 관군과 함께 오후 6시 먹고개에 도착하여 탐문하고 10시경 합천 인근에 쳐들어와 잠복하였다.

----

[7] 김상기, 「1906년 홍주의병의 홍주성 전투」, 『한국근현대사연구』 37, 2006, 127쪽(이하 홍주의병 관련 내용은 본 논문을 정리하였다).

다음날인 3월 17일(음력, 2월 23일) 오전 5시에 이들의 공격을 받아 안병찬과 박창로를 비롯한 주요 인사들이 체포되어, 의진은 해산되고 말았다. 의병장 민종식은 합천 전투에서 간신히 탈출하여 각지를 잠행하다가 전주에 거주하는 친척 민진석(閔晉錫) 집에서 은신하던 중 이용규 등과 재기를 협의하였다. 곧이어 이용규가 초모한 의병을 중심으로 의병을 재기하였다. 이용규는 합천 싸움에서 패한 뒤 전주, 진안, 용담, 장수, 무주 등지를 돌아다니며 의병을 모집하였다. 그는 여산에서 의진을 결성하고 지티로 와서 민종식을 대장에 재추대한 것이다. 민종식은 다시 대장에 추대되어 부대를 정비하였다. 민종식은 이때 선봉장에 박영두, 중군장에 정재호, 후군장에 정해두를 임명하였다. 이들은 홍산 관아를 점령한 뒤 서천으로 행군하였다. 이튿날 비를 무릅쓰고 문장동을 거쳐서 5월 13일(음력, 4월 20일)에 서천읍에 도착하였다. 의병은 남포에서 대대적인 전투를 벌였다. 남포의 관군은 공주부의 관군과 합세하여 요새인 남포성을 의지하여 반격하였다. 5일간이나 전투가 이어졌으며 의병부대는 남포성의 함락에 성공하여 남포군수를 감금시키고 병사 31명을 의병진에 귀순시켰다. 유회군 33명도 영입하였다. 홍주의병은 결성으로 진군하여 하루를 지내고 5월 19일(음력, 4월 26일)에 홍주로 들어가 5월 20일 아침에 홍주성을 점령하였다. 의병진에서는 진용을 정비하고 소를 잡아 천제를 지냈다. 민종식은 홍주성을 점령하고 나서 인근의 각 군수에게 훈령을 내려 양식과 군기의 징발과 징병의 일을 지시하였다.

일본군은 5월 20일부터 공주의 고문부 경찰과 수원의 헌병부대를 증파하여 홍주성 공격에 나섰다. 그러나 의병은 굳건한 성벽을 이용하여 이들의 총격에 잘 대응하였다. 5월 21일에 일본 경찰대에서 경부와 보좌원 순검 13명이 성을 향해 총을 쏘며 공격하였지만, 의병 측에서는 대포를 쏘아 이들을 물리쳤다. 일본 경찰과 헌병대의 몇 차례 공격에도 전세가 의병 측에 유리하게 전개되자 통감 이토는 주차군 사령관에게 군대 파견을 명령하였다. 사령관 하세가와(長谷川好道)는 5월 27일 대대장의 지휘 아래 보병 2개 중대를 홍주에 파견하여 경찰과 헌병, 진위대에게 협조토록 훈령하였다. 이에 보병 제60연대의 대대장 다나카(田中) 소좌 지휘하에 보병 2개 중대(약 400명)와 기병 반개 소대 그리고 전주수비대 1개 소대가 합세하여 30일 홍주성을 포위하기에 이르렀다. 일본군은 다나카 소좌의 지시에 따라 30일 밤 11시에 동문으로부터 약 500미터 지점의 숲속에 잠복하였으며, 31일 오전 2시 반에 공격을 개시하여 3시경에 기마병 폭발반이 동문을 폭파시켰다. 이를 신호로 하여 일본 보병과 헌병대, 경찰대가 기관포를 쏘며 성 안으로 진입하였다. 또한 2중대 1소대와 4중대 1소대는 각각 갈매지 남쪽 고지와 교동 서쪽 장애물 도로 입구에서 잠복하여 의병부대의 퇴로를 차단하였다. 이때 의병 측에서는 성루에서 대포를 쏘면서 대항하였으나 북문도 폭파되어 일본군이 밀려들었다. 의병은 치열한 시가전을 감행하면서 방어했으나 결국 일본군의 화력에 밀려 많은 사상자를 내고 패배하였다.

홍주성 전투에서 패퇴한 민종식을 비롯한 지휘부는 성을 빠져나왔다. 이용규는 그해 7월에 청양의 추티에서 의병을 재집결하여 부여와 노성 지역을 행군하여 연산의 부흥리에서 일본군과 교전하였다. 이때 조병두는 중상을 입고 체포되어 대전역에서 사망하였으며, 채경도와 오상준 등은 공주부에 감금되었다. 이용규는 그해 10월경에 예산 현곡(지금의 대술면 상항리)에 있는 이남규의 집으로 가서 민종식 등을 만나 재기를 추진하였다. 이때의 지휘부는 대장에 민종식, 중군장에 황영수와 정재호, 운량관에 박윤식, 참모에 곽한일·이용규·김덕진으로 편제하였다. 이들은 11월 20일에 예산을 공격하여 활동의 근거지로 삼기로 결정하고 민종식을 다시 대장에 추대하기로 뜻을 모았다. 그러나 일진회원의 밀고로 11월 17일 새벽에 일본헌병 10여 명과 지방병 40여 명, 그리고 일진회원 수십 명의 포위 습격을 당하여 곽한일, 박윤식, 이석락 등이 체포되었다. 이남규, 이충구 부자도 함께 체포되어 온갖 악형을 당하였다. 이때 체포된 곽한일을 비롯하여 박윤식·김덕진·정재호·황영수·박두표 등은 종신 유배형을 받고 지도(전남 신안군)로 귀양을 갔으며, 홍순대와 김재신은 고군산도(전북 군산시)로 귀양 갔다. 한편 안병찬·박창로·최선재·윤자홍 등 수십 명은 공주감옥에 감금되었다.

민종식은 미리 신창군 남상면의 성우영 집으로 대피하였다가 다시 공주 탑곡리 쪽으로 피신하였다. 일본경찰대는 신창에서 김덕진과 신창규를 체포하여 고문 끝에 민종식의 은신처를 파악하였다. 결국 민종식은 11월 20일에 체포되어 공주부를 거쳐 서울로 압송되어 1907년 7월 3일에 교수형을 선고 받았으나 다음날 내각회의에서 종신유배형으로 감형 처분되어 진도로 유배되었다.

(CJA-0000021-0045)

홍주의병의 대장인 민종식 외 6명의 판결선고서이다. 민종식(閔宗植)은 경기도 여주에서 판서 민영상(閔泳商)의 장남으로 태어나 1882년(고종 19) 문과에 급제하여 벼슬이 이조참판에 이르렀다. 1895년 을미사변 후 벼슬을 버리고 충청남도 청양의 정산으로 이주하였다. 그는 일제에 의해 강제로 을사조약이 체결되자 항일운동의 전면에 나서게 되었다. 그는 의병장에 추대되어 1906년 3월 15일(음력, 2월 21일) 광수장터(예산군 광시면)에서 의병을 봉기하였다. 대장단을 세워 천제를 올리고 이튿날 바로 홍주성을 공격하였다. 그러나 관군의 저항에 오히려 대장소마저 위태롭게 되어 다시 마을 밖으로 나와 진을 쳤다. 의병은 화성의 합천 전투에서도 관군과 일본군의 공격에 패산하였다. 민종식은 각지를 잠행하다가 5월 9일(음력, 4월 16일) 충청남도 홍산군 지티에서 의병을 재기하였다. 민종식은 의병을 이끌고 서천, 비인, 남포를 거쳐 홍주에 도착하여 홍주성을 점령하였다. 홍주성에서 패주한 일본군이 공주 병력을 지원 받아 20일부터 홍주성을 둘러싸고 공격을 감행하였으나 의병부대가 이를 격퇴하였다. 몇 차례의 일본 경찰과 헌병대의 공격에도 전세가 의병 측에 유리하게 전개되자 통감 이토는 주차군 사령관에게 군대 파견을 명령하였다. 사령관 하세가와의 명령을 받은 보병 제60연대의 대대장 다나카(田中) 소좌는 보병 2개 중대와 기병 반개 소대 그리고 전주 수비대 1개 소대를 거느리고 30일 홍주성을 포위하여 대대적인 공격을 감행하였다. 이 전투에서 홍주성은 일본군에 의해 완전히 장악되었으며, 참모장 채광묵 부자와 운량관 성재평과 전태진, 서기환, 전경호를 비롯하여 300여 명이 학살되었다. 민종식은 성을 빠져나와 예산 이남규의 집에서 재기를 도모하였다. 민종식은 처남인 이남규의 도움을 받아 11월 20일에 예산을 공격하여 활동의 근거지로 삼기로 뜻을 모았다. 그러나 일진회원의 밀고로 11월 17일 새벽에 일본 헌병 10여 명과 지방병 40여 명, 그리고 일진회원 수십 명의 습격을 당하여 곽한일, 박윤식, 이석락 등이 체포되었다. 이남규, 이충구 부자도 함께 체포되어 온갖 악형을 당하였다. 민종식은 공주로 피신하여 체포를 면했으나 결국 11월 20일에 체포되었다. 민종식은 체포된 후 12월 7일과 25일에 모두 4차례의 심문을 받았는데 일본 경찰은 계속하여 궁중과의 관련을 추궁하였다. 이에 대하여 민종식은 사실무근이라고 강하게 부인하였다. 민종식은 1907년 7월 2일 '내란죄'로 교수형을 선고받으나 다음날 내각회의에서 종신유배형에 처해져 진도에 유배되었다가, 12월 순종의 즉위를 맞아 특사로 석방되었다.[8]

이용규(李容珪)는 충남의 부여 출신으로 1906년 3월 15일에 매부인 민종식이 예산의 광시에서 홍주의병을 일으킬 때 안병찬 등과 함께 의병진 편성의 주도적 역할을 담당하였다. 홍주의병은 다음날 청양의 합천 전투에서 관군에게 패하고 안병찬 등이 체포되기에 이르렀다. 이용규는 이때 체포를 피해 전주, 진안, 용담, 장수 등 전북 지역에서 의병을 모집하였다. 그는 여산에서 의진을 결성하고 부여의 지티에서 민종식을 대장에 재추대하였다. 그는 참모사가 되어 의병의 홍주성 점령에 크게 기여하였다. 그러나 5월 31일에 일본군의 대대적인 공격으로 홍주성이 함락 당하자 탈출하여 다시 청양의 추티에서 의병을 수습하여 그해 7월에 청양에서 의병 4백 명을 모은 뒤 부여, 노성을 지나 연산에서 일본군을 만나 교전을 벌였다. 그러나 훈련 부족과 화력의 열세로 패하였고, 간부들은 피체되거나 순국하고 말았다. 조병두는 중상을 입고 체포되어 대전역에서 순국하였고, 채경도 · 오상준 등의 참모들은 피체된 뒤 공주부에 감금되었으며, 나머지 의병들은 뿔뿔이 흩어졌다. 이용규는 그 뒤 8월경에는 온양에서, 그리고 9월에는 다시 공주에서 연이어 거병을 시도하였으나 끝내 실패하고 말았다. 이와 같이 이합집산을 거듭하면서 간헐적인 투쟁을 지속하였던 것은 일제의 감시와 탄압이 극심했던 당시 상황에 기인하는 결과였으며, 이러한 과정을 통해 의병들은 조직력과 기동력, 투쟁력을 발전시켜 갔다. 그 뒤 이용규는 1906년 10월경 예산군에 있던 이남규(李南珪, 1855~1907)의 집으로 가서 민종식 등을 만나 재기항전을 재차 도모하였다. 거사 일을 10월 5일로 정하고, 일단 민종식을 성우영(成佑永)의 집으로 피신시키고 예산 관아를 습격할 구체적인 계획을 추진하였다. 그러나 10월 2일에 일진회원의 밀고로 계획이 드러

8) 김상기, 「1906년 홍주의병의 홍주성 전투」.

나 김가진(金嘉鎭)이 이끄는 관군에게 포위되어 이남규 부자, 곽한일(郭漢一) 등과 함께 체포되었다. 그는 1907년 2월 평리원재판소에서 사형을 선고받았으며, 같은 해 7월 2일에 평리원 고등재판소에서 감 1등되어 '내란죄'로 종신유배형을 선고받아 지도(智島)에 유배되었다가 같은 해 11월에 특사로 풀려났다.

곽한일은 1906년 5월 남규진(南圭振)과 더불어 예산에서 기병하고 민종식 의진이 홍주성을 점령한 소식을 듣고 홍주의진에 합류하였다. 곽한일은 돌격장으로 임명되어 일본군과의 홍주성 전투를 수행하였다. 그러나 5월 31일 새벽에 일본군의 대공세로 홍주성이 함락되고 의진은 궤멸하고 말았다. 곽한일은 성을 탈출하여 예산 지방을 중심으로 재기를 계획하였다. 그는 예산 이남규의 집에서 민종식을 대장으로 추대하기로 하고 참모의 직임을 맡았다. 그러나 일진회원에 밀고로 거사 계획이 일본 헌병대에 알려졌다. 10월 2일 새벽에 적의 기습을 받은 곽한일은 이남규 부자, 박윤식, 이용규, 이석낙(李錫樂) 등과 함께 체포되었다. 그는 공주 경무청으로 압송되었다가 경성 평리원(平理院)으로 이감되어 문초를 받았다. 곽한일은 종신유배형을 선고받고 전남 지도(智島)에 유배되었다가 1912년에 풀려났다.

민종식 등 의병활동에 대해 재판부는 내란율인 『형법대전』 제195조를 적용하였다.

먼저 피고 민종식은 195조에 의거 교수형을 선고하였다. 그리고 나머지 피고인 이용규, 박윤식, 김덕진, 곽한일, 정재호, 황영수는 195조를 적용하되 동법 135조에 의해 형이 감해져 종신 유배에 처해진 사건이다.

피고 중 한 명인 이용규는 특사로 풀려난 후 1911년 10월에는 옥천에서 전 승지 노병직(盧秉稷), 전 참의 장남기(張南基)·송순태(宋舜台) 등과 의병을 일으킬 논의를 하였으나 1912년 4월에 밀고에 의해 30명이 함께 잡혔다가 같은 해 8월에 풀려났다. 그 뒤에도 계속 의병운동을 전개하다가 1917년 4월에 잡혀 통영 욕지도로 유배되었다. 1918년 12월 파리강화회담에 보낼 자료를 준비하던 중 예심원 감옥에 수감되었다. 그 뒤 1919년 한성임시정부 수립에 참가하여 충청남도 대의사(大義士)가 되었으며, 서울시민에게 보내는 취지문을 인쇄하여 배포하다가 체포되었다. 그는 이 일로 경성지검에서 12월 19일 징역 10월형을 구형받았으나 1920년 3월 5일 경성복심법원에서 원 판결을 취소하고 무죄를 선고하여 풀려났다.[9]

곽한일은 종신 유배 후 1912년 풀려난 후 1913년 2월에는 독립의군부(獨立義軍府)의 총무총장에 임명되어 재정 지원을 약속하고 온양 일대에서 모금을 계획하였다. 그러나 이 계획이 발각되면서 체포되어 1913년 8월 13일 경성지방법원에서 1년 6개월의 징역형을 선고받았다. 그는 출옥 후에도 군자금 모집에 주력하다가 1914년에 체포되어 또 다시 유배생활을 하였다.

(CJA-0000021-0020)

국가기록원에서 소장 중인 자료로 관리번호는 CJA-0000021-0020이다. 홍주의병에 참가한 김상덕과 그의 제자 최상하의 판결문이다. 피고 김상덕은 전 대사헌으로 홍주에서 민종식[10]의 의병에 가담하였다. 평리원

9) 박민영, 「한말 예산지역의 의병투쟁」, 『충청문화연구』 7, 2011, 118쪽.
10) 본관은 驪興. 자는 允朝, 호는 退樵子. 판서 泳商의 장남이다. 1882년(고종 19) 문과에 급제하여 벼슬이 이조참판에 이르렀다. 1895년 을미사변 후 벼슬을 버리고 충청남도 定山(현재의 청양)으로 들어가 은둔하였다. 1905년 강제로 을사조약이 체결되자 정산에서 의병을 일으켰으며, 각처의 의병들로 조직된 연합의병의 대장으로 추대되었다. 1906년 5월 의병들을 鴻山(현재의 부여)에 집결시켰고, 여기서부터 舒川, 庇仁, 板橋, 藍浦, 保寧, 靑陽 등 충청남도 서부 일대를 점령한 뒤, 서부의 중심지인 洪州를 공략해 점거하였다. 이렇듯 왜병과 싸워 크게 이김으로써 을사의병 중 경상

은 재판에서 김상적에게 내란 혐의로 『형법대전』195조는 내란율로 "政府를 傾覆하거나 其他政事를 變更하기 爲하여 亂을 作한 者는 絞에 處함"[11]을 적용하였다. 하지만 주범은 도주한 민종식이지 김상덕이 아니라는 점에서 『형법대전』195조 정사를 변경하기 위해 난을 일으킨 자로 교형에 해당하나 동법 136조에 의해 주범이 아닌 종범으로 처리되어 1등급을 감형 받고, 동법 142조 7항 도주 후 자수한 자는 2등급을 감형받는다는 조항에 의해 교형이 아닌 유배 10년에 처해졌다. 피고 최상하는 같은 條, 같은 律, 같은 판결문에 비추어 그 학문을 배운 의리를 저버리지 못하고 가서 따르기로 하였으나 장차 어떠한 행동과 계략이 있는지를 조금도 알지 못한 정상을 참작하여 2등급을 감하여 유배 5년에 처해졌다. 김상덕은 주범이 아닌 종범이었기 때문에 형이 감해졌다.

또 한 가지 주목할 부분은 을미기 홍주의병의 봉기 관련 판결문과 본 해제문서에 인용된 판결문을 비교해 보면 10년간 의병에 대한 처벌의 차이, 즉 형법대전 체제 이전과 이후의 모습을 확인할 수 있다는 점이다. 고등재판소 판결선고서 제14호[12]의 내용을 살펴보면 홍주부(洪州府)에 사는 전 승지 김복한 등의 사람들이 의병에 가담했다는 이유로

북도의 申乭石 진영, 鄭鏞基, 鄭煥直 진영과 3대 전투의병으로 손꼽힌다. 홍주의병의 항일 세력은 서울과의 교통로 때문에도 일제 침략군에게는 큰 위협거리였다. 그런 까닭에 서울에 주둔하던 일군이 토벌군으로 파견되어, 5월 31일 홍주성에서 대혈전이 전개되었다. 이 싸움에서 의병 83명이 전사하고, 145명이 일군에게 잡혔다. 그 가운데 南奎振, 柳濬根, 李偰, 申鉉斗, 李相龜, 文奭煥, 申輔均, 崔相集, 安恒植 등 9명은 對馬島에 유배되었다. 민종식은 몸을 피해 朴昌魯, 郭漢一, 李容珪, 李南珪와 더불어 다시 의병을 모아 재기를 도모하다, 1906년 11월 일진회원의 밀고로 이남규의 집에서 모두 잡혔다. 이후 이남규 부자는 일본군에게 학살당하고, 그는 1907년 7월 진도로 유배되었다가 왕실 척족이라는 신분 탓으로 12월에 풀려났다. 그러나 악형의 여독으로 1917년 사망하였다.

11) 『한말근대법령자료집』4, 154쪽.
12) 국가기록원 CJA0000163 문서 피고 김복한 외 5인의 사건.

형을 선고 받았다. 먼저 김복한은 개국 504년(1895) 8월 20일 사변은 지금까지 없었던 바이니 의병을 일으켜 복수함은 잘못된 것이 아니라 하고, 피고 홍건·이상린 등과 미리 준비하고 상의하여 건양 원년(1896) 1월 16일에 무리를 소집하여 홍주부에서 관찰사 이승우(李勝宇)를 위협하고 각 군에 격문을 보내며 스스로 '渠首'라고 썼다. 피고 홍건과 송상린은 김복한 등과 처음부터 끝까지 함께 모의하였고, 홍건은 관찰사를 권유하여 공모함을 수락하였다고 하고, 이상린은 인근 지역에 편지를 전하여 무리를 소집하였고, 송병직은 김복한 등과 서로 연락하고 각 지역을 왕래하며 무리를 모았다. 안병찬은 경성의 모든 관청에 단발하는 일이 제대로 수행되지 못하는 이유를 적어 보고하라고 요구하다가 마침내 김복한 등과 더불어 서로 연락하여 모의하였다. 이설은 나라의 원수를 갚고자 조서에 항거하며 역적을 토벌하려 하였다가 상소하는 바가 제대로 전해지지 못함을 염려하여 우물쭈물 결정짓지 못하였는데, 김복한이 그 뜻을 미루어 알고 함께 모의하여 의병을 일으키자고 권유하자 '망령된 거사'라고 질책하였으며, 홍주부에서 여러 사람이 모인 자리에서 격문으로 보낼 글을 써달라고 청하자 거절하고 함께 모의하지 않았다고 호소하였다. 그러나 이상의 여러 명의 범죄 사실은 피고들이 홍주 재판소와 본 재판소에서 진술한 공술과 홍주부 전후 보고서에 증거가 명백하다. 이를 법률에 비추어 보건대, 피고 김복한은 '말로는 소(訴)를 올리기 위해 왔다고 하고는 관청에 쳐들어가 관리를 협박한 자에 관한 법률(口稱奏訴直入衙門脅制官吏者律)'로 「징역처단례(懲役處斷例)」 제2조에 의하여 종신 유배형에 처할만하나, 그 뜻이 복수하기 위한 것으로 고의로 난을 일으킨 자와 다름이 있으므로 정상을 헤아려 등급을 감하여 10년 유배형에 처한다.

피고 홍건, 이상린, 송병직, 안병찬은 '말로는 訴를 올리기 위해 왔다고 하고는 관청에 쳐들어가 관리를 협박한 자에 대한 법률의 종범죄'(口稱奏訴直入衙門脅制官吏者律爲從罪)로 「징역처단례」 제2조에 의하여 각각 징역 3년에 처하나 노동형(就役)을 면하게 한다.

피고 이설은 위의 사람들과 공모하여 협박한 정황은 없으나 모임에 참석한 것이 죄가 없다고 할 수 없으므로 「잡범편(雜犯編)」의 '마땅히 하지 말아야 할 행위를 하여(不應得爲而爲) 사리(事理)가 무거운 자의 죄(事理重者罪)'에 비추어 태 80에 부과한다.

이처럼 『형법대전』체제 이전 의병 활동에 대한 처벌은 「징역처단례」에 근거하여 처벌하였다. 갑오개혁 이후 1905년까지 형사 관련 법규는 상당히 많이 만들어지거나 개정되었지만 근대적인 형법체계를 갖추지는 못하였다. 따라서 형사 법규는 조선시대와 마찬가지로 여전히 『대명률』을 일반법으로 하고 『대전회통』 「刑典」과 상황에 따른 필요성으로 만들어진 법령들을 특별법으로 하여 운용되는 수준이었다.

그럼에도 많은 변화가 있었는데 가장 큰 변화는 사형제도를 개혁하여 능지형, 처참형을 폐기하고 민간인에게는 교수형, 군사범죄에는 총살형을 실시하게 한 것, 종래의 5형(五刑) 중 유형·장형·도형을 폐지하고 징역형을 도입한 것 등이었다. 유형 폐지 방침은 법무아문대신인 서광범(徐光範)에 의하여 발의되었다. 1894년 12월 10일 적도·투구·간범·사위 등의 죄에 한하여 종래 태·장·도·유로 처단하던 것을 모두 징역으로 처벌한다는 방침이 세워진 이래 이듬해 3월 18일에는 이들 범죄까지 포함하여 모든 사죄는 벌금·면직·감금·도배·징역·사형으로 처리한다는 방침으로 진전되었다.

그러나 종래의 각종 형이 모두 징역형으로 즉시 바뀐 것은 아니었다. 일단 종래 거리를 기준으로 하던 유형제도를 기간을 기준으로 변경하여 유(流)3천 리는 유종신으로, 유2천5백 리는 유15년으로, 유2천 리는 유10년으로 환산하는 변화가 4월 16일에 이루어졌다. 곧 이어 4월 29일 법률 제6호「징역처단례」로 도형·유형을 폐지하고 징역형을 도입하는 변화가 이루어졌다. 예를 들어 유15년은 징역 15년, 유3년은 징역 3년, 도(徒) 2년은 징역 2년으로 대치하는 것이었다. 단, 국사범의 경우에는 유형을 존치시키고 도형은 징역형으로 환산하되 취역은 면하게 하였다. 관리의 사죄에 대해서는 처음에는 국사범과 마찬가지로 유형 또는 노역이 없는 징역형을 집행한다고 하였다가 이를 폐지함으로써 관리들도 사죄를 범했을 경우에는 일반 인민과 동일한 형벌을 받게 되었다.[13] 이후 형벌에 대한 개혁은 1896년 4월 1일 반포된 「적도처단례」와 1896년 4월 4일 반포된 「형률명례」, 그리고 6월 17일의 「형률명례 개정」에 의하여 일단 완료되었다고 볼 수 있다.

이후 『형법대전』 제정을 준비하면 기존법규 중 범죄에 대한 엄형주의로 개정작업이 이루어졌다. 1900년 1월 11일과 1901년 12월 12일 두 차례에 걸쳐 「賊盜處斷例」가 개정되면서 본래 의미의 절도행위에 대한 형량이 대폭 엄해졌다. 예컨대, 400냥~500냥 절도죄에 대해 태 100 징역 3년을 부과하던 것을 태 100 징역종신으로, 1200냥 이상에 대해 태 100 징역종신을 부과하던 것을 교수형으로 가중 처벌하였다. 그리고 절도하고도 재물을 얻지 못한 자는 태 50에 그쳤던 것을 징역 10개월로 가중하였으며, 절도 재범자는 태 100 징역종신형에 처하던 것을 모두 교수형에 처하는 것으로 바꾸었다.[14] 이후 여러 대립이 모두 조정되고 마침내 1905년 4월 29일에 재가를 받고 5월 29일 법률 제2호 『刑法大全』이라는 명칭의 근대적 성격의 법률이 반포 시행되었다.

....

13) 도면회, 「1894~1906년간 형사재판제도 연구」, 서울대학교 국사학과 박사학위논문, 1998, 108~109쪽.
14) 도면회, 「1894~1906년간 형사재판제도 연구」, 221쪽.

(CJA-0000021-0027)

피고 이사성, 피고 이한구, 피고 이춘경을 모두 『형법대전』 제195조로, 제135조 종범은 주범에 대한 형률에 1등급을 감한다는 판결문에 비출만하나 피고 등이 모두 시골의 어리석은 백성들로서 지나가는 길에 붙잡혔다는 정상을 참작하여 2등급을 감하여 각각 유배 10년을 선고받았다.[15]

(CJA-0000021-0031)

본 문서는 관리번호 CJA-0000021-0031의 국가기록원 소장 형사사건 판결문이다. 안동에 거주하는 의관 박양래(朴樑來) 및 전덕원(全德元)의 강도혐의에 대한 판결문이다. 박양래와 전덕원은 의병으로 활동하다 1906년 9월 22일경 체포된 것으로 보인다. 이에 대한 신문 보도를 살펴보면 의주군시에서 소위 의괴 박양래, 전덕원을 포착할 시에 내부에서 해당 범인을 경무청으로 압상하하 하였더니 해당 감리와 총순이 무슨 곡절이 있는지 평리원으로 압상한지라 해 감리 및 총순의 거행이 많이 놀라운지라(萬萬駭瞠) 내부에서 무거운 죄에 따라 주의를 줄 것이니(從重論警) 거행하라는 내용이다.[16]

....

15) 이사성과 이한구가 체포된 내용은 『황성신문』에 나온다. "牢囚二魁 林川郡守金甲淳氏가 內部에 報告하되 五月二十四日에 社還米를 分給次로 本郡紙谷面塔里倉所에 前往하야 分給之際에 不知何許騎馬二人이 率徒數十名하고 突入倉庭하야 傳令三度及差紙三張을 傳納하면셔 軍丁幾百名과 火砲幾十名을 請募인바 氣勢危凜하고 擧動乖常에 厥輩가 侮其使令之不足하고 甚至於奪印章하야 自作召募之擧故로 本郡守가 說明哀乞에 思之則此는 不過亂類故로 還民數十名을 暗聚하야 騎馬客二人을 先爲捕縛則餘皆解散흔지라 以倡義二字로 行悖之類는 尤極痛歎故로 該騎馬人李思聖李漢龜等은 爲先牢囚하얏다더라"(『皇城新聞』, 1906년 6월 5일, 「잡보」)

16) 『皇城新聞』, 1906년 9월 22일, 「잡보」, "兩官論警 義州郡市에셔 所謂義魁朴樑來全德元을 捕捉흘 時에 內部에셔 指令도흐고 電訓도하여 該犯을 警務廳으로 押上흐라흐얏더니 該監理와 總巡이 有何層節이던지 平理院에 押上흔지라 該監理及總巡의 擧

피고 박양래는 『형법대전』 제195조 '정사(政事)를 변경하기 위하여 난을 일으킨 자'의 형률로, 제86조 죄를 범하려고 음모하고 준비까지 하였으나 범죄에는 미치지 못한 자 판결문으로, 제137조 2항 사형의 죄에는 1등급을 감한다는 판결문(文)에 비추어 종신 유배에 처하고, 피고 전덕원은 같은 조항 같은 형률 같은 판결문으로 제135조 종범은 수범의 형률에 1등급을 감한다는 판결문에 비추어 유배 15년에 처한다고 판결하였다.

(CJA-0000021-0049)

본 문서는 국가기록원 관리번호 CJA-0000021-0049 문서로 홍주의병에 참여한 박두표의 판결문이다. 사실관계를 살펴보면 피고 박두표는 홍주성에서 민종식에게 소모장(召募將) 임무를 명받았지만 자신은 이에 합당하지 않다고 하여 운량관(運糧官)으로 임명되었다. 이후 박두병은 해미성에 머무르며 환곡을 봉류한 후 등짐장수와 장교들에게 이를 지키게 하고 집으로 돌아왔다. 하지만 홍주성 함락 소식을 듣고 도피하였다가 체포되었다.

이에 재판부에서는 피고 박두표를 『형법대전』 제195조 정사를 변경

行이 萬萬駭瞠이라하여 內部에서 從重論警흘터이니 惕念擧行ᄒ라ᄒ얏다더라";『大韓每日申報』, 1906년 10월 14일, 「잡보」, "去九月中에 徐相奎李麟淳具禹榮三儒生이 韓日協約締結者五大臣을 暗殺흘 目的으로 爆烈彈을 購入하야 先히 軍相邸床下에 竹筒을 實하야 投入흘 計劃으로 北漢山에서 시험하다가 結果가 不良흠으로 更히 苦心中에 發覺되야 捕縛하얏다허고 又慶尙北道安東郡居朴㮈來와 平安北道龍川郡儒生全德元과 義州郡進士洪在綺等이 義兵을 招集허ᄂ 嫌疑로 義州監獄署에 逮捕하야 平理院으로 送致하야 訊問課에셔 取調하얏ᄂᄃ 其供案에 朴㮈來ᄂ 年前에 京城에 入하야 醫術로 行世하얏고 本年에 義州를 經하야 龍川에 至하야 全德元家에 寄宿허다가 其時洪州에 義兵이 蜂起흔 事를 聞허고 其徒黨에 投入하야 先히 賣國五大臣을 暗殺허리라허고 短銃二柄을 購來하얏ᄂᄃ 洪州敗潰흠을 聞허고 更히 義兵募集을 擧흘식人地의 利를 得흘 次로 江界에 至하야 義兵을 募集코져하다가 同事者가 不應흠으로 互相衝突하다가 逮捕가되얏다고 某報에 揭載하얏더라"

하기 위하여 난을 일으킨 자의 형률로, 제135조 종범(從犯)은 수범(首犯)의 형률에서 한 등급을 감한다는 판결문에 비추어 처벌할만하다고 판단하였다. 그러나 의(義)라는 이름을 빙자한 부름에 끝까지 거절하지 못하고 잠시 임무를 받았지만 바로 도피하였다는 점에서 의병에 참가한 것은 우매한 소치에 불과하다고 인식했다. 따라서 재판부는 정상을 참작하여 죄 그대로 부과하기 어려우므로『형법대전』195조에서 2등급을 감하여 유배 10년에 처한다고 판결한 사건이다.

3) 박기운 판결선고서(1907.09.01. 慶尙北道 裁判所)

경상북도 흥해군 기계면(杞溪面) 박기운(朴基運) 50세, 위 피고 박기운의 안건을 검사서리 경무관의 공소(公訴)에 의하여 이를 심리하였다.

피고가 올해(1907) 음력 3월 날짜 미상일에 영천군(永川郡) 자양면(紫陽面)의 의병 우두머리 정용기(鄭龍基)의 협박을 이기지 못하고 의병에 참여하였다. 이후 그 무리 80여 명을 따라 경주군(慶州郡) 서면(西面) 고천동(古川洞) 권(權)가의 집에 가서 군자금에 쓴다며 돈 100냥을 강제로 빼앗는 것을 보았다. 또, 같은 5월 10일에 청송군의 동(洞)은 알지 못하는 허(許) 부자 집에 따라가서 위와 같이 군자금 100냥을 빼앗았고, 같은 달 20일에 영덕군 강구포(江口浦) 강(姜)씨의 집에 따라가 군자금 1,000냥을 탈취한 후 정용기가 그중 4냥을 내주어 이를 받은 사실이 있다. 박기운은 스스로 그 일이 옳지 못하다는 것을 알면서도 오래도록 따라다녔고, 돌아오는 길에 집으로 돌아와 농사일을 하고 있다가 올해 음력 5월 26일에 자신의 집에서 (흥해)군 순검에게 체포되었다.

박기운의 범죄 행적은 그의 진술에 증거가 명백하다. 이를『형법대전』제195조 정사를 변경하기 위하여 난을 일으킨 자의 법률로, 같은 제135조 종범(從犯)은 주범의 죄율에 1등급을 감한다는 조문(文)으로, 같은 제107조 유배형은 사형죄를 제외한 범죄를 저지른 자에게 시행한다는 조문에 비춰 종신 유배형에 처할만하나, 해당 범인이 본래 우매한 백성으로 협박을 받아 따라다녔을 뿐만 아니라 마침내 그 잘못됨을 깨닫고 집에서 농사에 종사하였으니 그 불쌍한 정상에 (죄를) 경감할만한 점이 있어 원 법률에서 1등급을 감하여 유배형 15년에 처함을 선고한다. 피고는 이 선고에 대하여 5일 내에 상소할 수 있다.

해 제

본 문서는 국가기록원 관리번호 CJA001147-0041 문서로 경상북도 흥해군 기계면(杞溪面) 박기운의 판결서이다. 경상북도 재판소에서 담당했고 문서번호는 기재되어 있지 않다. 담당 판사는 경상북도 재판소 판사 이충구이고 검사서리 백남준의 입회하에 재판이 진행되었다. 국한문혼용문서로 모두 3쪽으로 구성되었다.

박기운은 흥해 출신으로 산남의진(山南義陣)에 참여하여 경주, 청송, 영덕 일대에서 군수금을 모집하는 활동을 전개하였다. 산남의진은 1906년 4월 28일에 일본군 토벌대에 패한 신돌석 의진을 돕기 위해 영해로 진군하다가 경주 우각(牛角)에서 대장 정용기가 경주진위대에 체포되었다. 이리하여 산남의진은 중군장 이한구가 이끌어 가다가 7월 하순 무렵에 해산하고 말았다. 이에 박기운은 1906년에 귀향하여 농사일을 하던 중 음력 5월 26일에 일본 경찰에 체포되었다. 1907년 9월 4일에 경상북도재판소에서 유배형 15년을 받았다.

박기운은 의병에 참여한 후 군자금을 모집하는 활동을 했다. 그 결과 주군(慶州郡) 서면(西面) 고천동(古川洞) 권(權)가의 집에서 돈 100냥, 청송군의 동(洞)은 알지 못하는 허(許) 부자 집에 따라가서 군자금 100냥을 빼앗았고, 영덕군 강구포(江口浦) 강(姜)씨의 집에 따라가 군자금 1,000냥 등 모두 1,200냥의 군자금을 모집했다. 여기서 한 가지 주목할 부분은 강씨의 집에서 군자금 1,000냥을 탈취한 후 정용기가 그중 4냥을 피고 박기운에게 내어준 점이다. 이를 통해 볼 때 의병장 정용기는 휘하 의병들에게 인건비를 지급한 것으로 보인다.

재판부는 박기운에게 『형법대전』 제195조를 적용하였다. 하지만 해당 범인이 본래 우매한 백성으로 협박을 받아 따라다녔을 뿐만 아니라 마침내 그 잘못됨을 깨닫고 집에서 농사에 종사하였으니 그 불쌍한 정상에 (죄를) 경감할만한 점이 있어 원 법률에서 1등급을 감하여 유배형 15년에 처함을 선고하였다.

4) 유상덕 판결서 외 1건(1907.10.05. 判決書 刑第38號 平理院)

(CJA0000021-0054)

한성 동서(東署) 안감천(安甘川) 거주 무직(無業), 피고 유상덕(劉相德) 26세, 피고 유상덕에 대한 내란사건을 검사 공소에 의하여 심리하였다.

피고가 올해 음력 7월 20일경에 이웃에 사는 김성선(金成善)에게 꼬임을 당하여 양근(楊根) 문어미(門魚味)에 따라가 소위 의병장 조인환(曺仁煥)의 휘하로 들어갔다. 이후 해당 동(洞) 및 양주 덕소 등 각처에서 조인환 등이 동리 사람을 결박하여 총포를 탈취하고 술과 음식을 빼앗아 먹고 마실 때 피고가 같이 따라하였다. 그러다가 조인환의 거사 목적을 들으니 일본인과 교전하여 국사를 바로 잡으려 한다는 것임을 알고 갑자기 두려운 마음에 몸을 빼내 도망하여 상경하였다는 사실은 피고 진술 자백에 증거가 명백하다.

피고 유상덕을 『형법대전』 제195조 정사(政事)를 변경하기 위하여 난을 일으킨 자의 형률에 처할 만하나 처음에 꼬임에 넘어가 따라다녔고 나중에는 겁을 먹고 벗어났기에 단지 따라다녔고 자신이 직접 죄를 범하지는 않은 정상 참작할 만한 것이 없지 않다. 본 형률에 2등급을 감하여 유배형 10년에 처한다.

(CJA0000021-0057)

한성 남서(南署) 다동(茶洞) 농상소(農商所) 감관(監官), 피고 전성환(全性煥) 37세, 한성 서서(西署) 모화관(慕華館) 은장(銀匠), 피고 나응완(羅應完) 19세, 피고 전성환과 피고 나응완에 대한 내란사건을 검사 공소에 의하여 심리하였다.

피고 전성환은 올해 음력 7월경에 양근(楊根)에 내려와 일병(日兵)을 배척하고자 난을 일으킨 소위 의병장 조인환의 무리에 들어가 흉기를 소지하고 마을에 쳐들어가 총포를 탈취하다가 상경하였다. 상경하여 전 협판(協辦) 엄주익(嚴柱益) 집에 가서 의병 군량비라 칭하고 엽전 10만 냥을 억지로 달라고 하였으나 미수에 그쳤다.

피고 나응완은 피고 전성환을 따라 양근 땅에 갔다가 소위 의병장 조인환에 잡혀 강제로 따라 다닌 지 20여 일 만에 전성환과 함께 몸을 빼서 달아나 배를 타고 상경하였다. 이후 서소문 내 객주집에 유숙하다가 체포되었다는 사실은 피고 등 진술 및 경청(警廳) 취조에 그 증거가 명백하다.

피고 전성환은 『형법대전』 제195조 정사(政事)를 변경하기 위하여 난을 일으킨 자의 형률로, 동 제135조 종범은 주범의 형률에 1등급을 감한다는 형률로, 동 제137조 2항 유배형의죄에는 2등급을 감한다는 형률과 동 제599조 사람을 위협하여 재물을 취하는 자의 형률로, 동 제595조 1,200량 이상의 율(律)로, 동 제137조 2항 유배형의 죄에는 2등급을 감한다는 형률로, 동 제129조 두 가지 죄 이상이 동시에 발생한 경우에는 각 등급에 따라 한 가지 과(科)로 처단하다는 형률에 비추어 유배형 10년에 처한다.

피고 나응완은 동 제195조로, 동 제135조 종범은 주범의 형률에 1등급을 감한다는 형률로, 동 제137조 2항 유배형의 죄에는 2등급을 감한다는 형률에 비출만하다. 그러나 피고가 잡혀가서 따라다녔다는 것은 강요된 뜻이라는 것이요 몸을 빼서 도망쳤다는 것은 양심에 뉘우침이 있었다는 것으로 본 형률에 1등급을 감하여 유배 7년에 처한다.

국가기록원에서 소장중인 관리번호 CJA0000021-0054, CJA0000021-0057 문서로 의병활동에 가담한 유상덕, 전성환, 나응완의 판결서이다. 국한 문 혼용문서로 평리원에서 담당한 재판이다. 문서번호는 판결서 형제38호 이고 모두 3쪽으로 구성되었다. 담당 판사는 평리원 재판장 판사 홍종 억이다. 유상덕, 전성환, 나응완은 모두 양주 덕소 일대에서 활동한 의 병장 조인환 부대소속이었다.

조인환은 양근의 양반 출신이다. 그는 1907년 군대 해산 직후 국권을 회복하고자 거의하여 용문사와 상원사를 근거지로 하여 활동하였다. 의 진의 규모는 4백여 명에 달했다.[17] 1907년 8월 3일 양근 읍내를 습격하 고 관아와 세무서·우편물 취급소·일본인 가옥 등을 파괴, 방화하였으 며, 8월 5일에는 지평의 순사파출소, 8월 12일에는 양근 순사파출소, 8월 19일에는 지평관아를 공격하여 군수 김태식을 처단하는 등 혁혁한 공을 세웠다. 그러나 아카시 중위가 이끄는 일본군 보병 제52연대 제9중대의 공격을 받고 9월 상순 양주, 파주지역으로 일시 물러났다. 조인환은 9월 17일 다시 양근으로 들어와 남종면의 분원동 남방의 고지에서 일본군 수비대 제47연대 제1소대와 격전을 치렀으나 의병 20여 명이 전사하였 다. 그 후 조인환의 행방이 묘연하자 잔여 의병들은 해산 군인인 신창 현(申昌鉉)을 대장으로 추대하고 활동하였다. 조인환은 그 후에도 이천, 여주 일대에서 활동을 계속했지만 1909년 12월 20일 군수품 배분문제로 불만을 품은 자에게 살해당했다고 한다.[18]

----

17) 「폭도에 관한 편책」, 경경수비(京警收秘) 제151호의 6, 융희 4년 3월 7일(『한국독립 운동사자료집』 17, 국사편찬위원회, 1968, 376쪽).

18) 『독립운동사자료집』 3, 국사편찬위원회, 1968, 727쪽; 『독립운동사』 1, 국사편찬위원

피고 유상덕은 한성 사람으로 직업이 없다가 이웃의 꼬임으로 조인
환부대에 가입하여 활동하게 된다. 이후 조인환과 식사자리에서 그가
거사한 목적이 일본인과 교전하여 국사를 바르게 잡으려 한다는 것을
알고 두려워 도망 후 상경한 자다.

피고 전성환은 농상소 감관으로 양근에서 일본병을 배척하고자 의병
장 조인환에게 합류했다. 이후 상경하여 전 협판 엄주익에게 의병의 군
량비 10만 냥을 달라고 청하다가 미수에 그쳤다. 전 협판 엄주익은 엄비
(嚴妃)의 조카로 내장원목과장, 군부포공국장, 한성판윤, 한성재판소수
반판사, 군부협판륙군참령, 법부협판륙군참장, 적십자사 부사장, 육군법
원장을 역임하고 1907년 종이품가의대부훈이등을 받은 자다.[19] 또 양정
의숙의 설립자이기도 하다. 이러한 상황을 고려해보면 엄주익에게 군자
금 10만 냥을 요구한 것은 크게 이상한 일은 아닐 것이다. 또 엄주익이
군자금을 모집한 이유는 그의 이력과도 관계가 있었을 것이다. 엄주익
은 농상공부 감관으로 근무했다. 감관은 관청의 돈이나 곡식(穀食) 따위
의 출납(出納)을 맡아보던 관리이다. 따라서 재무문제의 전문가라 할 수
있다. 따라서 의병활동 중 군량미 및 자금을 모집하는 임무를 맡았던
것으로 보인다.

피고 나응완은 피고 전성환을 따라 양근 땅에 갔다가 소위 의병장 조
인환에 잡혀 강제로 따라 다닌 지 20여 일 만에 전성환과 함께 몸을 빼
서 달아나 배를 타고 상경하여 서소문 내 객주집에 유숙하다가 체포되
었다.[20]

....

회, 1968, 538쪽.

[19] 『대한제국관원이력서』 14책, 370.

[20] 이 같은 사실은 신문기사에서도 확인할 수 있다(『皇城新聞』, 1907년 11월 6일).
"平理院에셔 法部에 報告ᄒ되 全性煥과 羅應完을 審査ᄒ 則 全性煥은 本年七月頃에
楊根 等地에 下往ᄒ야 日兵을 排斥코져 ᄒᄂ 所謂 義兵大將 曹仁煥徒黨에게 投附ᄒ

이에 피고 전성환은 『형법대전』 제195조 정사(政事)를 변경하기 위하여 난을 일으킨 자의 형률로, 동 제135조 종범은 주범의 형률에 1등급을 감한다는 형률로, 동 제137조 2항 유배형의죄에는 2등급을 감한다는 형률과 동 제599조 사람을 위협하여 재물을 취하는 자의 형률로, 동 제595조 1,200냥 이상의 율(律)로, 동 제137조 2항 유배형의 죄에는 2등급을 감한다는 형률로, 동 제129조 두 가지 죄 이상이 동시에 발생한 경우에는 각 등급에 따라 한 가지 과(科)로 처단하다는 형률에 비추어 유배형 10년에 처한다. 피고 최응완은 동 제195조 정사를 변경하기 위하여 난을 일으킨 자에 대한 형률로, 동 제135조 종범은 주범의 형률에 1등급을 감한다는 형률로, 동 제137조 2항 유배형의 죄에는 2등급을 감한다는 형률에 비출만하다. 그러나 피고가 잡혀가서 따라다녔다는 것은 강요된 뜻이라는 것이요 몸을 빼서 도망쳤다는 것은 양심에 뉘우침이 있었다는 것으로 본 형률에 1등급을 감하여 유배 7년에 처해졌다.

야 各持凶器ᄒ고 侵討村閭ᄒ며 奪取銃砲라가 旋卽上京ᄒ야 前協辦 嚴柱益氏家에 前往ᄒ야 稱以義兵軍粮費라 ᄒ고 錢十萬兩을 討索未遂ᄒ얏스며 羅應完은 全性煥을 隨ᄒ야 楊根地에 下往이다가 所謂 義兵將 曹仁煥에게 被執ᄒ야 强意隨行ᄒ 지 二十餘日에 與全性煥으로 逃走上京ᄒ야 西小門內 客主家에서 留宿ᄒ다가 被捉본 其事實은 該等陳供及警視廳取調에 証ᄒ야 明白본 故로 全性煥은 流十年에 處ᄒ고 羅應完은 流七年에 處辦宣告라 ᄒ얏더라"

같은 내용을 『대한매일신보』에서 다음과 같이 보도하고 있다.

"平理院에서 法部로 質稟ᄒ되 被告全性煥과 羅應完에 對혼 內亂事件을 檢事公訴에 由ᄒ야 審理ᄒ온즉 被告全性煥은 陰曆本年七月頃에 楊根地에 下往하야 日兵을 排斥코ᄌᄒ야 亂을 作ᄒᄂ 所謂義兵將曹仁煥徒黨에 投附ᄒ야 각持凶器ᄒ고 侵討村閭ᄒ며 奪取銃砲라가 旋卽上京ᄒ야 前協判嚴柱盆家에 往ᄒ야 稱以義兵軍糧費ᄒ고 錢拾萬兩을 討索未遂ᄒ얏스며 被告羅應完은 全性煥을 隨ᄒ야 楊根地에 下往이다가 義兵將曹仁煥의게 被執ᄒ야 强意隨行혼지 首尾合二十餘日에 與全性煥으로 脫身逃走ᄒ야 乘船上京하야 留宿於西小門內客主家라가 被捉혼 事實은 被告의 陳供及警廳取調에 証ᄒ야 明白ᄒ온지라 被告全性煥은 流十年에 宣告處辦ᄒ고 羅應完은 流七年에 處辦宣告ᄒ얏다고ᄒ얏다더라"(『대한매일신보』, 1907년 11월 6일, 「잡보」)

5) 김성완 판결서 외 1건(1907.11.05. 判決書 刑第46號 平理院)

(CJA0000021-0058)

한성 북서(北署) 안동(安洞) 병정(兵丁) 퇴역, 피고 김성완(金聖完) 28세, 위 피고 김성완에 대한 내란사건을 검사 공소에 의하여 심리하였다.

피고의 부모는 광주 고운현(高雲縣)에 거주하는바 피고가 부모를 살펴보기 위하여 올 음력 7월 23일경에 길을 떠나 이현(梨縣)에 도착하였다. 그러던 중 우연히 이춘응(李春應), 방덕영(方德榮)을 만나 함께 가기를 요구하기에 양근 수회리까지 따라갔는데 일본병을 배척할 뜻으로 난을 일으키고자 하는 소위 의병장 권득수(權得壽)에게 협박을 받아 춘천, 홍천, 화천 등지에 한 달 남짓 따라 다녔다. 해당 무리가 화약 값이라고 칭하고 도착하는 곳에서 재물을 거둬들이는 것도 목격하고 촌가에 들어가 술과 음식을 빼앗아 먹기도 했다. 그러면서 매일 주는 급료에서 쓰고 남은 돈으로 당나귀 한 마리를 사서 8월 24일에 해당 무리의 두령 김창석(金昌錫)에게 애걸하여 풀려나와 서울로 돌아왔다. 이 같은 사실은 피고의 진술 자백에 증거가 명백하다.

(CJA0000021-0063)

한성 중서(中署) 익동(益洞) 거주 전 첨지(僉知), 피고 신재만(申載萬) 44세, 피고 신재만에 대한 내란사건을 검사 공소에 의하여 심리하였다.

올해 음력 8월 초1일에 소위 의병대장 권득수(權得洙)가 도당 60여 명을 거느리고 피고의 거주지 양주군 회촌에 갑자기 들이닥쳐 피고를 붙잡고 나라를 위하여 의병을 일으켰다고 하면서 재물과 무기를 있는 대로 바치라 하였다. 그러나 갑자기 준비하기가 어려워 요구받은 바를 들어 주지 못하니 피고를 결박하고 의병 2명으로 하여금 동행하여 하루 밤 동안 인근 동리를 돌아다니게 하였다. 피고가 견디지 못하고 간청하여 당백전 5만 냥, 자신의 서양총 5자루, 적을 방어하기 위하여 동리에서 구입하여 지급했던 서양총, 조총 등 모두 13자루를 의병 무리에게 내어 줌으로써 찬성의 뜻을 표시했다. 이 같은 사실은 일본 헌병분견소 보고서에 그 증거가 명백하다.

피고 신재만을 『형법대전』제195조 정사(政事)를 변경하기 위하여 난을 일으킨 자의 형률로, 동 제82조 주범을 방조한 자의 문(文)으로, 제135조 종범은 주범의 형률에서 1등급을 감한다는 율(律)에 비출만하나 정황을 참고하고 법을 구명함에 가히 용서할 만한 점이 있으므로 본 율(律)에서 2등급을 감하여 유배 10년에 처한다.

해 제

본 문서는 국가기록원 관리번호 CJA0000021-0058, CJA0000021-0063으로 퇴역군인인 김성완과 첨지 신재만의 판결서다. 평리원에서 생산한 판결서이며 판사 홍종억이 담당했다. 문서번호는 判決書 刑第46號이다. 국한문 혼용이며 분량은 3쪽이다. 김성완과 신재만은 권득수 의병부대와 관련이 있다. 판결문에 의하면 김성완은 해산 군인으로 부모를 만나기 위해 광주 고운현으로 가다가 우연히 이춘응과 방덕수를 만나고 권득수의 협박으로 의병에 합류했다. 이후 한 달 남짓 함께 활동하다가 매일 주는 급료를 모아 나귀를 사서 8월 24일 해당 두령 김창석에게 애걸하고 풀려나왔다.[21] 이를 통해 볼 때 당시 권득수 휘하의 의병들은 인건비를 받았고 그 방식은 일당이었던 것 같다.[22]

재판부는 "피고 김성완을 『형법대전』 제195조 정사(政事)를 변경하기 위하여 난을 일으킨 자의 형률에 1등급을 감한다는 판결문으로, 동 제137조 2항 유배형의 죄에는 2등급을 감한다는 판결문에 처할만하나 처음에 협박을 받아 따라다녔고 나중에는 애걸하여 풀려나와 돌아왔다 하였으니 정황을 살피건대 양심을 엿볼 수 있으므로 본 형률에 한 등급을 감하여 유배형 7년에 처한다."고 판결하였다. 비록 협박으로 따라다녔고 그 기간도 한 달에 불과해 감형은 되었지만 유배 7년의 형을 언도받았다.

전 첨지 신재만은 권득수 의병에 합류해 활동하지는 않았다. 하지만 권득수 도당 60여 명이 마을에 들어와 재물과 무기를 바치라 요구했다. 이를 거부하자 결박당한 채 하룻밤을 끌려다니다가 결국 당백전 5만 냥, 자신의 서양총 5자루, 동네를 지키기 위해 가지고 있던 서양총, 조총 13자루를 의병 무리에게 내어주었다. 재판부는 이 같은 신재만의 행위가 일본 헌병 분견소 보고서를 근거로 의병에 찬성하는 뜻으로 내어준 것이라고 판단했다.

....

21) 김성완은 8월 24일에 풀려나 10월 9일 이전에 체포된 것으로 보인다. 『대한매일신보』, 1907년 10월 9일, "巡檢金敎元씨가 義兵嫌疑者金聖完捕捉흔 事에 對ㅎ야 該署에서 本廳으로 報告ㅎ되 秘探逮捕이 實爲嘉尙이니 特爲施賞하야 以示勸獎ㅎ라ㅎ얏더라"

22) 김성완 판결에 대한 『대한매일신보』의 보도는 아래와 같다.
"平理院裁判長洪鍾억氏가 法部에 質稟ㅎ되 被告金聖完에 對흔 內亂事件을 檢事公訴에 由하와 此를 審査하오니 被告의 父母가 廣州高雲峴에 居住ㅎ온바 被告가 欲爲省覲ㅎ야 陰曆本年七月二十三日頃에 발行至梨峴ㅎ야 偶逢리春應方德榮흔즉 要與同行이기 隨至楊根水里ㅎ야 日兵을 排斥홀 意로 亂을 作코ᄌ하는 所謂義兵將權得壽의게 被脅ㅎ야 春川洪川華川等地에 隨行月餘인바 該黨이 稱以火藥代價ㅎ고 所到에 排戶徵收ㅎ을 目見ㅎ고 村家에 入ㅎ야 酒食을 因爲討喫ㅎ더니 每所給料次錢用餘로 驢一匹을 買ㅎ야 八月二拾四日에 哀乞於該黨領首金昌錫ㅎ야 得放還京이라는 其事實은 被告에 陳供自服에 証ㅎ야 明白ㅎ온바 政事를 改更ㅎ기 爲ㅎ야 亂을 作혼 者律에 酌減ㅎ야 流七年에 處辦宣告라ㅎ얏더라"(『대한매일신보』, 1907년 11월 8일, 「잡보」)

재판부는 "신재만을 『형법대전』 제195조 정사(政事)를 변경하기 위하여 난을 일으킨 자의 형률로, 동 제82조 주범을 방조한 자의 문(文)으로, 제135조 종범은 주범의 형률에서 1등급을 감한다는 율(律)에 비출만하나 정황을 참고하고 법을 구명함에 가히 용서할 만한 점이 있으므로 본 율(律)에서 2등급을 감하여 유배 10년에 처한다."고 판결하였다.

이 두 사건의 특이한 점은 협박에 의한 행위이지만 의병에 직접 가담한 김성완은 유배 7년형을 받은 반면 의병에게 재산을 빼앗겼다고도 볼수 있는 신재만은 도리어 유배 10년에 처해진 점이다.

위 두 사건은 모두 권득수 의병 부대와 관련이 있다. 권득수(權得洙)는 경기도 양주에서 태어났다. 족보에는 각(恪)으로 기입되었으며, 자는 성근(成根)이며 본은 안동이다. 부친 권신영(權信榮)은 무과 출신으로 안동권씨 추밀공파 정승공(政丞公)의 33세손이다. 권득수는 김정화(金正和)의 문하에서 한학을 수학하였다. 또한 그는 무장으로서의 기상도 뛰어나 무과에 응시하여 급제하였다고 전해진다.

그는 1905년 양평군 양근리 장로교 신자인 홍씨 부인의 집에 정착하였다. 그는 장로교회를 개척하여 선교 활동과 문맹퇴치에 헌신하는 김연옥(金演玉)을 만나 동지가 되어 구국을 위한 창의 활동에 나서게 되었다. 그는 교회에서 젊은이를 모집하고자 하였으나, 김연옥으로부터 교회보다 시장에서 의병을 모집하라는 권고를 받았다. 가산을 정리하여 무기를 구입한 그는 소장수로 가장하고 양평, 양주, 이천의 장날을 택하여 격문을 붙이고 창의하였다.

그가 창의한 때는 1907년 음력 7월로 보인다. 용문산을 근거지로 하여 양평, 양주, 이천, 지평 일대에서 200명이 넘는 의병진을 편성하는데 성공하였다.[23] 의병을 이끌고 서울로 진격하고자 양평군 양서면 문호리의 나루터를 도강하려 했으나 일본 기병대에 발각되어 치열한 격전을 치렀다. 이 전투에서 일본 헌병 2명을 사살하였으나 중과부적으로 많은 피해를 입고 용문산으로 후퇴하였다. 용문사를 근거지로 활동하던 조인환 의진과 함께 활동하던 권득수 의병은 1907년 8월 일본군 보병 제52연대 제9중대의 급습을 받았는데 8월 23일 양근에 도착한 9중대는 24일 의병의 근거지인 용문사를 불태웠다.[24]

이에 의병은 상원사와 운필암으로 후퇴하면서 항쟁하였다. 권득수는 1907년 9월(음력) 원주의병장 민긍호 부대를 비롯하여 장기환(張箕煥) 의병, 최두환(崔斗煥) 의병, 한갑복(韓甲福) 의병, 박래봉(朴來鳳) 의병, 주석민(朱錫敏) 의병 등과 연합하여 인제군 일대에서 활동하기도 하였다. 1909년 3월 16일 경기도 관찰사 김사묵이 내부대신 박제순에게 보고한 『폭도사편집자료』에 의하면, 권득수에 대하여 "현재 소재불명인 바 일설에는 부하에게 살해되었다고도 전한다"[25]고 하였으나 사망 일시와 경위는 알 수 없다.

---

23) 독립운동사편찬위원회, 『독립운동사자료집』 3, 507쪽(조선총독부 경무국 편, 「폭도사편집자료」).
24) 독립운동사편찬위원회, 『독립운동사자료집』 3, 692쪽.
25) 독립운동사편찬위원회, 『독립운동사자료집』 3, 507쪽.

한성 북부 삼청동 평민, 피고 김재선(金在善) 24세, 한성 중부 사동(寺洞) 은공(銀工), 피고 송주상(宋柱祥) 22세, 한성 북부 재동(齋洞) 인쇄사 문선(印刷社文選), 피고 김태동(金泰東) 20세, 피고 김재선, 피고 송주상, 피고 김태동의 안건을 검사의 공소에 의하여 심리하였다. 피고 김재선은 시위대(侍衛隊) 퇴역병으로 피고 김태동의 집에 매일 놀러 다녔다. 그곳에서 피고 송주상, 피고 김태동·김경화(金景化)·이시영(李時永) 등과 함께 신문을 보다가 각처에서 의병이 일어났다는 소식을 들었다. 피고는 "지금 나라 형편이 쇠퇴하고 국권이 미진(未振)하니 국민된 자로서 입을 다물고 잠잠히 보아 넘길 수 없다"고 말하고, 그 무리에 가담할 계획으로 작년 음력 7월경에 위의 여러 사람과 함께 경성을 출발하여 수원 산성사(山城寺)에서 머물렀다. 또 해당 군(郡)에 사는 강춘선(姜春善)과 함께 용인군 천곡(泉谷)으로 옮겨가니 소위 의병장 남상목(南相穆)이 무리 50여 명을 거느리고 왔다. 대장은 환도(還刀)를 차고, 무리 중에 구식 총이 40자루, 양총이 10자루였다. 피고는 좌익, 피고 송주상·김태동은 종사(從事), 강춘선은 후군장(後軍將), 김경화·이시영은 포군이 되어 같은 달에 음성 지역에서 일본병사와 교전했으나 패배를 당하였다. 피고가 흩어진 무리 30여 명과 함께 죽산(竹山) 칠정사(七亭寺)에 도착하니 100여 명의 무리를 거느린 전봉규(全奉奎), 민병찬(閔丙贊) 등이 와서 패잔병을 꾸짖고는 이어 "우리는 안성을 습격하려 하니 너희들도 역시 따라오라"고 하기에 피고 등이 따라가 총을 쏠 때 일본병사가 패주하며 놓고 간 기계(器械)를 습득하였다. 전봉규, 민병찬 등이 우리가 전투에서 이겨 습득한 기계(器械)를 너희들에게 나누어 줄 필요가 없다면서 본래 가졌던 총기까지 빼앗기에 피고가 도피하여 같은 해 8월 초에 상경하였다가 올해 음력 3월에 체포되었다 한다.

피고 송주상은 금산의 조상철(曹尙哲)에게 받을 돈이 있어 음력 작년 7월경에 내려갔다가 돌아와 천안 지역에 도착하여 파수 보는 포군에게 붙들려 따라가니 신(申)씨라는 대장이 "너는 이곳에 잠깐 있어"라고 말하기에 부득이 잡혀 있다가 다음날 저녁에 기회를 엿보다가 도주하여 상경해서 영업을 하다가 올해 음력 3월에 체포되었다 한다.

피고 김태동은 독일어를 배우는 학도로 작년 음력 7월경에 충주 유치계(俞致桂)의 처소에 돈을 받기 위해 내려가다가 용인 천곡(泉谷)에 이르러 남상목(南相穆)에게 잡혀 따라가다가 4일째에 청안군(淸安郡)에 못 미치는 지방 탄동(灘洞)에서 일본병사가 총을 쏘며 돌격하여 들어오자 도주하여 경성으로 돌아와 다시 독일어 학교에 입학하였다. 그 뒤에 또 명동 한일인쇄사에 고용되었다가 음력 올해 3월에 체포되었다고 한다. 피고 송주상과 피고 김태동은 모두 지나가는 길에 협박을 받아 잠시 참여한 것으로 꾸며댔으나 피고 김재선과 공모하여 행동한 증거가 될 만한 자취가 경청(警廳) 취조서와 피고 김재선 진술에 증거가 명백하다.

피고 김재선, 피고 송재상, 피고 김태동을 모두 『형법대전』 제195조 정사(政事)를 변경하기 위하여 난을 일으킨 자에 대한 형률로, 제135조 종범은 주범의 형률에서 1등급을 감한다는 판결문에 처할만하나, 피고 등이 나이가 어려 망상으로 경솔하게 참여한 정상을 참작하여 피고 김재선은 본 형률에서 1등급을 감하여 유배 15년에 처하며, 피고 송주상과 김태동은 김재선에 의하여 고무되어 참가한 자들이고 김재선에 비하여 나이도 어리고 먼저 돌아온 정상을 작량(酌量)하여 또한 1등급을 감하여 유배 10년에 처한다.

본 문서는 국가기록원 관리번호 CJA0000021-0076로 김재선, 송주상, 김태동의 판결서다. 국한문 혼용으로 되어 있고 평리원에서 생산했다. 문서번호는 판결서 형제46호이다. 담당 판사는 평리원 재판장 서리 판사 홍우석이다.

본 사건의 사실관계를 파악해 보도록 하겠다. 1907년 7월 고종의 강제 퇴위에 이은 정미7조약의 체결로 대한제국 군대는 육군 1개 대대이외에 모두 해산 당한다. 본 사건의 피고 김재선은 시위대의 퇴역병이다. 따라서 김재선은 군대 해산으로 퇴역한 군인으로 추정된다. 김재선은 한성의 김태동 집에서 김경화, 이시영 등을 만나 함께 신문을 보게 된다. 신문에서 각지에 의병이 봉기한 사실을 보고 김재선은 이에 합류하기로 하고 수원 산성사(山城寺)에서 하루 묵고 그곳에서 강춘선을 만나 의병에 합류하게 된다. 이후 의병장 남상목26)에게 좌익장으로 임병되고 음성에서 일병(日兵)과 교전했지만 패배하였다. 이후 전봉규(全奉奎), 민병찬(閔丙贊)과 연합하여 안성(安城)을 공략하는 등 활동을 하다가 체포되었다.

----

26) 본관은 영양(英陽). 자는 문일(文一). 경기도 광주 출신. 아버지는 보희(普熙)이며, 어머니는 함평이씨(咸平李氏)이다. 1907년 7월 경기도 용인군 용천곡을 중심으로 의병 50여 명을 휘하에 두고 구식총 40자루와 양총(洋銃) 10자루로 의병활동을 전개하였다. 음성에서 일본군과 접전하였으나 패전하였다. 다시 패전군 30여 명을 수습, 죽산(竹山)의 칠정사(七亭寺)에 이르러 전봉규(全奉奎) 휘하의 의병 100여 명과 합세하여 대오를 정비한 뒤 안성에서 큰 전과를 올렸다. 1908년 11월 귀향 중 '느릿골'에 잠복 중인 일본헌병에게 잡혀 서대문형무소에서 고문 끝에 장파열로 순국하였다. 1983년 건국포장, 1990년 애국장이 추서되었다.

피고 송주상은 충청도 금산의 조상철(曺尚哲)에게 받을 돈이 있어 음력 작년 7월경에 내려갔다. 돈을 받고 돌아오던 중 천안에서 의병에게 잡혀 갇혀 있다가 도주해 본업인 은(銀)일을 하다가 3월에 체포되었다. 피고 김태동은 덕어학교 학도로 충주에 가다가 용인 천곡(泉谷)에 이르러 남상목에게 잡혀 따라다니다 일본군과 교전하는 틈을 타 도주하여 다시 덕어학교에 다니다 체포되었다.

재판부는 이들에게 모두『형법대전』제195조 정사(政事)를 변경하기 위하여 난을 일으킨 자에 대한 형률을 적용했다. 김재선은 퇴역군인 신분으로 적극 가담했기 때문에 유죄가 선고 되고 제135조 종범은 주범의 형률에서 1등급을 감한다는 판결문에 처할만하나, 피고 등이 나이가 어려 망상으로 경솔하게 참여한 정상을 참작하여 피고 김재선은 본 형률에서 1등급을 감하여 유배 15년형을 언도받았다. 즉 교형에서 1등 감형인 유배 종신을 언도받아야 하나 정상을 참작하여 다시 1등급 감형했다는 것이다.

피고 송주상과 김태동은 유배 10년을 언도받았다. 김재선과 마찬가지로 유배 15년을 받아야 하나 거기서 다시 정상을 작량(酌量)하여 또한 1등급을 감하여 유배 10년에 처한다는 것이다. 사실관계에 의하면 이들은 모두 의병에 강제로 가담하였고 또 의진에서 탈출하여 실질적인 의병 활동을 한 바 없음에도 중형이 선고되었다. 재판부는 피고 송주상과 피고 김태동은 모두 지나가는 길에 협박을 받아 잠시 참여한 것으로 꾸며댔으나 피고 김재선과 공모하여 행동한 증거가 될 만한 자취가 경청(警廳) 취조서와 피고 김재선 진술에 증거가 명백하다고 보고 이같이 선고한 것이다.

7) 김봉기 판결서(1908.08.09. 判決書 刑第9號, 平理院)

경기도 이천군 신면(新面) 남정동(南井洞) 유업(儒業), 피고 김봉기(金鳳基) 43세, 피고 김봉기에 대한 내란사건을 검사 공소에 의하여 이를 심리하였다.

피고는 우리 황상이 왕위를 전위(轉位)한 이후 일본인의 압박을 고통스럽게 생각하여 국민의 의무로써 멸망하는 것을 편안하게 보며 참을 수 없을 뿐더러 현 정부 대신배의 나라를 팔아먹은 죄를 성토하지 않을 수 없어 작년 음력 7월 25일경에 주하룡(朱河龍), 원효상(元孝常), 윤평순(尹平順) 등과 함께 의병을 일으키기로 모의하고 스스로 병사모집관(召募官)이 되었으나 작년 7, 8월 사이에 광주, 용인, 양근 등지에서 모집한 포군이 70명에 불과하였다.

본래 자금과 양식이 없어 매번 지나가는 마을에서 식량을 얻었고, 작년 9월 초2일에 군을 이끌고 양주 가곡에 도착하여 전(前) 정위(正尉) 홍병수(洪秉壽)를 우연히 만났는데, 홍병수가 "이와 같이 고립된 군대로 어찌 큰일을 하리오. 내 당숙 세영(世泳)이 한성 중서(中署) 전동(磚洞)에 집이 있는데 내가 작년 8월 초5일 경성을 떠나올 때 당숙이 가진 양총 200자루와 당백전 30만 냥을 조만간 나누어 주기로 약속하였오. 내가 지금 당숙에게 서찰을 써 줄 테니 자네가 서찰을 가지고 가서 전하고 찾아오시오."라고 하기에 서찰을 받아서 나무장수의 갈대 삿갓을 쓰고 옷을 바꿔 입고 한성에 들어가서 홍세영의 집에 찾아 갔다. 그러나 홍세영은 만나주지 않은 채로 집안사람으로 하여금 사랑으로 데려가 찬밥을 대접하고 평안하게 묵으라고 해놓고는 그날 밤 경찰서에 신고하여 체포되었다.

작년 7월 20일 쯤에 「토정부제적격문(討政府諸賊檄文)」과 「이토 히로부미(伊藤博文) 및 각국 영사에게 보낸 글(送致文)」과 「동포에게 알리는 글(布告同胞文)」을 두 차례 작성하여 윤평순에게 주어서 신보에 게재시키고자 하였으나 모두 중서(中署)에 압수되었다. '토정부제적격문'의 내용은 대략, "슬프다! 역적 완용(完用), 병준(秉畯), 병무(秉武), 중응(重應), 선준(善準), 재곤(載崑), 영희(永喜) 등아! 지금 우리들이 충의지사로 일어나 충의의 칼을 갈아 모월 모일에 사졸들 앞에서 너희의 목을 벨 것이고 조시(朝市)에서 너희 배를 갈라 우리 황상의 분을 씻고 우리나라 국민의 원수를 갚을 때에 먼저 너희들의 죄악을 계산할 것이니 너희들은 머리를 숙이고 듣거라. 지난 을사에 있었던 5조약 선언서로 우리 2천만 동포를 노예의 서러움으로 몰아넣었으니 너희의 큰 죄 그 하나요, 또 지금 7조 협약으로 일본인을 위하여 충성에 힘쓰니 큰 죄 둘이요, 황상을 위협하여 선위(禪位)를 강행하니 큰 죄 셋이요, 해도 넘기지 않고 개원하여 폐립을 실행하니 큰 죄 넷이요, 모든 권리를 원수의 나라에 양도하지 않은 것이 없으니 큰 죄 여섯이요, 국가의 업무를 어떻게 되는지도 모르고 오직 통감부 만찬회와 일본인 교섭으로 일을 하니 큰 죄 여덟이요, 일반 백성을 선동하여 모아 일진회(一進會)라 이름 짓고 외국인에 의뢰하여 동족에게 인정 없이 모질게 굴고 물건을 해치니 큰 죄 아홉이요, 친구 친척에 비굴하게 알랑대는 사람들로 조정을 가득 차게 하니 큰 죄 열이요, 통감(統監)이 있음은 알아도 군부(君父)가 있음은 모르고 일본만 알고 한국을 모르니 큰 죄 열하나요, 러시아가 강하면 러시아에게 붙고 일본이 강하면 일본에게 붙어서 조국의 이해(利害)를 묻지 않고 단지 일신의 부귀만 도모하니 큰 죄 열여덟이요, 일본인의 사소한 감정 변화에 우울해하다 즐거워하다 하며 국민의 생사, 화복(禍

福)은 막연하게 보아 넘기니 큰 죄 열아홉이요, 무릇 그 수가 스물다섯이나 되는 큰 죄를 지었는데 그 일을 지금 상세히 기록하지 못한다."고 하였다.

또한 임옥여(任玉汝)가 진술하여 말한 것에 따라 제기한 검사의 공소문에는, 작년 음력 7월경에 같은 군(郡) 이근풍(李根豊)의 집에서 피고와 주창룡(朱昌龍)·신규희(申奎凞)·조상현(趙常顯)·임옥여가 서로 만나 포군 32명을 모집하여 대오(隊伍)를 편제할 때 이근풍은 도총(都總) 대장, 주창룡은 군사(軍師), 임옥여는 좌익장(左翼將), 신규희는 우익장(右翼將), 피고는 진찰장(陣察將), 조상현은 향관(餉官)이 되어 광주군 도현(都峴)에 도착하였는데, 이근풍이 무리와 의견이 맞지 않아 부하에게 피살당할까봐 도주하여 다시 피고를 대장으로 삼고 장두지에 이르러 아침밥을 먹고 이천읍에서 일본 기병과 교전하여 격퇴하였다고 되어 있다. 그 사실은 경기 경무서에서 청취한 임옥여 진술서에 증거가 명백한 것 등에 의하여 다시 심리하였다.

피고가 작년 음력 7월에 이근풍이 대장을 하고 피고가 종사(從事)를 하다가 이근풍이 도주한 후 포군 무리가 피고를 대장에 추대하자 무리를 이끌고 양근 앙덕리(仰德里)에 갔는데, 이 부분에 대해서는 구차하게 설명하려 하지 않았고 교전(交戰)에 대해서는 착수하지 못하고 먼저 체포되었다. 만약 임옥여의 진술로 법을 적용한다면 지극히 원통 억울하다고 주장하는 바 임옥여의 증언과 진술에는 비록 동의하지 않으나 이미 대장이 되어 무리를 거느리고 행동하였으니 난을 일으킨 책임을 피하기 어렵다.

해 제

본 문서는 국가기록원에 소장 중인 김봉기의 판결문으로 관리번호는
CJA0000021-0072이다. 국한문 혼용으로 평리원 재판 기록이고 재판장은
홍종억이다.27) 사실관계를 살펴보면, 김봉기(金鳳基)는 경기도 이천 출

----

27) 김봉기의 판결문은 『황성신문』에 보도 되었다.
  "平理院裁判長洪鍾檍의 質稟書를 接准內開에 被告金鳳基에 對혼 內亂事件을 檢事
  公訴에 由호야 此를 審理호온즉 被告供稱自我 皇上傳位以後로 矣身이 痛日人之壓
  迫호야 以國民義務로 不能晏視滅亡쏀더러 現政府大臣輩의 附日賣國혼 罪를 不可不
  聲討일시 陰曆上年七月二十五日頃에 與朱河龍元孝常尹平順等으로 謀擧義兵호야
  矣身이 自爲召募官호야 七八月之間에 廣州龍仁楊根等地에셔 募集砲軍이 不過七十
  名인디 素無資粮호야 每得食於所過村里호고 九月初二日에 率軍到楊州佳谷호야 偶
  逢前正尉洪秉壽호니 洪謂矣身曰以若孤軍으로 安得做六事리요 吾之堂叔世泳이 家
  在漢城中署磚洞인바 吾於八月初五日自京離發也에 堂叔이 有洋銃二百柄或當錢三十
  萬兩早晩辦給之約호니 吾今致書于堂叔호리니 君持此書호고 往傳覓來호라호읍기
  矣身이 受其書離發호야 牽牛혼 柴商의 蘆笠을 換着入闕호야 傳給該書於洪世泳家호
  니 世泳이 不爲接面호고 使其家人으로 請入舍廊호야 饋以冷飯호고 謂語穩宿터니
  當夜에 告于警署호야 被捉至此이온바 七月念間에 討政府諸賊檄文과 伊藤博文及各
  國領事에게 送致文과 布告同胞文二度를 著作호야 出給尹平順호야 使之載揭新報케
  호얏더니 終不揭載호야 該各度文幷爲押收於中署이온바 討政府諸賊檄文槪畧에 日
  嗟爾逆賊完用秉畯秉武重應善準載崑水喜等이 今我等이 起忠義之士호고 磨忠義之劒
  호야 擬以某月某日漸汝頭於麾下호고 劃汝腹於朝市호야 以爲我 皇上雪憤호며 以爲
  我國民復仇홀식 先數汝等之罪惡호리니 爾等은 其俯首而聽之호라 往在乙巳에 宣言
  書五條約으로 驅入我二千萬同胞於奴隷之悲域호니 大罪一也요 今又以七條協約으로
  爲日人效忠호니 大罪二也오 威脅 皇上호야 强行禪位호니 大罪三也오 不逾年而改元
  호야 實行廢立호니 大罪四也오 一切權利를 莫不讓渡於讎國호니 大罪六也오 不知國
  務之爲何事호고 惟以統監府晩餐會와 日本人交涉으로 爲事業호니 大罪八也오 煽合
  蚩民에 名之曰一進會호야 依賴外人호야 殺害同族호니 大罪九也오 朋友親戚에 奴顔
  婢膝者를 布滿朝廷호니 大罪十也오 知有統監而不知有君父호고 知有日本而不知有
  韓國호니 大罪十一也오 俄强則附俄호고 日强則附日호야 不問祖國之利害호고 但圖
  一身之富貴호니 外罪十八也오 日人之一嚬一笑로 爲憂喜호며 國民之生死禍福은 漠
  然越視호니 大罪十九也오 凡數以二十五大罪이온디 其事를 今不詳記라호고 又因任
  玉汝供辭호야 提起혼 檢事公訴內에 陰曆上年七月頃에 同郡李根豐家에셔 被告와 朱
  昌龍申奎熙趙常顯任玉汝가 相會호야 砲軍三十二名을 募集호야 隊伍를 編製홀식 李
  根豐은 都総大將朱昌龍은 軍師任玉汝는 左翼將申奎熙오 右翼將被告는 陣察將趙常
  顯은 餉館이되야 廣州郡都峴에 到着호얏더니 李根豐이 衆人과 意見이 不合호야 部
  下에게 被殺홀가호야 逃亡호얏슴으로 玆히 被告를 大將을삼고 獐地頭에 至호야 朝

신이다. 그는 1907년 8월 을사조약을 체결한 이완용(李完用) 등 7적(賊)을 성토하는 격문과 이토 히로부미 및 각국 영사에게 보내는 글, 그리고 동포에게 보내는 포고문을 2회에 걸쳐 작성하여 윤평순(尹平順)으로 하여금 『대한매일신보』에 게재하게 하려 했으나 뜻을 이루지 못하였다. 같은 달 25일경에는 이근풍(李根豊), 주창룡(朱昌龍) 등과 함께 경기도 광주, 용인 등지에서 의병을 모집하여 거의하고 서울 전동에 있는 홍세영(洪世永)의 집에 가서 군자금을 모집하려다가 체포되었다.

재판부는 피고 김봉기를 『형법대전』 제195조 정사(政事)를 변경하기 위하여 난을 일으킨 자의 형률에 비춰서 교수형에 처한다고 언도했다. 재판부는 "피고가 작년 음력 7월에 이근풍이 대장을 하고 피고가 종사(從事)를 하다가 이근풍이 도주한 후 포군 무리가 피고를 대장에 추대하자 무리를 이끌고 양근 앙덕리(仰德里)에 갔는데, 이 부분에 대해서는 구차하게 설명하려 하지 않았고 교전(交戰)에 대해서는 착수하지 못하고 먼저 체포되었다. 만약 임옥여의 진술로 법을 적용한다면 지극히 원통 억울하다고 주장하는 바 임옥여의 증언과 진술에는 비록 동의하지 않으나 이미 대장이 되어 무리를 거느리고 행동하였으니 난을 일으킨 책임을 피하기 어렵다"고 판시했다.

즉, 김봉기는 대장에 추대되기는 했지만 실제로 교전을 하기 전에 체

飯을 喫ᄒ고 利川邑에서 日本騎兵과 交戰ᄒ야 此를 擊退ᄒ얏다흔 其事實은 京畿警務署에서 聽取흔 任玉汝의 供辭에 證ᄒ야 明白等因을 由ᄒ와 更行審理ᄒ온즉 被告가 上年陰七月에 李根豊이 爲大將이오 被告가 爲從事라가 李之逃走後砲軍輩가 推被告爲大將ᄒ야 仍率衆往楊根仰德里ᄒ얏스니 於此一歎에ᄂ 不欲苟且說明이요 李於交戰ᄒ야ᄂ 未及着手ᄒ고 經先就捕而若以任供擬律이면 誠極冤枉이라ᄒ온바 任玉汝之證供은 渠雖不服ᄒ나 旣爲大將ᄒ야 率衆行之ᄒ얏슨즉 作亂之責은 難免ᄒ올지라 被告金鳳基를 刑法大全第百九十五條政事를 變更ᄒ기 爲ᄒ야 亂을 作흔 者律에 照ᄒ야 絞에 處ᄒ옴이 何如ᄒ올지 該書類를 添付ᄒ와 玆에 質稟等因이온바 該犯金鳳基를 依該院所擬律處辦執刑之意로 法部大臣이 上 奏ᄒ와 可라ᄒ신 旨를 奉홈 五月十九日"(『황성신문』, 1908년 5월 29일).

포되었다. 따라서 『형법대전』 제195조의 적용은 받되 제135조 종범은 주범의 형률에서 1등급을 감한다는 규정에 의해 교형이 아닌 유종신형을 언도받는 것이 이치상 타당하다고 보인다. 하지만 재판부에서는 이미 대장이 되어 무리를 거느리고 행동하였으니 난을 일으킨 책임을 피하기 어렵다며 감형규정을 적용하지 않았고 결국 교형을 언도받았다.

8) 김동신 판결선고서(1908.08.15. 공주지방재판소)

   피고는 융희 원년(1907) 7월 중에 일, 한 신조약이 체결되어 일본이 한국 정치에 간여함을 분하게 여겨 한국 500년 사직(社稷)이 위급하다고 생각하여, 정권에 있는 대신과 일본군을 국외로 쫓아낼 목적으로써, 같은 해 8월 중 전라남도 정읍(井邑)에서 따르는 무리 다수를 규합하고, 같은 해 9월 12일 무렵까지 순창, 남원, 함양, 안의(安義) 및 용담(龍潭) 등 각 지역을 배회하며 일본군과 교전하였다.

   해당 사실은 피고의 자백으로 알 수 있어 증거가 확실하므로 이를 법에 비춰 보건대, 피고의 행위는 『형법대전』195조에 해당하나, 범죄의 정상에 헤아릴만한 점이 있으므로 같은 법 제125조를 적용하여 원래 형에 1등급을 감해 처단하고, 압수물 중 격문과 기타의 서류는 같은 법 제118조에 의하여 몰수한다. 검사 시부타니(澁谷有孚)가 본 사건에 입회하였다. 공주지방재판소 형사부

해 제

   본 문서는 국가기록원에서 보관 중인 의병 김동신의 판결문으로 관리번호는 CJA000940-0005이다. 공주지방재판소에서 생산했고 문서번호는 기재되어 있지 않다. 국한문혼용으로 작성되었다.

   사실관계를 살펴보면, 전라도 정읍(井邑)에서 따르는 무리 다수를 규합하고, 같은 해 9월 12일 무렵까지 순창, 남원, 함양, 안의(安義) 및 용담(龍潭) 등 각 지역을 배회하며 일본군과 교전하였고 그 증거는 피고

의 자백이라는 증거가 확실하다고 판단했다. 재판부는 김동신의 행위가 『형법대전』 195조에 해당하나, 범죄의 정상에 헤아릴만한 점이 있으므로 같은 법 제125조를 적용하여 원래 형에 1등급을 감해 처단하고, 압수물 중 격문과 기타의 서류는 같은 법 제118조에 의하여 몰수한다고 선고하였다.[28]

김동신에 대해 좀 더 구체적으로 알아보면, 김동신(金東臣)은 대전의 회덕 출신 의병장이다. 1906년에 민종식(閔宗植)이 홍주의병을 일으킴에 그를 찾아가 전라도에서 기병할 것을 약속한 후 약 30명의 의병을 이끌고 전북 무주군 덕유산에 있는 자원암(紫原庵)으로 내려와 유진하면서 거사를 준비하였다. 초기에는 전라북도 정읍이 아닌 충청도 지역을 기반으로 활동 한 것으로 보인다. 특히 김동신은 충청좌도 창의대장이라는 직함을 걸고 각 군 향교에 격무를 돌리며 의병 활동을 전개한 것으로 파악된다.[29]

그는 민종식이 홍주성 전투에서 패하고 홍주의병과의 연계가 여의치 않자 금산, 용담, 전주 등지에서 동지를 규합해 나갔다. 군대 해산 후 의병 항쟁이 본격화되자 전북 정읍군 백양사에서 고광순(高光洵)과 더불어 기병할 것을 의논하고 인근에 통문을 돌려 의병을 봉기하고 '삼남의병도대장'[30]이 되었다. 그는 9월 10일에 80여 명의 의병을 거느리고 순

----

[28] 『형법대전』 第125條 罪人을 處斷할 時에 其情狀을 酌量하여 可히 輕할 者는 一等或 二等을 減함이라 但本犯이 終身以上律에 該當한 案件은 法部에 質稟하여 指令을 待하여 處辦함이라.
第118條 沒入은 一般犯罪에 關한 物件을 幷히 官에 沒入함이라

[29] 『대한매일신보』, 1907년 9월 25일, 「잡보외방통신」, "충청도의병격문 충청우도에 창의대장 고광순과 충청좌도 창의대장 김동신이라는 두사람이 각군향교에 격문을 발표하였다더라"

[30] 김동신 의전의 편제는 선봉장에 김재성·유종환·이병후, 좌익장 염준모, 우익장 노원식, 후군장 임병주, 수성장 정기중, 군량장 박헌태·임대정, 모사 정범기, 서기 김동현으로 구성되었다.

창(淳昌)의 우편취급소와 경무고문분파소를 습격하였다. 이 순창 거의는 군대 해산 후 호남 지역에서 있은 의병 봉기의 선구가 되는 것으로 평가된다. 다음 날인 9월 11일에는 남원 시장에서 일본군과 격전하여 2명을 사살하는 등 큰 피해를 주었다. 10월 10일에는 의병 600명을 거느리고 경남 안의군 월성(月城)에서 일병 40명을 공격하였고, 10월 21일에는 의병 100명을 거느리고 이석용(李錫庸) 의진과 합진하여 용담군 심원산(深原山)에서 일병 47명과 종일토록 격전을 벌여 타격을 주었다. 1908년 2월에는 약 100명의 의병을 거느리고 용담군 구랑 일대에서 일병과 교전하여 타격을 주었으며, 무주군 황천면 삼곡리에서 일군과 다시 교전하였다. 3월 6일에는 800여 명의 의병을 거느리고 경남 거창군 매학 일대에서 일병 70여 명과 교전하였다. 이와 같이 전라, 경상도 일대에서 활발한 항전이 계속되자 일제는 김동신 부대의 근거지의 하나인 지리산의 문수암을 소각하고, 진해만에 있던 중포병대 1개 소대까지 동원하는 등 진압에 혈안이 되었다. 이러한 상황에 김동신은 뜻하지 않게 신병(身病)이 생겨 비밀리에 고향인 충남 회덕군 탄동면 덕진동에서 치료하다가 대전경찰서 일경에게 탐지되어 1908년 6월에 체포되고 말았다.[31]

김동신과 함께 충청우도 창의대장으로 활동한 고광순의 경우도 이후 전라도 지역에서 의병투쟁을 벌였다. 그는 1907년 1월에 담양군 창평에서 의병을 일으켰다. 고광순 의진[32]은 1907년 4월에 화순읍을 점령하고 평소 원성이 자자하던 일본인 집과 상점 10여 호를 소각하였다. 그러나

31) 홍영기, 「구한말 김동신 의병장에 대한 일고찰」, 『한국학보』 56, 1989.
32) 고광순 부대의 편제는 의병장 고광순, 부장 고제량, 선봉장 고광수, 좌익장 고광훈, 우익장 고광채, 참모 박기덕, 호군 운영기, 종사 신덕균·조동규로 구성되었다. 이름이 비슷한 사람들이 의진에 참여한 것으로 보아 형제나 친척 등과 함께 봉기한 것으로 추정된다.

광주에서 파견된 관군과 교전 끝에 패산하고 말았다. 대구공소원 형공 제54호33)에 의하면 전라남도 동복군(同福郡) 외북면(外北面) 원촌(院村) 지상(紙商) 정영진(52세)의 판결서를 살펴보면 그 사실을 확인할 수 있다. 피고(정영진)는 자칭 의병 우두머리(首魁)인 고광순(高光洵)이 정사를 변경하기 위하여 난을 일으키고 융희 원년(1907) 7월 하순 무렵 의병을 모집하기 위하여 피고가 사는 마을에 왔을 때에 피고에게 의병을 모집해 줄 것을 의뢰하자 그 사정을 알면서도 같은 해 음력 8월 8일에 박경차(朴京差)·강원숙(姜源淑)·박화중(朴化中)·김산안(金山安) 등 4명을 고광순의 부하로 배속시킬 것을 알선하고, 같은 달 같은 날엔 그 4명을 인솔해서 고광순에게 허락을 받으려고 전라남도 곡성군 곡성으로 향하는 도중에 무장한 고광순의 부하 20명을 만나 인도하였으며, 또 같은 달 같은 날에 조진규(趙晋奎) 소유의 총 1자루를 폭도에 참여한 강원숙에게 교부하여 범죄를 방조하였다. 위에 적은 사실은 동북 헌병분견소에서 한 피고의 조서와 원심 재판소에서 한 심문조서로 보아 피고의 범죄가 명확하다고 인정된다.34)

충청의병의 창의대장이었던 김동신, 고광순은 모두 충청지역에서 격문을 돌리다 홍주의병의 패배 등으로 충청지역에서 의병 활동이 여의치 않자 전라도로 내려와 의병을 모집하고 투쟁을 이어 나갔던 것이다.

....

33) 『형사판결원본』, 대구공소원 형공 53호, 융희 2년 11월 7일(CJA0000691-0040).
34) 정영진은 내란사건에 관하여 융희 2년(1908) 9월 30일에 광주지방재판소에서 피고에게 유죄를 선고한 판결에 대해 피고가 항소를 제출하였기에 본 법원에서는 오무라(大村大代)의 입회로 심리를 하고 판결을 받았다. 그 결과 『형법대전』 제195조에 해당함으로, 같은 법 제135조에 의하여 주범(首犯)의 죄율에서 1등급을 감하고, 그 범죄 정황상 감량할 여지가 있어 같은 법 제125조에 의하여 본 형기에서 4등급을 감하여 유배형 5년에 처하기 하고 이상의 이유로 원 판결은 정당하고 피고의 항소는 이유가 없음이라고 판결 받았다.

(CJA0000158-0011)

경성공소원 판결원본의 내용은 다음과 같다. 피고(허위)는 전 의정부 참찬으로 현 정부의 시정에 불만을 품고 내란을 일으켜 정부를 전복하고 정사를 변경하려고 기도하고 있었다. 그러던 중 마침 같은 목적으로 이미 내란을 일으켜 경기도 삭녕군[35]에 집둔하여 김진묵 등이 초빙하여 맞이하는 것을 기회로 융희 원년 음력 8월 그들의 진으로 갔다. 이후 다시 각각 수백 명의 부하를 거느린 적괴 김규식 등을 규합하여 군사(軍師)의 지위에서 작전 방략을 세우고 각 부장에게 가르치고 이들을 지휘하며 융희 2년 5월까지 삭녕, 양주, 장단, 철원, 춘천, 토산 등의 군대에서 십수 회에 거쳐 토벌군과 교전하다가 끝내 동년 5월 14일 영평군에서 체포된 자다.

이상의 사실은 한국주차 헌병대 경성 헌병 분대장의 피고에 대한 신문서, 평리원 검사의 한차례의 신문조서와 피고의 당법정 공술에 징험하여 그 증빙이 충분하다. 이는『형법대전』제195조에 해당함으로 동법을 적용하여 교수형에 처한다.

(CJA0000158-0011)

허위사건에 대한 대심원 형사부의 상고심 내용은 다음과 같다. 상고

---

[35] 경기도 북동쪽에 있던 郡으로 현재 철원 및 김화 지역이다.

의 논지는 2가지로 정리할 수 있다.

제1점은 피고가 일찍이 범하지 않은 금전과 양곡 약탈, 인명을 살해한 소위가 있다하여 그 추한 명목하에 사형을 선고하여 피고를 욕되게 한 것인 즉 이는 곧 사실을 부당하게 인정한 위법이 있는 것이다.

논지의 제2점의 요령은 원심에서 피고를 심판하였음은 본국 법관이 아니고 말이 통하지 않고 들을 수도 없는 일본인이어서 재판소의 구성을 완전히 부선(不成)하고 심판한 위법의 점이 있다고 주장했다.

이에 대해 제1점의 반론은 원판결문을 사열한즉 원판결문 중에는 하나도 피고가 논난함과 같은 금전, 곡식의 약탈, 인명살해의 사실을 인정한 사실이 없고 따라서 이에 의거하여 피고를 처형한 일이 아닌 것임을 확인했으므로 적법한 이유가 없다.

제2점은 원판결서 및 심문조서를 사열한즉 원심에서는 피고를 심판한 판사 중에는 한국인 판사 이면우(李冕宇)가 열석한 것이 명확하다. 따라서 본국인의 법관이 관여하지 않았다고 말할 수 없다. 뿐만 아니라 가령 일본인 판사만으로 재판한다고 하여도 균등하게 법령에 의거하여 한국 판사라는 관직을 가진 사람이라면 당연히 피고를 심판함에는 무방한 것이다.

따라서 내란 피고사건에 대하여 융희 2년 9월 18일 경성공소원에서 선고한 판결을 부당하게 여겨 융희 2년 9월 22일 피고가 상고를 신청 제기하였기에 상고를 기각함이 마땅하다.

해 제

본 문서는 국가기록원에서 소장하고 있는 의병장 허위(許蔿) 관련 경성공소원과 대심원의 판결서로 관리번호 CJA0000158-0011, CJA0000454-0010

문서이다. CJA0000158-0011 문서는 경성공소원에서 작성한 판결문이다. 문서번호는 융희(隆熙) 2년(2年) 형공(刑控) 제12호(第12號)이고 일본어로 작성되었다. CJA0000454-0010 문서는 경성공소원의 판결에 불복한 허위가 대심원에 상고한 판결서이다. 대심원 형사부에서 생산한 문서이다.

사실관계를 살펴보면 1907년 군대가 해산되자 9월 연천에서 의병을 일으켰다. 그 뒤 적성, 철원, 파주, 안협 등지에서 의병을 규합하여 병력을 증강하면서 일제 군경과 전투를 벌이고 친일 매국노들을 처단했다. 이어 전국의 의병부대가 연합하여 일본을 몰아내는 전쟁을 벌일 것을 계획하여, 이인영(李麟榮)과 상의한 뒤 1907년 11월 전국의 의병장들에게 연합의병부대를 편성하여 서울로 진격하자는 격문을 보냈다. 48개 부대의 의병 1만여 명이 경기도 양주에 집결하여 13도 창의군(十三道倡義軍)이 조직되자 이인영을 총대장으로 추대하고 진동창의대장(鎭東倡義大將)이 되었다. 1908년 1월 말 300여 명의 선발대를 이끌고 동대문 밖 30리까지 진공했으나 지원부대가 도착하기 전에 일본군의 공격을 받아 패배했다. 이어 이인영이 부친상을 당하여 문경으로 귀향하자 대리 총대장 겸 군사장(軍師長)이 되어 총지휘를 맡게 되었으나 일본군의 강력한 반격으로 서울진공작전은 좌절되었다. 그 뒤 임진강, 한탄강 유역을 무대로 조인환(趙仁煥), 김수민(金秀敏), 김응두(金應斗), 이은찬의 의병부대와 함께 연합부대를 편성하여 일본군과 유격전을 벌이고 매국노를 처단했다. 항상 군율을 엄히 하여 민폐가 없도록 했으며, 군수물자를 조달할 때는 군표(軍票)를 발행하여 뒤에 보상할 것을 약속했다. 1908년 4월 이강년(李康秊), 유인석, 박정빈(朴正彬) 등과 함께 거국적인 의병항전을 호소하는 격문을 전국의 의병부대에 발송했으며, 5월에는 박노천(朴魯天), 이기학(李基學) 등을 서울에 보내 고종의 복위, 외교권 회복, 이권침탈 중지 등 30개조의 요구조건을 통감부에 제출하고 요구조건이 관철될 때까지 결사항전할 것을 선언했다. 그해 6월 11일 경기도 영평군 유동(柳洞)에서 일본군 헌병대에 체포되었다.

융희 2년(1908) 5월, 재판부는 『형법대전』 내란율 제195조 '政府를 顚覆하거나 其他政府를 변경하기 爲하여 亂을 作한 者는 絞에 處함이라'는 규정을 적용해 허위에게 교수형을 언도했다. 하지만 허위는 "일찍이 범하지 않은 금전과 양곡 약탈, 인명을 살해한" 혐의와 일본인 판사만으로 이루어진 법정은 부당하다며 항소하였다.

이에 대심원은 원심판결서에는 허위가 금전과 양곡을 약탈하고 인명을 살해 했다는 내용이 없고, 따라서 이에 의거하여 피고를 처형하기로 한 것이 아니니 본 상고의 이유는 전혀 피고가 오해한 것에서 나온 것이거나 또는 가공의 논지를 만들어 고의로 원판결을 비난하는 것에 불과하므로 결국 본 상고 논지는 모두 적법한 이유가 아니라며 첫 번째 기각 사유를 밝혔다.

원심에서 피고를 심판할 당시에 본국 법관이 아니라 말이 통하지도 않고 알아듣지도 못하는 일본인이었으니, 재판소의 구성을 완전하게 하지 않고서 심판한 것은 법에 위배되는 점, 즉 일본인 판사만으로 이루어진 재판이므로 부당하다는 이유에 대해서는 재판부의 구성에서 이면우36)라는 조선인 판사가 있었다는 점에서 허위의 상고를 기각했다. 또

....

36) 李冕宇는 본관은 전주이고 아버지는 진사 李會來이다. 1894년 官立日語學校에 입학 후 1895년 3월 26일 日本으로 유학을 가서(이때 같이 파견된 관비 유학생은 劉文煥, 張燾, 洪在祺, 石鎭衡, 朴晚緖, 申佑善, 張憲植, 兪致衡, 梁大卿 등이 귀국하여 법관 양성소와 보성법률전문학교의 교관이 되어 법학을 연구할 수 있는 최초의 진용을 이루었다) 1896년 7월 25일 日本東京 慶應義塾 普通科 卒業 후 1899년 7월 22일 日本 東京法學院大學 法律學全科 卒業했다. 이후 한국으로 돌아와 1902년 8월 26일 農商工部 臨時博覽會事務所主事 敍判任官六等을 지내고 1904년 6월 18일 漢城裁判所檢事 試補敍奏任官六等을 지냈다. 변호사 명부에 따르면 홍재기·이면우·정영섭 3인이 각각 1, 2, 3호 변호사로 등록되었다.

한 일본인 판사만으로 재판한다고 하여도 균등하게 법령에 의거하여 한 국 판사라는 관직을 가진 사람이라면 당연히 피고를 심판함에는 무방한 것이다. 그리고 원심은 융희 원년(1907) 12월 27일 발포한 법률 제8호 「재판소구성법」의 제2조, 제17조, 제26조에 의하여37) 정수(定數)의 3인 의 판사로 형사부를 조직하고, 또한 융희 원년 칙령 제72호에 의하여 설 치된 재판소 번역관의 통역을 거쳐 심문한 후에 합의하여 판결한 것이 역시 기록에 비추어 일목요연하니 재판소의 구성 또는 심리 절차에 위 배된 점이 없다고 재판부는 판단했다. 따라서 피고 허위의 상고는 기각 하고 교형을 선고하는 것이 맞다고 판결했다.

원심 판결내용에는 대심원 판결에서 지적한 바와 같이 금전과 양곡 을 약탈했다는 표현은 없다. 하지만 판결문에 인용하지 않았을 뿐 일본 은 허위가 약탈 및 인명을 살해한 혐의를 적용하고 있었던 것으로 보인 다. 당시 검찰은 의병 출몰지역에 대한 조사에서 허위 부대의 활동을 아래와 같이 파악하고 있다.

> 융희 원년 8월 허위, 연기우, 이여정 등이 철원군 각지에 출현함. 동년 11월 철원읍 각지에 출현. 동년 <u>11월 철원읍 우편취급소등을 습격하고 부근 부락 의 금전, 양곡, 기타물건을 약탈함.</u>
> 1. 동년 9월 12일경 수괴 허위 등이 부하 300여 명을 인솔하고 안현읍을 습격하고 부근 부락에 누차 출몰함.
> 1. 작년 8월 18일 金化수비대는 심원사에 집합한 다수의 폭도를 토벌 80여 명을 죽였다.

....

37) 第2條 區裁判所는 判事가 單獨으로 裁判을 行ᄒ고 地方裁判所, 控訴院, 大審院은 定 數의 判事로써 組織호 部에서 合議ᄒ야 裁判을 行홈
  第17條 各地方裁判所에 一個 或 數個의 民事部長及刑事部를 寘홈 部는 三人의 判 事로 組織ᄒ야 其一人을 裁判長으로 홈

1. 철원읍 습래 : 작년 8월 13일 적은 철원읍에 내습하여 연천군 우편 취급
   조장 등을 참살함.
1. 작년 9월 12일경 폭도 300여 명은 안성읍에 내습해서 일진회원을 죽이
   고 <u>금품과 가축을 약탈하고</u> 수일간 체제한 후 퇴거함.
1. 철원읍 내습 : 동년 10월 13일 적도 약 300여 명은 철원읍을 내습, 우편
   취급소에 난입하여 공용 서류와 기구를 소각하고 순사의 가옥을 파괴
   하고 일본인을 살해하고 가옥을 모두 파손하였으며 <u>각 민가에서 金穀
   을 약탈</u>하고 15일까지 체박하다가 퇴거했다.[38]

　…허위는 排日이란 미명하에 정의를 표방하고 또 군율을 규정하고 겁탈폭
루를 경계한다고 하지만 그 내실에 있어서는 종래의 폭도와 다른 점이 조금
도 없다. 즉, 軍票를 발행하여 물자의 調辦을 뜻대로 하면서 말하길 모모부
호에게 가서 군표와 錢財를 교환하여라. 만일 교환을 반대하는 자에게는 他
日에 害國 害民에 대한 보복을 받는다는 상태하에 있었다.…[39]
　…토벌이 빈번해짐에 따라 종래의 대집단은 점차 그 근거지를 잃고 재물
의 약탈을 일삼는 도당이 되어 수괴라 칭하며 작은 집단을 이루고 각처에 출
몰 횡행함에 이르렀다. 이들을 폭도 수괴로 상당히 많은 수가 될 것이다.[40]

　이상의 자료에서 보는 바와 같이 검찰은 허위의 행위를 조사하면서
금품과 곡식, 가축 등을 약탈했다는 점을 밝히고 있다. 하지만 적용 법
률은 강도죄가 아닌 『형법대전』 제195조 의한 내란죄로 기소를 했기 때
문에 원심에서 내란 혐의로 교형을 선고했다.

....
38) 『폭도사편집자료』, 「폭도출몰 구역 및 그 일시」, 융희 2년 11월 18일.
39) 『조선폭도처벌지』 제2장, 대정 2년 3월 30일.
40) 「폭도에 관한 편책」 제30호, 융희 2년.

　　상고 취지는 원심에서 피고를 내란죄가 있다 인정하고 유배형 10년에 처한 판결은 전부 불복한다고 말함에 원 판결서를 살펴보았다. 원심은 피고가 융희 원년(1907) 11월 20일경에 정사를 변경할 목적으로 하는 폭도 우두머리 이홍일(李洪一)의 부하로 사정을 알면서 가입하였다. 같은 해 음력 12월 초순경에 정사를 변경하기 위하여 난을 일으킨 이기협(李基浹)의 부하로 가담하여 우두머리 이기협 및 부하 여러 명과 함께 함열군(咸悅郡) 제석리(帝石里) 김 감찰(金監察)의 집에 가서 밥을 빼앗아 먹고 돈 170냥을 탈취하였다. 같은 군 내완동(內薍洞)의 유화삼(柳化三)의 집에서 60냥을 강탈했다. 용안(龍安)·함열(咸悅)·여산(礪山) 등지를 배회하였고, 또 올해 음력 6월 15일경에 이기협의 부하인 박덕겸(朴德兼)·한만보(韓萬甫)가 폭동하기 위하여 사용한 화승총 4자루, 환도 1자루를 같은 사람으로부터 맡아 두어 내란 행위를 행한 사실이 인정된다.

　　이에 대하여『형법대전』제195조, 같은 제125조, 제60조, 제118조를 적용한바 대개 여러 사람이 같은 성질의 죄를 함께 범한 경우에는 주종(主從)을 가리지 않고 처분할 취지를 규정치 아니한 한도에는 총칙(總則)의 공범에 관한 규정을 적용하여 주종을 가려서 처분함이 일반 통칙이다. 이로써 위의 제195조에는 주종을 분별치 않고 처분할 취지의 예외적 규정이 없는 즉, 일반의 통칙을 좇아 주종을 분별하여 종범의 지위에 있는 자에 대해서는 같은 제135조를 적용하여 주범의 죄율에서 1등급을 감하여 처분치 아니함은 옳지 못하다. 하지만 원심의 인정한 사실에 의한 즉, 이홍일·이기협은 우두머리이고, 피고는 그 부하로 들어가 내란 행위를 행한 자이니 위 두 사람은 내란 행위를 꾸민 자, 또는 지휘자로 주범의 지위에 있고, 피고는 그 하수인으로 종범의 지위인 것을 인정함과 같으나 우두머리는 반드시 꾸민 자, 또는 지휘자에 한정하지 아니하므로 위 인정한 사실만으로 곧 이홍일·이기협이 주범이 되고, 피고가 종범이라고 단정할 수 없으니 만약 다만 위 제195조만 적용하고 같은 제135조를 인용치 아니한 행적으로 보아 원심은 피고를 주범으로 인정하고 처단한 것이라 한즉, 그 주범이 될 일을 인정할 만한 사실의 명시가 결여된 위법이 있음을 면할 수 없는 것이다. 요컨대 주, 종의 사실을 확인하지 아니하면 법률을 적용함에 옳고 그름을 살필 이유가 없으므로 결국 원 판결은 이유가 미비한 위법이 있는 것이니, 피고의 상고는 이유가 있는 것이어서 원 판결을 파기하고 다시 이 점에 대하여 사실을 심사 규명함이 필요하므로 본 건을 원 법원에 환송함이 당연하다.

해 제

이 문서는 국가기록원 관리번호 CJA-0000454-0047 문서이다. 대심원에서 생산한 문서이고 담당판사는 형사부 재판장 판사 와타나베(渡邊暢), 배석판사는 판사 정인흥(鄭寅興)·홍우석(洪祐晳)·마키야마(牧山榮樹)·이시카와(石川正)가 참여했다. 피고는 농업에 종사하는 29세의 임사유이고 내란혐의로 재판을 받았다. 원심과 항소심에서 모두 징역 10년을 언도받아 이에 불복 상고한 것이다.

사실관계를 살펴보도록 하겠다. 치고 임사유는 1907년 11월 20일경에 정사를 변경할 목적으로 하는 폭도 우두머리 이홍일(李洪一)의 부하로 사정을 알면서 가입하였다. 같은 해 음력 12월 초순경에 정사를 변경하기 위하여 난을 일으킨 이기협(李基浹)의 부하로 가담하여 우두머리 이기협 및 부하 여러 명과 함께 각 지역을 돌며 식량과 돈을 강탈했다. 올해 음력 6월 15일경에 이기협의 부하인 박덕겸(朴德兼), 한만보(韓萬甫)가 폭동하기 위하여 사용한 화승총 4자루, 환도 1자루를 같은 사람으로부터 맡아 두어 내란 행위를 했다. 임사유가 강탈한 물품의 규모는 함열군(咸悅郡) 제석리(帝石里)에서 밥을 빼앗아 먹고 돈 170냥, 같은 군 내완동(內薍洞)에서 60냥, 총 240냥을 강탈했고 원심과 항소심이 이 행위에 대해 내란죄를 적용해 징역 10년을 언도했다.

하지만 임사유는 이에 불복 상고하였다. 임사유가 상고한 이유를 정확히 알 수는 없지만 대심원 판결문으로 유추해 볼 때 자신은 주범이 아닌 종범이며 따라서 감형이 되어야 한다고 생각한 것 같다. 이에 대심원에서는 임사유의 행위가 일단 내란죄라는 점은 분명히 했다.

피고의 행위에 대해 『형법대전』 제195조, 같은 제125조, 제60조, 제118조를 적용해야 한다. 대심원은 이 조문들의 적용은 정당하다고 판시했다. 『형법대전』 195조는 주지하는 바와 같이 내란율이다. 따라서 기본적으로 교형의 대상이다. 동법 125조에서는 "罪人을 處斷할 時에 其情狀을 酌量ᄒ야 可히 輕할 者는 一等或二等을 減하나 本犯이 終身以上律에 該當한 案件은 法部에 質稟하여 指令을 待하여 處辦한다"고 규정하여 법부의 판단에 따라 감형이 가능하도록 했다. 60조는 응금물(應禁物)의 범위에 대한 규정이다. 군기, 탄약, 아편연 등을 이야기한다. 이러한 금지 물품은 118조 "沒入은 一般犯罪에 關한 物件을 幷히官에 沒入함이라"에 의해 압수가 가능했다. 해당 사건에서는 범행에 사용된 도구 즉, 화승총 4자루, 환도 1자루를 관에서 압수한 것으로 보인다.

이후 『형법대전』 135조에서 논란이 발생한다. "從犯은 首犯의 律에一等을 減함이라"는 규정이다. 재판부는 주종범의 범위를 어떻게 해야 할지 논의했다. 결국 여러 사람이 같은 성질의 죄를 함께 범한 경우에는 주종(主從)을 가리지 않고 처분할 취지를 규정하지 않았으면 총칙(總則)의 공범에 관한 규정을 적용하여 주종을 가려서 처분해야 한다고 판단했다.

위의 제195조에는 주종을 분별치 않고 처분할 취지의 예외적 규정이 없다. 즉, 일반의 통칙을 좇아 주종을 분별하여 종범의 지위에 있는 자에 대해서는 같은 제135조를 적용하여 주범의 죄율에서 1등급을 감하여 처분해야 한다. 피고는 부하로 들어가 내란 행위를 행한 자이니 피고는 그 하수인으로 종범의 지위인 것을 인정한다. 주정균의 『법학통론』에 의하면 공범은 2인 이상이 호상연결(互相連結)하여 죄를 범한 것을 가리킨다. 이 중 정범(正犯)은 범죄를 실행한 자를 말하고 종범(從犯)은 정범을 보조한 자를 말한다고 정의한다.[41] 하지만 우두머리는 반드시 꾸민 자, 또는 지휘자에 한정하지 아니한다. 따라서 위 인정한 사실만으로 곧 이홍일·이기협이 주범이 되고, 피고가 종범이라고 단정할 수 없다. 그러나 다만 위 제195조만 적용하고 같은 제135조를 인용치 아니한 행적으로 보아 원심은 피고를 주범으로 인정하고 처단한 것이라 할 수 있다. 하지만 피고가 주범이 될 일을 인정할 만한 사실의 명시가 결여된 위법이 있다. 요컨대 주, 종의 사실을 확인하지 아니하면 법률을 적용함에 옳고 그름을 살필 이유가 없으므로 결국 원 판결은 이유가 미비한 위법이 있는 것이니, 피고의 상고는 이유가 있는 것이어서 원 판결을 파기하고 다시 이 점에 대하여 사실을 심사 규명함이 필요하므로 본 건을 원 법원에 환송함이 당연하다고 지적하며 본 사건을 파기 환송하여 대구공소원으로 보냈다.

....

[41] 주정균, 『법학통론』, 경성일보사, 1908, 277~278쪽.

11) 이인영 판결서(1909.12.01. 경성지방재판소)

　피고는 문반(文班) 출신으로 배외사상 특히 일본을 배척하는 사상을 가진 자로써 지금으로부터 13년 전 당시 정부에 반항하는 내란(內亂)을 준비하였고 항상 통감정치에 대하여 불평을 품고 있던 사람이다. 융희 원년(1907) 7월 군대가 해산되고 이어서 전 황제 폐하의 양위가 있자, 요로(要路)의 대신들을 지목하여 매국노라 하고, 이들을 살육하고 자기가 믿는 새로운 인물로 정부를 조직해서 일본인은 물론 기타 외국인도 국외로 쫓아내는 등 당시의 정사(政事) 변경을 목적으로 이구채(李求采)·이은찬(李殷瓚) 등과 공모하여 당시 거주하던 문경에서 뜻을 같이 하는 자들과 원주의 해산병 500여 명으로 조직한 삼진(三陣)의 장이 되어 앞서와 같은 취지의 격문을 전국적으로 배포하는 한편 그 명분을 바르게 하기 위하여 통감 및 각국의 영사들에게 대일본제국이 시모노세키조약(馬關條約)에 반하는 행위가 있음을 호소하며 진군하였다. 지평(砥平)에 이르러 그 무리가 8,000여 명이 되었는데, 양주로 가서 동지 허위(許蔿)·이강년(李康年) 등의 무리들이 합세하니 그 수가 1만을 이루었다. 허위를 군사(軍師)로 삼고 이강년·이태영(李泰榮)·이은찬·김준수(金俊秀)·연기우(延起羽) 등을 각각 부장으로 삼고 스스로 그들의 총지휘자가 되어 무리들 각자로부터 병기와 군량을 원조하게 하고, 해산병 출신들에게 탄약 등을 만들게 하여 단숨에 서울(京城)로 쳐들어가 그 목적을 이루고자 하였다. 수비대 등과 충돌하였으며 거사 이래 약 4개월 간 강원도와 경기도 각지에서 크고 작은 약 38회의 전투를 거듭하였다. 그러나 부친의 사망 소식을 접하자 초상을 치르기 위하여 임무를 사임

하고 귀향하였으며, 3년이 지나 다시 거사를 계획하던 중에 체포되었다.

위의 사실은 피고의 법정에서의 공술, 천안헌병분대 대전분견소 육군 헌병중위 구라토미(倉富和三郎)가 작성한 피고에 대한 제1~제4의 신문조서, 법정 검사가 작성한 피고에 대한신문조서의 기재를 종합하여 인정한다.

법률에 비추어 보건대 그의 소행은 '내란의 조의(造意) 및 지휘를 한 자'이므로 『형법대전』 제195조에 해당하여 교수형에 처하고, 압수한 증거물건은 본 범죄에 관계된 것이 아니므로 모두 제출인에게 돌려줄 것이다.

해 제

국가기록원에서 소장중인 관리번호 CJA-0000325-0082 문서로 이인영 (李麟榮)의 판결서이다. 경성지방법원에서 생산한 문서이며 재판장은 판사 츠카하라(塚原友太郎), 배석판사로 판사 나카무라(中村時章)·김의균(金宜均)이 참여했다.

이인영의 활동을 살펴보면, 이인영은 경기도 여주 출신이다. 정동현 (鄭東鉉)의 문인으로 일찍이 대성전 재임(齋任)을 지냈다. 1895년 을미사변으로 명성황후가 시해되고 단발령이 내려지자, 유인석의 의거에 호응하여 원주에서 의병을 일으켰다. 유인석의 제천의병에 별영장(別營將)으로 참여했으나 제천 전투 후에는 경상북도 문경으로 이주, 은둔 생활을 하면서 농업에 종사하였다. 1905년 을사조약이 체결되고, 1907년에 고종이 강제로 퇴위되고 군대가 해산되자 의병 활동을 재기하였다. 원주에서 해산 군인을 중심으로 의병을 일으킨 이은찬과 이구채가 해산 군인 80명을 포함한 5백여 명의 의병을 모집한 뒤 1907년 9월에 그를 찾아와 총대장이 되어 줄 것을 요청하였다. 그는 아버지의 병환 때문에 망설였으나, 원주로 출진, 관동창의대장(關東倡義大將)에 오른 뒤 사방으로 격문을 보내 의병을 모집하였다. 이인영은 원주에 의병원수부를 설치하고 관동창의군을 봉기하여 다음과 같이 편제하였다.[42]

대장: 이인영 / 총독장: 이구채 / 중군장: 이은찬 / 좌군장: 방인관 / 우군장: 권중희 / 유격장: 김해진 / 선좌봉장: 정봉준 / 우선봉장: 김병화 / 후군장: 채상준 / 운량관: 현이보 / 재무관: 신창광, 민춘원 / 좌총독: 김현복 / 우총독장: 이귀성 / 진위대사령부 : 민긍호로 지휘부가 구성되었다. 이인영 등은 1907년 11월 15일자로 경고장을 원주진위대에 보냈다. 이어서 이인영은 '해외동포에게 보내는 격문'을 국외 거주 동포들에게 보내어 의병 전쟁의 정당성을 천명하였다.

이들은 전국적인 연합의진을 결성하기 위하여 지평으로 이동하여 일본군과 격전을 벌이면서 전국 의병대와 연결을 취했다. 이인영은 각 지역 의병을 통합하여 '둑을 무너뜨릴 것 같은 기세를 이루어 근기 지방으로 쳐들어가면 천하는 우리의 것이 될 수는 없더라도 한국 문제의 해결에 유리할 것'이라는 내용의 통문을 전국에 보내어 의병 부대의 연합을 강력히 촉구하였다. 전국 각지에서 16개 의진이 합세한 데 이어서 허위 부대 등도 합세하니 양주에 집결한 의병은 모두 1만여 명에 달했다. 각도의 의병장들은 연합의진을 편성하여 13도 창의대진소라하고 이인영을 대장으로 추대하였다.

13도창의대진소는 서울 공략을 목표로 하였다. 이들은 서울을 공략하여 통감부를 격파한 후 을사조약을 철회시킨 다음 국권을 회복하고자

----

42) 이하 이인영의 활동에 대해서는 김상기, 「한말 영평에서의 의병항쟁과 의병장」, 『호서사학』 37, 2004를 참고하여 작성하였다.

하였다. 1907년 11월의 경기도 삼산 전투와 마전 전투가 대표적이었는데, 군사장 허위는 300여 명의 선발대를 이끌고 1907년 11월부터 서울로 진격하여 동대문 밖 30리에서 일본군과 싸웠다. 그러나 후발대의 지원이 끊어져 퇴각하는 과정에서 총대장 이인영이 부친상을 당하여 대장직에서 사퇴함에 따라 서울 진공 작전을 더는 수행할 수 없게 되었다.

서울 진공 작전이 좌절된 후 허위는 경기도 임진강 유역에 근거지를 마련하고 조인환, 권준, 왕회종, 김진묵, 박종한, 김수민, 이은찬 등 의병장들과 긴밀히 연락하여 의병부대를 재정비하였다. 1908년 4월에는 허위, 이강년, 이인영, 유인석, 박정빈의 연명으로 전국 13도 의병의 재기를 요청하는 통문을 발송하였다. 그러나 증강된 일본군의 압도적인 화력 앞에서 제2차 서울 진공 작전은 실현되지 못하였다.

그 뒤 의병들이 이인영을 찾아가 재기할 것을 권유했으나, 아버지의 3년 상을 마친 뒤 다시 13도 창의군을 일으켜 일제를 소탕하겠다며 거절하였다. 그는 노모를 모시고 충청북도 황간군 금계동에서 은거하다가 1909년 6월 일본 헌병에게 붙잡혀 경성지법에서 8월 13일 '내란수범죄'로 교수형을 선고받고 9월 20일에 순국하였다. 판결문에 "문반 출신으로 배외사상 특히 일본을 배척하는 사상을 가진 자로써 지난 13년 전 당시 정부에 반항하는 내란(內亂)을 준비하였던 사람으로 항상 통감정치에 대하여 불평의 회포를 가지고 있었다."라고 기록되어 있다.

원심

피고는 한국 광무(光武) 11년(1907) 7월 일한 협약이 체결된 이래로 이에 불평을 품고서 국권 회복이란 이름 아래에 의병을 일으켜 정부를 전복하고 정사를 변경할 것을 기도하여, 융희 2년 2월 중 스스로 주모자로서 무리를 소집하고, 창의좌군장(倡義左軍將)이라 자칭한 이래로 수십 명 내지 수백 명의 부하를 인솔 지휘하여 군율을 시행하고 군령을 내렸다. 또 군수(軍需)라고 하며 소재지 인민들에게서 병기와 양식 등을 징발하고 다른 폭도의 수괴와 연락하여 경기도 적성·양주·풍덕·교하·통진 등의 각 군을 횡행하였고, 같은 해 같은 달 27일 위의 양주군 석적면에서, 동년 3월 2일 양주군 회암리에서 헌병대 및 경찰대와 교전하였고, 융희 3년 6월경에 이르기까지 계속하여 오로지 관헌에 저항 대적함으로써 내란죄를 범한자이다.

이상의 사실은 피고가 당 공판정에서 공공연히 자인하는 바이고, 또한 헌병 대위의 1~3회 피고 신문조서, 명치 42년 2월 28일부, 같은 해 3월 2일부, 같은 달 27일부 양주 분견소장 아라키(荒木捨作)의 각 보고서 사본, 검사의 제1~2회 피고 신문조서, 증인 성건영·윤정진·김순룡의 각 신문조서에 비추어 증거가 충분하다.

법률에 비추어 보건대, 위 피고의 소행은 『형법대전』 제195조에 해당하므로 동조에 의하여 피고를 교수형에 처해야 할 것이다.

항소심

  상고인의 상고 취지 첫 번째 핵심은 경성공소원이 범죄의 경중을 논하지 않고 일률적으로 내란죄에 문의하여 사형에 처함은 공법의 조규에 위반이라고 말한다. 그러나 조사해보니, 공법의 어떠한 조규에 위반되었다는 구체적인 언급이 없으므로 취지의 타당여부를 설명할 이유가 없고 정상 참작하여 죄를 가볍게 하거나 아니함은 경성공소원의 직권에 속한 것이므로 본 논지는 위 직권에 대해 비난을 행한 것이라 상고의 이유가 없다.

  상고 취지 두 번째 핵심은 상고인은 다른 사람의 부하로 활동한 자이므로 종범에 지나지 않은 연고로 종범율과 정상을 참작하여 『형법대전』 제193조에 의거해 처단함이 옳거늘 경성공소원의 처분은 여기에 나오지 않음은 부당하다는 것이다. 그러나 원 판결 인정에 의거한 즉, 피고 정용대는 일·한 협약을 체결한 이래로 이에 대해 불평을 품어 국권 회복의 명목 하에 군대를 일으켜 정부를 전복하고 정사를 변경할 것을 기도하여 한국 융희 2년(1908) 2월 자신이 주모자가 되어 도당을 소집하여 창의좌장군이라 칭하고 수백 명의 부하를 인솔하고 지휘하여 군율을 시행하고 군령을 발하여 같은 해 2월 27일 양주군 석적면에서, 같은 해 3월 2일에는 양주군 회암리에서 헌병대 및 경찰대와 교전하여 관헌(官憲)에 반항하며 내란을 일으킨 자라 하였으니 피고의 소행은 하나하나 정범(正犯)의 행위라 할지언정 정범을 방조한 자가 아니다. 그러므로 경성공소원이 실행 정범으로서 처분하고 종범으로서 논치 아니함은 타당하여 본 논지도 역시 이유가 없으므로 본원은 한국 민형소송규칙 제42조 및 제33조의 규정에 근거하여 주문과 같이 판결한다.

해 제

국가기록원 관리번호 CJA-0000241-0033, 정용대 판결서로 원심에 불복하여 항소한 항소심 판결과 대심원에 상고한 상고심 판결이다. 항소심은 경성공소원에서 생산했고 담당 재판장은 판사 구쓰(楠常藏), 배석판사로 판사 신재영(申載永)·가와무라(河村尚德)가 참여했다.

정용대(鄭用大)는 경기 파주 적성 출신으로 해산 군인이다. 구한국군에서 정교(正校)를 지낸 그는 군대 해산 이후 국권을 회복하고자 의병을 봉기하고 스스로 창의좌군장(倡義左軍將)이 되어 양주, 풍덕, 교하 등지에서 많은 전과를 올렸다. 그는 인근의 다른 의병부대와 연합전선을 구축하기도 하였다. 특히 이은찬 의진과 함께 1908년 2월 27일 양주군 석적면에서, 그리고 3월 2일 회암면에서 일본 헌병 및 경찰대와 교전하여 전과를 올렸다.

정용대는 원심에서 『형법대전』 제195조 내란율에 의해 교형을 언도받았다. 정용대는 항소하였고 항소심을 담당한 경성공소원 재판부는 피고는 1907년 7월 일한 협약이 체결된 이래로 이에 불평을 품고서 국권 회복이란 이름 아래에 의병을 일으켜 정부를 전복하고 정사를 변경할 것을 기도하였으므로 내란죄를 적용한 원심에 판결은 타당하다고 선고했다. 이에 정용대는 "경성공소원이 범죄의 경중을 논하지 않고 일률적으로 내란죄에 문의하여 사형에 처함은 공법의 조규에 위반"이라며 불복하여 고등법원에 상고하였다. 하지만 고등법원 재판부는 정용대가 제기한 문제에 대해 공법의 어떠한 조규에 위반되었다는 구체적인 언급이 없으므로 취지의 타당여부를 설명할 이유가 없고 정상 참작하여 죄를 가볍게 하거나 아니함은 경성공소원의 직권에 속한 것이라며 상고의 이유가 없다고 판단했다. 따라서 정용대의 상고는 기각됐고 교형으로 형은 확정되었다.

13) 정치삼 외 1인 판결문(1908.07.14. 判決書 刑第48號, 평리원)

경기 이천군 상민(常民), 피고 정치삼(丁致三) 26세, 경기 통진군 농민, 피고 강상봉(姜相逢) 20세, 피고 정치삼과 피고 강상봉의 내란 안건을 검사 공소에 의하여 심리하였다.

피고 정치삼은 음력 올해 3월경에 일이 있어 통진군에 갔다가 소위 의병장 정용대(鄭用大)의 부하 박명환(朴明煥)의 억지 요청을 받고 따라 갔다. 풍덕군(豊德郡) 조강리(造江里)에 이르러 순사 18명과 교전하여 패하고 교하군(交河郡) 분포동(汾浦洞)으로 옮겨 와서 정용대가 그 동네 동장에게 50원을 빼앗아 2원을 나누어 주기에 받아서 썼다고 한다. 피고가 왼쪽 발가락을 절단하는 부상을 당하여 무리에서 몸을 빼내 도피하다가 다시 잡히는 과정에서 그 무리가 총을 쏘아 다쳤다고 주장하지만, 교하군 분포동에서 서양 총 3자루, 탄환 20여 개를 빼앗아 총을 수리하다가 잘못 발사되어 부상을 당하여 통진군에서 치료하다가 체포되었다는 경서(警署)의 청취서가 명확하다.

피고 강상봉은 일찍이 꿩 사냥 일로 총을 다루는 법을 알았는데 올해 음력 4월경에 무리 20명을 거느린 정용대에게 억지로 요청 받고 따라다니다가 밤이 되자 도주하여 돌아왔다 한다. 그 무리가 순사와 교전한 것과 가는 마을마다 군기(軍器) 대금을 징수한 일은 들어서 알았다 하고, 풍덕군 조강리에서 총을 멘 순사와 교전하고 교하군 분포동에서 총알을 거두어 모은 후에 통진군(通津郡) 봉상리(鳳翔里)에 돌아가서 집안 일을 생각하고 잠복해 있다가 이와 같이 체포되었다는 사실은 피고 등의 진술과 경서 청취서에 그 증거가 명백하다.

피고 정치삼과 피고 강상봉을 모두『형법대전』제195조 정사(政事)를 변경하기 위하여 난을 일으킨 자의 형률로, 제135조 형률에 비추어 처단할 것이나 피고 등의 가입이 협박에 의한 것이고, 도주하여 돌아온 것이 뉘우친 바가 있음이니 정상을 참작하여 본 형률에서 2등급을 감하여 각각 유배 10년에 처한다.

해 제

정용대 휘하에서 의병으로 활동한 정치삼과 강상봉의 판결서이다. 평리원 담당 사건이고 평리원 재판장 서리 홍우석(洪祐晳), 판사 박제선(朴齊璿)·박만서(朴晚緒)가 이 사건을 담당했다.

정치삼은 정용대 의병장의 지시로 강상봉 등과 함께 1908년 4월 경기도 풍덕군 조강리에서 일본 순사대와의 전투에 참여하였다. 하지만 정치삼은 교전 중 부상을 당해 도피하다 체포되었다. 강상봉은 통진군 봉상리에 돌아가 집안일을 생각하며 잠복해있다 체포되었다. 정치삼과 강상봉은『형법대전』제195조 정사(政事)를 변경하기 위하여 난을 일으킨 자의 형률에 적용을 받았다. 하지만 피고 등의 가입이 협박에 의한 것이고, 도주하여 돌아온 것이 뉘우친 바가 있음이니 정상을 참작하여 본 형률에서 2등급 감형된 유배 10년 형에 처해졌다. 이학선의 경우도 동법 195조의 적용을 받았지만 지휘자 아래서 행한 자임으로, 동 제80조,[43] 동 제135조[44]에 의해 수범(首犯)의 형률에 1등을 감하고, 범한 죄가 정상 참작할만하므로 제125조[45]에 의해 다시 4등을 감하여 유배

[43] 第80條 罪를 共犯홀時에指揮ᄒ온者와下手ᄒ온者이有ᄒ면指 揮ᄒ온者를首犯으로論홈이라
[44] 第135條 從犯은首犯의律에一等을減홈이라
[45] 第125條 罪人을處斷홀時에其情狀을酌量ᄒ야可히輕 홀者는 一等或二等을減홈이라

5년형에 처해졌다.

<hr />

但本犯이 終身以上律에 該當흔 案件은 法部에 質稟ㅎ야 指令을 待ㅎ야 處辦흠이라

피고 이학선(李學善)은 융희 2년(1908) 음력 2월경부터 폭도 우두머리(暴徒首魁) 정용대(鄭用大)의 부하가 되어 소대장의 직책을 맡아 음력 3월까지 그 무리 수십 명과 함께 무장하여 경기도 교하군, 풍덕군, 김포군, 통진군, 부평군 등지를 횡행(橫行)한 자이다.

이상의 사실은 피고의 공술, 피고에 대한 검사의 신문 조서 및 피고에 대한 경찰서의 청취서에 의해 이를 인정한다.

피고의 소행은 형법대전 제195조에 해당하나 지휘자 아래서 행한 자임으로, 동 제80조, 동제135조에 의해 수범(首犯)의 형률에 1등을 감하고, 범한 죄가 정상 참작할 만하므로 제125조에 의해 다시 4등을 감하여 처단하기로 하여 주문과 같이 판결한다.

해 제

국가기록원 관리번호 CJA-0000320-0079 문서로 정용대의 부하 이학선의 판결서이다. 경성지방재판소 관할 사건이며 재판장은 판사 요코다(橫田定雄), 판사 후카자와(深澤新一郎)·유동작(柳東作)이 참여했다.

이은찬 의병장이 체포된 후에는 윤인순 의진과의 연합 전선을 모색하기도 하였다. 6월 8일 부평군 내면을 습격하였으나 오히려 일본순사와 수비대의 공격을 받아 의병 4명이 생포되고 무기 9정을 빼앗기는 패배를 당하였다.

그는 일본군과의 효과적인 교전을 위한 군자금도 조달하였다. 1908년

4월 23일 부하 이종근(李宗根) 외 18명으로 하여금 통진군 대패면의 심진사(沈進士) 집에 가서 27동 동장과 양릉면 28동 동장과 산빈면 24동 동장을 일제히 불러서 총의 구입비용을 염출해 줄 것을 요청하여 5일 후에 대금 1만 5천 냥을 거두었다. 4월 24일에는 대패면에 거주하는 부위 김순좌(金順佐) 군도 1자루, 양릉면 곡촌 한(韓) 모 군도 2자루, 교하군 민(閔) 판서에게 양총 7자루, 탄환 9백 발 그리고 마을 사람에게서도 군도 4자루를 거두어 전력을 보완하였으며 마을 사람 조운원(趙云遠) 등과 미리 통하여 헌병, 순사의 동정을 탐지하여 보고하게 하였다.[46)]

---

46) 정용대의 활동에 대한 내용은 『독립운동사』 제1권 「의병항쟁사」 중 "제4장 군대강제해산 후 각지 의병의 활약"(566쪽) 부분을 바탕으로 정리하였다.

15) 양진여 판결문(1910.03.05. 刑第4號, 대구공소원)

　피고는 한국 융희 2년(1908) 7월 20일 무렵에 정사를 변경할 목적으로 내란을 일으킬 것을 기획하고 전라남도 광주군 내에서 격문을 날리고 동지(同志) 약 30명을 모아 우두머리가 되어 총 약 25자루를 휴대하고 그날로부터 (융희) 3년(1909) 3월 무렵까지 사이에 같은 의사를 가지고 계속하여 위 부하와 함께 양식·군자금 등을 박성일(朴聖日)·김익지(金益之)·기타 사람으로부터 징발하고, 같은 도 광주·담양·장성의 각 군내를 횡행하였고, (융희) 2년(1908) 11월 중에는 광주군 대치면(大峙面)에서 수비대와 여러 번 교전함으로써 내란을 일으킨 자이다.

　위의 사실은 경부 및 검사의 피고에 대한 각 신문조서, 윤평원(尹平元)의 聽取書 사본, 안판구(安判九)·박성일(朴聖日)에 대한 검사의 각 신문조서, 안판구·김익지(金益之)·김처중(金處中)의 3명에 대한 같은 신문조서, 순사 야마키(山木好太郎)의 보고서(융희 3년 3월 8일자), 보병 제14연대 제2대대 통보서(명치 41년 11월 26일자)의 사본, 같은 대대통보서(같은 달 28일자) 사본에 첨부한 전투 상세보고서, 포로 심문보고서, 원심의 심문조 및 피고의 본 법정에서의 진술로 보아 그 증명이 충분하다.

　법률에 비춰보니 위 피고의 행위는 『형법대전』 제195조에 해당하는 범죄이므로 같은 조항에 의해 피고를 교수형에 처하기로 한다.

　그러나 원 판결은 앞에 제시한 사실을 폭동이라 인정하고 그 법률 조항을 적용함은 부당할 뿐만 아니라 위의 박성일, 김익지로부터 군자금을 징발함은 내란죄의 행위 속에 포함해야 하는 것임에 각기 독립적인 강도죄로 인정하여 그 법률 조항을 적용하여 처단함은 부당함을 면치 못한다. 결국 피고의 항소는 이유가 있음으로 변경하여「민형소송규칙」제33조에 기초해 주문과 같이 판결한다.

해 제

이 문서는 국가기록원에서 소장중인 관리번호 CJA-0000695-0048 양진여의 판결서이다. 대구공소원에서 생산한 문서이다. 담당 재판장은 대구공소원 형사부 재판장 통감부 판사 스즈키(鈴木伍三郎), 배석판사로 통감부 판사 오카모토(岡本正夫)·김응준(金應駿)이 참여했다.

사실관계를 살펴보면 양진여는 1908년 7월 20일 전라도 광주에서 격문을 날리고 30여 명의 동지를 모아 총 25자루를 휴대하고 1909년 3월까지 이 무리들과 군자금을 징발하고 인근 담양, 장성 일대를 배회했고 1908년 11월에는 광주군 대치면에서 일본군 수비대와 여러 번 교전을 일으켰다.

원심 재판부에서는 양진여의 행위를 폭동으로 인식하고 군자금을 징발한 행위를 강도로 보아 이를 각각의 강도죄로 처벌하였다. 하지만 항소심 재판부는 이러한 양진여의 행위를 내란죄로 인정하여 처벌하였다. 원심에서 양진여의 행위를 강도로 파악한 것은 부당한 법집행이라고 본 것이다. 따라서 항소에 이유가 있다고 원판결을 취소했다. 그 결과 양진여는「형법대전」195조 내란율의 적용을 받아 교수형을 언도받았다.

원심

피고는 평소 목화씨를 빼는 기구를 다루는 것을 직업으로 하여 매일 청안군 장암(場岩)으로 통근 중에 명치 40년(1907) 음력 8월 일자 불상일에 집으로 돌아오다가 폭도 수괴 김규환(金奎煥)에게 끌려가 부하가 되어 행동하던 중에 한국의 현재 상태에 분개하여 정부를 전복하고 정사를 변경할 의사가 생겨났다. 이후 김규환을 따라서 종종 수비대 및 헌병대와 충돌하였고, 또한 군자금을 모을 목적으로 민가에 침입하며 재물을 빼앗았고, 명치 41년 음력 7월 중 청주군 세교에서 수비대와 충돌할 때 수괴 김규환과 헤어진 이후 독립하여 수괴가 되어 부하 수십 명을 이끌고 위와 동일한 행동을 계속하였고, 또한 명치 42년 음력 8월 이후는 당시 폭동 수괴로 문대장(文大將)이라 스스로 칭하는 조운식(趙雲植)과 연락하며 종종 보은군 속리산에서 만나 모의를 계획하고, 혹은 공동으로 혹은 단독으로 여러 해에 걸쳐 각 지역을 횡행한 자로, 다음과 같은 각개의 행위는 위의 목적을 달성하기 위하여 범한 것이다.

1. 명치 41년(1908) 4월 3일 김규환 등 부하 20여 명과 함께 청주군 산외일면 세교에서 우편물을 습격하여 배달부가 도주한 틈을 타 전부 약탈하였고, 그 속의 현금 3천여 원 중 은화, 동화는 각자가 나눠 갖고 지폐는 군자금으로 김규환이 거두어 들였다.

2. 같은 해 5월 9일 김규환, 석성국(石聖國)과 함께 각자 부하를 합하

여 약 40명을 이끌고 청주군 산외일면 초정동(椒井洞)에서 말을 탄 일본기병 2명이 우편물을 호위하는 것을 확인하고 위의 산기슭에 숨어 기다려 석성국이 선두의 일본병을 저격하여 사살하자 다른 1명의 병사는 퇴각하면서 말 위에서 사격을 시작하여 잠시 교전하였고, 해당 병사가 퇴각한 틈을 타 우편물을 약탈하여 그중 현금 2천여 원을 각자 나눠가졌다.

3. 같은 해 6월 10일 김규환 및 그의 부하 6~7명과 함께 청주군 북강외일면(北江外一面) 오근(梧根)에서 진천군에 이르는 1리 남짓의 도로 위에서 일본헌병 2명이 1명은 말을 타고 1명은 도보로 통과하는 것을 확인하고, 보리밭에 엎드려 기다리다가 김규환이 먼저 말을 탄 헌병을 사격하자 다른 1명은 잠시 교전한 후 전사한 헌병의 총기를 가지고 퇴각하자, 서순명(緖順明)은 죽은 자의 회중시계를, 김경화(金慶化)는 모자를 약탈하였다.

4. 명치 42년(1909) 음력 2월 26일 군자금을 얻을 목적으로 부하 1명과 함께 청주군 북강 외이면 양지리 거주 김상희(金相熙) 집에서 아들 김교열(金敎說)을 납치하고 돈 1천 원을 내놓으면 아들을 석방하겠다고 강요하여 2차례에 걸쳐 9백 원을 빼앗았다.

5. 같은 해 6월 25일 부하 이정구(李正九) 외 여러 명과 함께 청주군 북강외일면 백자동 거주 방인재(方仁才)가 일찍이 군자금 1백 원을 내놓으라는 강요에 응하지 않고 오히려 경찰서에 밀고하여 부하 2명을 체포하게 한 것에 분개하여 살해할 의사로 집에 몰려가 마침 집 밖에 있던 방인재를 붙잡아 발로 차고 짓밟아 반죽음에 이르게 한 후, 부하 한춘삼(韓春三)에게 총살하게 하였다.

6. 같은 달 29일 부하 이정구 외 7명과 함께 괴산군 서면 사치(沙峙)에서 우편을 호위하는 일본병 2명이 통과하는 것을 확인하고 산그

늘에 잠복하여 기다리다가 일제히 사격하여 1명을 사살하고, 해당 병사가 휴대한 군용 총 2자루, 총검 2자루, 탄약함 2개, 수통 1개, 탄약 90발 및 돈 1원여를 약탈하였다.

7. 같은 해 9월 29일 부하 이정구 외 3명을 이끌고 청주군 북강내이면 (北江內二面) 화죽동에서 헌병대의 밀정 박래승(朴來升)을 붙잡아 이정구에게 참살하도록 명하였다.

8. 같은 해 10월 1일 미원(米院) 헌병분견소 헌병의 추적을 받고 부하 이정구 외 2명과 함께 도주 중 청주군 산내이상면(山內二上面) 왕 화태(王華台)에서 척후로 전진하던 헌병보조원 정태헌(鄭泰憲)을 저격하여 머리 부분에 부상을 입히고 도주하였다.

9. 같은 해 음력 8월경 조운식의 발의에 찬성하여 다른 30여 명과 함 께 경상북도 상주군 화북면 용화리 조동 거주 남(南) 주사의 집에 있던 정화춘(鄭化春) 및 전경모(全京模) 두 사람을 붙잡아, 이들이 처음에는 의병으로 조운식의 부하가 되었다가 일단 귀순한 후 다 시 의병이 되었지만 실상은 일한 관헌의 밀정으로 의병의 거처를 통지한 죄상을 질책하고 그곳 도로에서 정화춘을 총살하고, 전경 모를 참살하였다.

10. 같은 해 음력 8월 날짜 미상일에 조운식 외 5백여 명과 함께 강원 도 영천군 주막에서 저녁 식사 중 일본병에게 포위되어 무리 5명 의 사체를 유기하고 도주하였다.

11. 같은 해 음력 9월 19일 조운식 외 5명과 함께 군자금을 빼앗을 목 적으로 총기 및 군도(軍刀)를 휴대하고 충청북도 청산군 서면 석성 리 거주 전한기(全漢基), 전홍기(全弘基) 집에 난입하여 두 사람을 납치하려 할 때 주민 다수가 추적하자 조운식의 명을 받고 사격하 여 마을 사람 전응유(全應有)의 왼쪽 가슴에서 왼쪽 등 부분을 관

통하는 총상을, 마을 사람 전경화(全敬化)의 오른쪽 발 관절 뒷부분을 스치는 총상을 입힌 후 도주하였다.

12. 같은 해 음력 9월 30일경 조운식과 공모하여 충청북도 청주군 청천면 면장 진필오(陳必五)에게서 군자금을 빼앗기 위해 무리 9명과 함께 「창의고유문(唱義告諭文)」을 휴대하고 가서 돈 40원을, 그날 청주군 산외이면(山外二面) 면장 홍(洪) 아무개에게서 군자금을 빼앗기 위해 위와 동일한 수단을 사용하여 돈 30원을 빼앗았다.

13. 같은 해 음력 10월 중 부하 여러 명을 이끌고 청주군 북강내이면 화죽리 거주 김덕보(金德甫)에게서 의병의 군용금이라고 칭하며 돈 20원을, 같은 마을 이(李) 주사에게서 돈 30원을, 같은 해 음력 11월 중 청주군 서강외이면 작천리 거주 박덕진(朴德眞)에게서 돈 10원을, 같은 마을 최정유(崔正有)에게서 돈 10원을, 같은 마을 전경오(全京五)에게서 돈 10원을, 같은 마을 박성문(朴性文)에게서 돈 4원 80전을, 같은 마을 김사홍(金士弘)에게서 돈 7원을 모두 동일한 명목으로 빼앗았다.

이상의 사실은 사법경찰관의 피고인 신문조서, 통감부 순사가 등사한 폭도에 관한 조서의 발췌서, 피해자 김상희의 시말서, 청주헌병분견소 소장의 방인재(方仁才)를 살해한 적도 추적(賊徒追跡) 보고서 및 동 보고서에 첨부된 방인근(方仁根)의 청취서, 청안(淸安)헌병분견소 소장의 괴산군 서면 사치(砂峙)에서 우편물 호위병을 살해한 적도추적 보고서, 경부대리 순사의 박내승(朴來升) 살해사건의 실황 검분서(檢分書), 청주헌병관구(管區) 구장의 박내승 살해사건, 시체 상황의 보고서 및 해당 보고서에 첨부된 이규창(李圭昌)의 청취서, 미원(米院) 헌병분견소 소장의 적도와의 충돌 보고서 및 헌병보조원의 청취서, 청안헌병분견소 소장의 우편 피해사건의 통보서, 충주우편국 국장의 위와 같은 통보서, 동

헌병분견소 소장의 한경천(韓敬川)의 자백 보고서, 이춘화(李春化) 및 김덕수(金德水)에 대한 사법경찰관 대리의 청취서, 검사의 위 두 사람에 대한 신문조서, 공주지방재판소 공판정에서 한, 위 두 사람의 공술, 검사의 피고 대한 신문조서, 당 공판정에서 한 피고의 공술, 기타 참고 기록 중의 이정구 내란사건 기록 중에 존재하는 피해자 김덕보 · 이(李) 주사 · 윤중구 · 박덕진 · 최정유 · 전경오 · 박성문 · 김사홍의 피해신고서, 육군헌병 오장의 이정구에 대한 제1회 · 제3회 신문조서, 검사의 이정구에 대한 신문조서, 북부수비대 사령관의 우편호위병 전투 상보(詳報), 헌병대장의 우편호위병 조난 보고서 및 조운식 내란사건 기록 중에 존재하는 사법경찰관의 조운식에 대한 제1회 신문조서, 동 경찰관 대리의 전응유 · 전경화 피해사건의 검증조서 및 그 부속서류, 검사의 조운식에 대한 제1회 · 제3회 신문조서 등을 종합하여 앞에 기술한 사실을 인정할 증거가 충분하다. 위의 행위를 법률에 비추어 보건대,『형법대전』제195조에 해당하는 수범(首犯)이므로 피고는 교수형에 처함이 타당하다. 이에 주문과 같이 판결한다.

항소심

피고 한봉수는 시국에 분개하여 정부를 전복하고, 정사(政事)를 변경할 것을 기도하여 폭도 수괴 김규환(金奎煥) · 조운식(趙雲植)과 공모 또는 단독으로 군자금 징발을 위하여 내란죄 수행의 방해를 배제하기 위해 명치 41년(1908) 4월 3일 김규환 등 40여 명과 충청북도 청주군 산외1면 세교에서 우편배달부를 협박하여 우편물 및 일금 2천여 원을 약탈하고 같은 해 6월 10일 김규환 외 여러 명과 함께 청주군 북강외1면 부근

보리밭에서 일본헌병 2명을 저격하여 그 1명을 죽였다.

명치 42년(1909) 7월 이래 12월에 이르기까지 충청북도 청안군, 경북 순흥군·풍기군 부근을 배회하면서 군사 행동을 할 즈음 같은 해 8월 중 풍기군에서 부하 500여 명과 같이 저녁을 먹고 있을 때 일본병의 공격을 받아 패주하고, 같은 달 중 경상북도 상주군 화북면 삼동에서 정화성(鄭化成)·김경모(金京摸) 두 사람을 사로잡아 피고들을 배반하고 일본병에게 귀속한 죄를 질책하여 살해하고, 같은 해 11월중 조운식 외 여러 명이 함께 군자금 징발을 위하여 충청북도 청산군 서면 석성리 김완기(金完基) 외 1명 집에 돌입하였으나 다수 촌민이 포위하여 퇴각하고, 같은 해 5월 중 부하 여러 명을 이끌고 청주군 청천 면장 심필오(沈必吾)에게 격문을 보이고 40원을, 같은 해 같은 달 중 청주군 산외2면 홍(洪) 아무개에게 고유문(告諭文)을 보이고 일금 30원을 약탈하였다.

피고 한봉수 총대장은 이정구(李正九) 외 여러 명을 이끌고 명치 42년 (1909) 4월 중 충북 청주군 백자동에서 일본인 탐정이라는 방인재(方仁才)를 사로잡아 노상에서 부하 한춘삼(韓春三)에 명하여 총살하게 하고, 또 같은 해 5월 중 괴산군 사치에서 부하 9명을 이끌고 일본인 호위병 2명을 살해하고 총기와 탄약 등을 약탈하였고, 또 같은 해 8월 중 부하 3명을 이끌고 청주군 북강내일면 화죽리에서 박래천(朴來舛)을 체포하여 청주분견소에 밀고한 것으로써 이정구(李正九)에게 명하여 칼로 인후부를 절단 살해하였고, 또 같은 해 10월 중 청주군 화죽리 김덕보(金德甫) 집에 부하 여러 명을 이끌고 돌입하여 일금 20원을, 같은 곳 이모 집으로부터는 일금 30원을, 또 같은 해 11월 중 청주군 북강외이면 방실리 윤중구(尹重九) 집으로부터는 일금 30원을, 같은 면 작조리 박춘덕(朴春德)으로부터는 일금 10원을, 같은 곳 박반문(朴班文)으로부터는 일금 4원을, 김사홍(金士弘)으로부터는 일금 7원을, 최정유(崔正有)로부터는 일금 10원을, 전경오(全京吾)로부터는 일금 10원을 약탈한 사실은 증빙이 충분하다.

위 피고의 소행은 『형법대전』 제195조에 해당하나 그 범죄에 대해서는 명치 43년(1910) 8월 칙령 제325호 제1조 제2호에 의해 사면으로 공소권이 소멸함에 따라 피고에 대해서는 면소(免訴) 언도를 해야 한다. 그리하여 원재판소가 피고에 대해 유죄 판결을 함은 부당하고 피고의 공소는 이유가 있음으로 민형 소송 규칙 제33조에 따라 주문과 같이 판결한다.

해 제

이 문서는 국가기록원에서 소장하고 있는 관리번호 CJA-0000884-0042 의병 한봉수(韓鳳洙)의 판결문이다. 공주지방 재판소 청주지부와 경성 공소원에서 생산한 문서이다. 원심인 공주지방법원 재판의 담당판사는 청주지부 재판장 통감부 판사 다나카(田中亨)이고 경성공소원 항소심 재판장은 형사부 재판장 판사 구쓰(楠常藏)이다.

사실관계를 살펴보면, 한봉수는 충북 청원군 북일면 세교리 출신이다. 1907년 9월경 해산군인 김규환(金奎煥)을 만나 감화를 받고 함께 국권을 회복하고자 의병에 가담하였다. 그는 청주 세교장(細橋場)에서 기의하여 해산 군인 100여 명을 규합하여 대장으로 추대되었다. 9월 15일에는 미원에서 일본군 수비대와 격전을 벌였으며, 10월 28일에는 문의군을 습격하여 군수를 처단하였다. 1908년 1월에는 청주의 교자동에서 일진회원 김홍식을 처단하였으며, 이후 군자금을 모금하는 한편으로 일본군 수비대와 교전을 계속하였다. 그해 5~6월경에는 속리산에서 수비대와 격전을 벌였는데, 6월 29일에는 괴산군 서면에서 우편물을 호위하던 일본군을 공격하여 그중 일본 헌병대위 시마자키(島崎善治)를 사살하고 수송되던 세금을 군자금으로 확보하였다. 10월 1일에는 미원 헌병분견소 대원들과 격전을 벌이고 헌병보조원 정태헌에게 부상을 입혔다. 이후 전의·목천·평택·여주·횡성·문경 등지에서 일본군과 30여 회의 격전을 치르는 등 크게 활약하였다. 한편 그는 괴산의 김규환, 보은의 노병대(盧炳大), 상주의 조운식(趙雲植) 의병 등과 연합하면서 일본군을 습격하여 전과를 올렸다.

원심 재판부는 한봉수가 『형법대전』 195조 내란죄에 해당한다고 판단하고 교수형을 선고했다. 이에 한봉수는 경성공소원에 항소하였다. 항소심 재판부는 원심에서 한봉수에게 적용한 혐의는 모두 타당하다고 판단했다. 하지만 1910년 8월 29일에 이른바 '합방대사령(合邦大赦令)'을 받아 면소 판결되어 석방되었다. 1910년 9월 5일, 총독부는 관보에 이른바 '대사령(大赦令)'을 발표하였다. 이른바 '칙령 325호'로 발표된 95개조에 의해 면소(免訴), 불기소(不起訴), 형 집행 정지로 풀려난 자는 348명이었다.47) 한봉수는 대사령의 명단에 포함되어 면소된 것이다.48)

....

47) 9월 5일 관보에 나온 사면대상자 성명은 다음과 같다. 李洛俊, 朴得用, 朴姓女, 崔姓女, 金致運,, 金姓女, 韓奉洙, 鄭昌順, 朱文先, 申道湜, 崔昶鎬, 崔明憲, 朴蟾, 金昌植, 朴啓先, 崔燦奎, 金漢國, 朴性模, 崔昞晃, 朴日杓, 金奎植, 張仁植, 鄭仲澤, 鄭時恒, 金聖九, 李德俊, 鄭周平.

48) 1919년에는 고종의 국장에 즈음하여 상경하였다가 귀향하여 3월 7일에 청주의 서문장터(우시장) 입구 마차 위에서 이태우(李太雨)·임봉수(林鳳洙) 등과 함께 선언서를 살포하고 장꾼들과 함께 대한독립만세를 불렀다. 4월 1일에는 북일면 세교리 구시장에서 다시 만세 시위를 벌였으며, 다음날에는 내수보통학교 학생 80여 명과 같이 만세시위운동을 벌이다가 일경에게 체포되었다. 1919년 5월 6일 공주지방법원 청주지청에서 징역 1년형을 받고 옥고를 치렀다.

17) 전기홍 판결서(1910.07.09. 明治43年 刑控第106號, 대구공소원)

제1. 피고 전기홍은 어려서부터 유학(儒學)을 수행하고 항상 유생(儒生)으로 전라북도 외진 마을에서 거주하여 그 성품이 완고하고 사리에 어두워 시세에 정통하지 못하였기에 한국의 현재 정사(政事)에 불만을 품고 일본제국이 통감부를 두고 한국 정치에 관여하는 것은 자국을 침해하여 그 영토를 약탈하는 정책 밖에 되지 않는다고 하며 스스로 병사를 일으켜 일본 관민을 소탕함으로써 한국의 현 정치 형태를 변경하고자 하는 마음으로 살고 있었다.

1. 명치 41년(1908) 2월(융희 2년 음력 정월)에 전라북도 남원 부근에서 이석용(李錫庸)이라는 자가 앞에서 본 피고와 동일한 정사 변경을 목적으로 무리 약 50명을 이끌고 총 30자루를 갖춰 난을 일으키자, 피고는 같은 달 9일 무렵에 그곳에서 그의 부하로 가입하여 이후 같은 해 4월 20일 무렵(같은 해 음력 3월 20일 무렵)까지의 기간에 위의 우두머리 이석용 및 그의 무리와 함께 같은 도 사천(沙川)외 2개소에서 소란을 일으켜 일본 군대에 대항하며 교전을 하였다.

2. 명치 41년 5월(융희 2년 음력 4월)에 전라남도 함평군 용진산(龍珍山)에서 조경환(曹京煥)이란 자도 역시 정사를 변경하려는 피고와 같은 목적으로 무리 30명 정도를 규합하여 총기 10여 자루를 갖추고 난을 일으키고 있을 때, 피고는 같은 달 20일 무렵에 그곳에서 조경환의 부하로 들어가 그의 무리와 함께 같은 해 7월 13일 무렵(같은 해 음력 6월 15일 무렵)에 같은 도 함평군 흑석동(黑石洞)에서 소란을 일으켜 일본 군대에 대항하며 교전하였고, 또한 같은 해

8월 22일 무렵(같은 해 음력 7월 26일 무렵)까지 위 우두머리 조경 환의 무리와 행동을 같이 하였다.

3. 명치 41년(1908) 8월 23일 무렵(융희 2년 음력 7월 27일 무렵)에 피 고는 앞에 적은 조경환의 부하에서 벗어나 다시 우두머리가 되어 무리를 규합하여 약 30명, 총 20자루를 얻어 스스로 호남의병장[湖 南義將] 전해산(全海山)이라 부르고, 전라남도 영광군 불갑산(佛甲 山), 같은 도 함평군 석문(石門) 내를 근거지로 하여 소란을 시작하 여 이후 무리가 많을 때는 약 300명, 총기 200자루 가량을 갖추고 같은 도 나주·장성·광주·담양·순창·무장·부안의 각 군(郡)을 횡행하였고, 같은 해 9월 무렵(음력 8월 무렵)부터 다음 명치 42년 2월 무렵(융희 3년 음력 정월 무렵)까지의 기간에 여러 차례 함평 군 월악면(月岳面) 괴정리(槐丁里)에 사는 정경안(鄭敬安)으로부터 돈 400냥을, 명치 41년 12월 중(융희 2년 음력 11월 중)에는 같은 도 영광군 읍내의 조희경(曺喜暻)으로부터 돈 500냥을, 명치 42년 (융희 3년) 봄 무렵에는 같은 군 삼북면(森北面)에 거주하는 오석 근(吳碩根)으로부터 돈 100냥 및 돈 400냥짜리 수표 1장을, 같은 해 3월 무렵부터 같은 4월 무렵(같은 해 음력 2월 무렵부터 같은 3월 무렵)까지의 기간에 여러 차례 같은 도 영광군 현내면(縣內面) 사 창동(社倉洞)에 거주하는 임원서(林元瑞)로부터 나락 100석을, 같 은 해 5월 8일 무렵(같은 해 음력 3월 19일 무렵)에 같은 군 대안면 (大安面)에 거주하는 심일택(沈一澤)으로부터 여러 차례에 걸쳐 돈 500냥을 약탈함으로써 위의 폭거(暴擧) 비용으로 사용하였다. 명치 41년 7월 14일 무렵부터 다음 명치 42년 5월 28일 무렵(융희 2년 음 력 6월 16일 무렵부터 같은 3년 음력 4월 10일 무렵까지)에 이르는 사이에 같은 도 함평군 장본면(章本面) 흑석동 외 10여 개소에서

앞에 적은 무리를 이끌고 난을 일으켜 일본 군대 또는 경찰대에 대항하며 교전하여 해당 지방을 소요케 한 후, 세력이 쇠퇴하여 끝내 부하를 해산하고 전라북도 장수군 중번면(中潘面) 하동하리(下洞花里)에서 잠복 중에 체포된 자이다.

제2. 피고는 일진회 회원은 일본 군대를 위해 밀정 노릇을 하는 자로 피고들에게 불리하다고 하며 이들을 살해할 뜻을 꾸미고(造意) 앞에 적은 조경환 등과 공모하여, 명치 41년 9월 10일(융희 2년 음력 8월 15일)에 함께 부하 약 80명을 이끌고 당시 시장이 열린 전라남도 함평군 식지면(食知面) 나시장(羅市場)을 포위하고, 마침 그곳에 있던 일진회원 같은 군 해보면(海保面) 계동(桂洞) 거주 김상칠(金相七)과 김상팔(金相八), 같은 군 나산(羅山) 거주 이용복(李用卜), 창평군으로 면과 동네는 미상인 신도서(申道西), 광주군 부동방면(不動坊面) 벽도리(碧桃里) 이인홍(李仁洪), 함평군으로 면, 동, 성명 미상의 남자 1명 등을 붙잡아 바로 부하에게 명하여 위 시장 부근에서 총격으로 앞에 적은 6명을 죽였다.

제3. 피고는 전라남도 영광군 황량면(黃良面) 변영서(邊永瑞)라는 자는 헌병의 밀정으로 피고들에게 불리함을 꾀하는 자라고 하며 그를 살해할 것을 꾸미며, 명치 41년 9월 8일(융희 2년 음력 8월 13일)에 부하 20명을 이끌고 같은 도 함평군 식지면(食知面) 군평(群坪)에서 변영서를 붙잡아 부하 김원범(金元範) 외 1명으로 하여금 총살하게 하였다.

제4. 피고는 폭도의 우두머리 박기춘(朴基春)이라는 자가 인민을 능멸 학대하는 불법 행위를 한 자라 하여 그를 살해할 것을 계획하여, 명치 41년 10월 날짜 미상일(융희 2년 음력 9월)에 부하 20명을 이끌고 전라남도 함평군 식지면에서 그를 붙잡아 부하에게 명하여 총을 쏘아 죽게끔 하였다.

제5. 피고는 폭도의 우두머리 김기순(金基順)이라는 자가 인민의 재물을 약탈하고 사나운 행동을 하는 자라고 하며 그를 살해할 것을 기도하여, 명치 41년 11월 날짜 미상일(융희 2년 음력 10월)에 부하 수십 명을 이끌고 전라남도 장성군 면 미상 산동(山洞)에서 김기순을 붙잡아 부하에게 명령하여 그에게 총격을 가해 죽이도록 하였다.

이상의 사실은 체포수속서, 피고의 각 신문조서, 참고인 전낙중(全洛中)의 신문조서, 증인 윤상형(尹相馨)·정경안(鄭敬安)·정성근(鄭成根)·심일택(沈一澤)의 각 신문조서등본, 명치 41년 8월 16일자 함평 헌병분견소 소장 다구치(田口久之助)의 보고서 등본, 오정환(吳正煥)의 청취서(聽取書) 등본, 헌병 다무라(多村甚市)의 수사 복명서, 경부 후루야(古屋淸威)의 보고서 2통, 조희경(曹喜暻)·임원서(林元瑞)의 각 조사서, 영치(領置)10)된 각 서류, 제1심 심문조서 및 본 법정에서 한 피고의 진술을 모아 보아 그 증거가 충분하다.

법률에 비춰보건대, 앞에 보인 제1 중에 1과 2의 행위는 각기 내란의 종범(從犯)에 해당하므로 『형법대전』 제195조, 제135조에, 제1 중의 3의 행위는 내란의 주범(首犯)이므로 같은 법 제195조에, 제2의 김상칠 외에 5명을 살해한 6개의 행위 및 제3~5의 각 살해 행위는 모두 살인(謀殺)을 꾸민 자로서 같은 법 제473조에 각각 해당하고, 여러 죄가 함께 드러났으므로 같은 법 제129조에 의하여 무거운 제1 중의 3과 제2~5의 각 죄과가 서로 비슷하므로 제1 중의 3의 내란 주범의 형률을 쫓아 피고 전수용을 교수형에 처하고, 영치된 서류는 몰수에 관계되지 않음으로 각 차출인에게 돌려줄 것이다.

그러므로 이상의 판결 요지에 적합한 원 판결은 타당하며 본 건의 항소는 추호도 그 이유가 없으므로 이에 「민형소송규칙」 제33조에 의하여 이를 기각하고, 이에 주문과 같이 판결한다.

이 문서는 국가기록원에서 소장하고 있는 관리번호 CJA-0000696-0042 의병 전기홍 판결문이다. 대구공소원에서 생산한 문서이고 재판장은 형사부 판사 스즈키(鈴木伍三郎), 배석판사는 통감부 판사 미야키(見矢木欽爾)·사이토(齋藤庄三郎)가 참여했다.

사실관계를 정리하면 전기홍(全基洪)은 전북 임실 출신이다. 본명은 수용(垂鏞)은 그의 자이며, 호는 해산(海山)이다. 따라서 전기홍, 전수용, 전해산이라고도 불렸다. 1907년 군대 해산 후 의병 운동이 일어나게 되자 전수용은 그해 겨울 이석용(李錫庸)과 같이 전북 남원에서 기병하였다. 그는 김태원 사후 오성술(吳聖述)과 연합하여 나주 도림에 주둔하였다가, 사천 등지에서 일본군과 교전하였다. 1908년 6월에는 정원집(鄭元執) 의병진을 받아들여 진용을 확장하였다. 그해 7월 29일에 부하들의 추대를 받아 의병장이 되어 대동창의단을 조직하였다. 첫 전투는 영광 불갑산 전투였다. 7월 25일에 삽시간에 일본군에게 포위당하자, 선봉장이 천보총을 쏘아 두어 명을 사살하고 곧이어 선치에서 매복하였다가 적을 유인하여 기마병들을 죽이고 무기를 포획하였다. 한편 일진회를 경계하여 변영서(邊永瑞)·박기춘(朴基春) 등 일진회원을 총살시켰다. 그러나 순종의 의병 해산령과 함께 1909년 4월에 영광 오동, 덕흥 전투에서 잇따라 패한 뒤 의병을 해산하였다. 이후 남원에 은신하다가 조두환의 밀고로 그해 12월에 체포되었다.

재판부는 전기홍의 행위에 적용할 법리를 검토하였다. 일본군과 교전을 한 행위에 대해서는 『형법대전』 195조 내란율에 해당하고, 사람을 살해한 행위는 모살 혐의로 동법 473조의 적용을 받는다고 판단했다.[49] 두 가지 이상의 혐의를 동시에 적용 받을 경우 동법 129조에 의해 무거

운 죄인 내란죄의 형률에 의한다. 따라서 피고 전기홍은 내란죄에 의해
교형을 선고받았다.

49) 第473條 人을謀殺ᄒ는者는造意ᄒ는者와下手나助力ᄒ는 者는幷히絞에處ᄒ되隨行만ᄒ고下
   手나助力이無ᄒ는者는一 等을減흠이라

2
의병관련 사건
-강도(强盜) 적용

이창영은 영양(英陽)에 거주하는 백성으로 음력 올해(1907) 3월 20일
에 의병 대장 신돌석(申乭石) 진영에 들어가 같은 27일에 의병 집사(執
事)가 되었다. 이후 신돌석과 함께 75명의 군사를 거느리고 영양 장파
(長坡)의 임ㅇㅇ집으로 가서 임ㅇㅇ를 붙잡아 볼기 10대를 친 뒤 군수금
이라 칭하고 돈 84냥을 탈취했다. 28일에는 신돌석 및 의병 100명과 함
께 영해 호시동(狐市洞)의 이름 알 수 없는 남ㅇㅇ집에 가서 돈 90냥, 영
해 히리곡(谷) 강ㅇㅇ의 집에 가서 주리를 틀고 돈 54냥을 빼앗았다. 29일
에는 의병 소모관이 되어 다음날 신돌석 및 120명의 병사와 함께 영양
사탄(沙呑), 수비(首比) 두 마을의 권(權)·금(琴) 두 집에 가서 50냥, 또
권ㅇㅇ집에서 돈 90냥을 강탈했다.

4월 2일에는 신돌석 및 150명의 병사와 함께 평해(平海) 설산(雪山)
손ㅇㅇ집에 가서 돈 180냥, 3일에는 신돌석 등과 함께 울진 화리시장(花
里市)의 유ㅇㅇ집에 가서 돈 100냥을 빼앗고 그 집 전방에서 투숙하다
가 춘천(春川)의 병정에게 쫓기기도 했다. 4일에는 신돌석과 함께 영양
후평(後坪) 조ㅇㅇ집으로 가서 ㅇㅇ을 결박하고 10리 밖의 주곡(注谷)까
지 끌고 가서 돈 80냥을 탈취하였다. 같은 마을 조ㅇㅇ집에서는 돈 50냥
과 조총(鳥銃) 1자루를 빼앗았고, 5일에는 신돌석과 함께 조총 75자루를
가지고 영양 부곡(釜谷)의 권ㅇㅇ집으로 가서 칼로 때린 후 돈 30냥 강
탈했다. 또 같은 군 항동(項洞) 김ㅇㅇ집에서 돈 50냥, 수평(水坪)의 권
ㅇㅇ집에서 돈 10냥 백미 10말, 청기(靑基)의 오ㅇㅇ집에서 돈 100냥, 나
방리(羅芳里) 안ㅇㅇ약국에서 돈 50냥, 압곡(押谷)의 유ㅇㅇ집에서 돈

30냥을 탈취했다.

6일에는 영양읍내로 들어가 하룻밤을 지낸 뒤에 신돌석은 병사를 거느리고 청송으로 갔다. 8일에 병사 13명과 조총 9자루를 가지고 영양 사야(沙也) 조○○집으로 가서 돈 50냥, 10일에는 도촌(島村)으로 가서 이름 모르는 권○○집에서 돈 50냥, 11일에는 주곡점(注谷店)에 가서 돈 50냥 및 짚신(草鞋) 2죽(竹), 12일에는 13명과 함께 같은 군 오리현(五里峴) 박○○집에 가서 돈 40냥을 약탈했다. 13일 신돌석이 청송에서 돌아오는 길에 영양읍 통기(通奇)로 들어간 고로 곧 가서 군사를 합치니 병력이 90명이나 되었고, 15일에는 신돌석과 합친 병사 90명과 함께 울산읍으로 들어가자 같은 군 순교감(巡校監)의 병정이 총을 쏘는 까닭에 인가 23호에 불을 지른 후에 흩어졌다. 19일에 집으로 돌아오다가 행인의 말을 들으니 병정 140명이 영양 읍내로 들어왔다고 하므로 즉시 예안(禮安)으로 갔는데 그 부친이 병정에게 체포되어 대구경무서에 압송되어 갔다가 8월 14일에 석방되어 돌아왔다는 소식을 들었다. 이에 8월 17일에 영양 번동(番洞)으로 갔다가 신돌석 및 13명과 만나 함께 청송군으로 가자고 하므로 추후에 따라가겠다고 응하지 않았다. 또 의병 소모장 이춘양(李春陽)을 만나 함께 가자고 하니 다음에 가겠다고 응하지 않고, 9월 18일에 영양 순교청(巡校廳)에 가서 돈 20냥을 빼앗으려다가 얻지 못하고 돌아왔다. 21일에는 돈 3냥으로 일을 구하려고 영양 와구(瓦邱)로 갔다가 돌아오는 길에 같은 군 순교(巡校)에 체포되었다.

조준용은 영양군에 사는데 음력 올해(1907) 4월 어느 날에 영해 의병 신돌석 의진의 115명을 만났다. 이후 같은 군 석포(石浦)로 갔다가 그 마을에 사는 이○○의 아들을 포박하여 볼기를 친 뒤에 점심 115상을 빼앗아 먹었다. 조준용은 조총 1자루를 가지고 의병진을 따라 청송군 청운역(靑雲驛)으로 가서 손○○를 납치하여 돈 100냥을 강탈하고, 또 진보읍 이방처(吏房處)로 가서 군수금 명목으로 200냥을 약탈한 후 같은 군의 육고자(肉庫子)를 불러 값으로 130냥을 주고 소 1마리를 사서 진중의 군사들을 먹였다. 같은 달 어느 일에 청송 이전평(梨田坪) 신○○집에서 강탈한 돈 350냥을 당목 6필과 바꿔서 의복을 만들어 각 포군(砲軍)이 받아 입게 하였다. 의성으로 향하던 길에 관군에 쫓겨 각기 흩어져 도주하여서 신돌석은 울진으로 향하였으며, 해당 범인은 본집으로 도주해 돌아온 지 5~6달에 이르렀다.

해 제

본 문서는 국가기록원에 소장 중인 형사재판 판결서로 관리번호는 CJA-0001174-0006이다. 생산기관 및 생산자는 표시되어 있지 않다. 국한문 혼용문서로 피고인의 인적사항과 재판내용으로 구성되어 있다. 사실관계를 정리하면 조준용(趙俊容)과 이창영(李昌英)은 경북 영양 출신으로 1906년 음력 3월 20일에 신돌석 의진에 참가하여 영양 석포(石浦)에서 군자금과 군수품을 모집하는 활동을 하였다. 같은 해 3월 27일에 의병의 '집사'가 되어 신돌석이 거느리는 75명과 함께 영양의 장파에서 80냥, 다음 날인 28일 영해로 들어가 90냥을 모집하고 29일에는 소모관이 되어 영양에서 군자금을 확보하였다. 4월 13일에는 울산으로 들어가 군의 병정과 전투를 벌이기도 하였다. 이외에도 울산군 청송군 청운역(靑雲驛)에서 군자금 100냥, 영양군 진보읍 이방(吏房)의 집에서 군자금 200냥, 청송군 이전평에서 군자금 350냥 등 군자금과 군수품을 모집하는 활동을 하다가 영양군 순교한테 체포된 사건이다.

이에 재판부는 영양 순교에게 체포된 사실이 해당 범죄자들의 진술에서 명백하다고 판단하여 『형법대전』 제593조 제3항 "재산을 빼앗을 계획으로 도당을 모아 병장기를 가지고 閭巷 혹은 市井으로 난입한 자는 首犯과 從犯을 가리지 않고 교수형에 처한다는 죄율에 비춰서 해당 범죄자인 이창영·조준용을 모두 교수형에 처할 것을 선고하고, 항소 제기 기한은 5일 내로 허락한다."고 선고하였다.

『형법대전』593조는 강도율에 대한 처벌 조항이며 그 내용은 아래와 같다.[50]

第593條 財産을 劫取할 計로 左開所爲를 犯한 者는 首從을 不分하고 絞에 處하되 已行하고 未得財한 者는 懲役終身에 處함이라

　一 一人 或 二人以上이 晝夜를 不分하고 僻靜處 或 大道上에나 人家에 突入하여 拳脚杆捧이나 兵器를 使用한 者

　二 人家에 潛入하여 揮劍 或 橫創하고 威嚇한 者

　三 徒黨을 嘯聚하여 兵仗을 持하고 閭巷 或 市井에 欄入한 者

　四 藥으로 人의 精神을 昏迷케한 者

　五 人家에 神主를 藏匿한 者

　六 墳塚을 發掘하거나 山殯을 開하여 屍柩를 藏匿한 者

　七 幼兒를 誘引 或 劫取하여 藏匿한 者

　八 發塚 或 破殯하겠다 聲言하고 掛榜 或 投書하여 恐嚇한 者

　九 山殯을 毁破하고 衣衾을 剝取한 者라고 규정하고 있다.

조준용과 이창영은 이 중 제3항인 '徒黨을 嘯聚하여 兵仗을 持하고 閭巷 或 市井에 欄入한 者'에 해당되는 경우였다. 비록 이창영의 경우 20냥의 미수사건이 있었지만 나머지 사안이 "재물도 未得하지 않고 得했기" 때문에 기수요건에 해당했고 종신형이 아닌 교형의 대상이 된 것이다.

---

50) 『한말근대법령자료집』 4, 국회도서관, 1971, 214~215쪽.

형법상 강도죄는 폭행 또는 협박으로 타인의 재물을 강취하거나 기타 재산상의 이익을 취득하거나 제3자로 하여금 이를 취득하게 함으로써 성립하는 범죄이다. 강도죄는 모두 타인의 재물을 객체로 하는 범위에서는 타인의 점유를 침해함에 의해 그 소유권을 침해한다는 점에 본질적으로 절도죄와 같다. 하지만 강도죄는 1. 그 행위에 있어 폭행이나 협박의 수단을 사용하고, 2. 재물뿐 아니라 재산상의 이익도 객체로 한다는 점에서 절도와 구분이 된다.[51]

그렇다면 본 사건에서 이창영과 조준용의 강도행위가 성립 여부를 검토해 보도록 하겠다. 두 사람 모두 폭행 또는 협박으로 인해 타인의 재물을 강취한 사실이 있다. 또한 이 행위는 두 사람이 직접적 행위이다. 하지만 그 고의성 여부에서는 논란의 여지가 있다. 이들이 타인의 재물을 강취할 때 이 행위가 이익을 취득하는 행위라고 인식했는지 여부이다. 주지하는 바와 같이 이들은 신돌석 휘하에서 의병으로 활동하였다. 따라서 이들은 자신들의 행위가 단순한 재산상의 이익을 취하는 것을 목적으로 하지 않고 인식 했을 것이다. 따라서 강도죄의 구성요건이 성립된다고 보기 어려운 점도 있다.

....

[51] 현행 형법은 강도죄를 333조에서 "폭행 또는 협박으로 타인의 재물을 강취하거나 기타 재산상의 이익을 취득하거나 제삼자로 하여금 이를 취득하게 한 자는 3년 이상의 유기징역에 처한다"고 규정하고 있다. 그리고 342조에 따라 미수범도 처벌하며 345조에 의거하여 강도죄를 범한 경우 10년 이하의 자격정지도 가능하다. 강도죄가 구성되기 위한 구성 요건으로는 행위의 객체가 있어야 한다. 행위의 객체는 타인의 재물 혹은 재산상의 이익이다. 다음으로는 폭행, 협박으로 타인의 재물을 강취하거나 재상상의 이익을 취득하거나 제3자로 하여금 이를 취득하게 하는 직접적인 행위가 있어야 한다. 또한 행위자에게는 객관적 구성요건에 대한 고의가 있어야 한다. 즉 폭행이나 협박으로 타인의 재물을 강취하거나 이익을 취득한다는 인식이 있어야 한다(이재상, 『형법각론』, 박영사, 2009, 294쪽).

2) 나인영 외 30인 판결서(1907.07.03. 평리원)

　전라남도 낙안군 거 전 주서(注書) 나인영(羅黃永) 45세, 전라남도 강진둔 거 전 주사 오기호(吳基鎬) 43세, 전라북도 남원군 거 전 주사 김인식(金貨植) 34세, 경상북도 대구군 거 진사 김동필(金東弼) 48세 등 30인, 피고 나인영(羅黃永)은 공초에서 "광무 9년 11월에 우리 대한의 외교권을 일본에 양여한 신조약이 일본의 강제에 따른 것이다. 황상폐하께서 윤허하고 또 참정대신의 날인이 없는 것으로 슬프게도 5적 이지용, 이근택, 박제순, 이완용, 권중현이 단지 가하다고 쓰고 속여 내치정권과 전국이권을 같이 양여하여 2천만 민족을 노예로 내몰고 훼손된 국체의 율이 단지 기왕의 법문일 뿐이라"며 격한 울분의 뜻에 따라 난신적자(亂臣賊子)들을 쳐 없앨 뜻을 세웠다. 이에 오기호·김인식도 같은 마음으로 협력하여 김동필·박대하·이홍래·이용채를 지휘키로 약속하여 향리 각처의 의병여당을 모았다.

　을사오적 외에 탁지부 대신 민영기, 법부대신 이하영도 신조약에 속으로는 가하다하고 겉으로는 아니다 하였으니 목 베어 제거함이 옳다고 판단하였다. 따라서 목 벨 간사한 7인을 적출하기 위하여 김동필을 보내려 하였다. 그러나 한편으로는 이하영·민영기는 기왕의 조약에 서명하지 않았으니 같이 논죄하는 것은 불가하다는 의견도 있었다. 그리하여 진지하게 상의하였었는데 목 베일 간사한 2인을 없애지 아니하고 음력 상년 12월 그믐에 거사할 마음이었으나 모집한 도당이 아직 도착하지 않아 이루지 못하고 음력 본년 2월 초5일에 오적의 각 집에 모은 무리 각 30명씩이 각기 단도와 총을 지니고 대문을 열고 바로 들어가기를 약속하였으나 무리 중에 허약하여 놀라 이루지 못하고 동월 초8일 황태자 전하 탄신에 5적이 궐에 나가는 길에서 일시에 같이 거사할 것을 계획하였다가 5적이 궐에 나가는 것이 선·후 같지를 않아 이루지 못하였고 또 동월 12일에 5적이 벼슬에 나가는 요로에 도당을 나누어 매복하야 동시에 저격하고자 하다가 사동 노상에서 권중현(權重顯)을 쏘아 맞추지 못하고 다른 곳에서는 미수에 그쳐 놀라 흩어졌는데 며칠 잠적하여 다시 거사를 도모하다가 같은 무리 강상원(康相元) 등이 차제 체포됨에 타격을 입히지 못함을 우려하여 동월 19일에 오기호·김인식으로 목 베일 간사한 자들 각자의 증거서류를 가지고 스스로 본원에 나타났다.

피고 오기호(吳基鎬)는 나인영과 같은 뜻으로 참여 협력하며 정인국(鄭寅國)에게 지폐 3백 원을 2차에 걸쳐 나누어 청구하여 김동필·박대하에게 주어 도당을 모집하며 단총을 구입하게 하였다.

피고 김인식(金貨植)은 나인영·오기호와 같은 마음으로 협력하며 이용태(李容泰)에게 나인영 등의 모의 사실을 설명하여 참여케 하고 운동비를 청구하여 일이 성사된 후에 대감이 대신이 되면 국사를 위해 다행한 일이라 하고 지폐 1,700원을 얻어 나인영·오기호에게 주어 당을 모집하고 구성하게 하였으며, 피고 김동필은 나인영 등과 동일한 뜻으로 박대하·이홍래를 나인영의 집에 데리고 와서 나인영·오기호와 서로 상면하게 해주고 박대하를 이용채의 집에 자주 방문하게 하여 이·박 양인과 수시로 일을 도와가며 나인영·오기호에게 엽전과 지폐를 수취하여 박대하에게 주어 대 전에 가 행동할 도당을 모집하게 하고 김사문(金士文)을 인천에 보내 단총을 구입하고, 모집하여 온 도당을 각처에 몰래 숨겼다가 음력 그해 2월 12일에 신문 외(新門外)에 나가 도당에게 목 베일 간사한 자들의 상황과 단총을 나누어주며 서태운(徐泰云)을 지휘하여 학부대신 이완용을 저격할 일을 단속하였다.

피고 강상원은 소박한 의병여당으로 음력 본년 2월 초에 대전에서 박대하에게 응모, 상경하여 동월 12일에 알지 못하는 참여자 황(黃) 주사·지(池) 참봉·이만대봉(李萬大峰) 등 18인으로 사동 길 위에 잠시 서 있다가 이홍래의 지휘를 받아 군부대신 권중현을 쏘아 명중치 못하였다.

피고 지팔문(池八文)과 박종섭(朴鍾變)은 동월 초에 대전에서 이름을 모르는 김(金) 주사에게 응모, 상경하여 동월 12일에 김 주사에 지휘를 받아 대신을 격살할 뜻으로 남문외정차장 근처에 거사하려 기다리다가 겁을 먹고 도주하여 진위군에서 체포 되었다.

피고 김경선(金京善)은 동월 초에 일로 상경하였다가 나인영 등의 모사를 이홍래에 듣고 동월 12일에 나인영·오기호를 수행하여 광화문 앞에 도착하여 참정대신 박제순이 지나가기를 기다리다가 미수에 그쳤다.

피고 황문숙(黃文淑)과 황성주는 동월 12일에 서태운을 수행하여 서문 밖 대로변에 총과 몽둥이를 각기 소지하고 학부대신 이완용이 지나감을 기다릴 때 길 한쪽에서 물을 마시다가 동 대신이 홀연 지나쳐 미수에 그쳤다.

피고 이경진은 서태운을 수행하여 서문 밖에서 법부대신 이하영이 지나기를 기다리다가 미수에 그쳤다.

피고 조화춘(趙化春)은 이경진과 같이 상경하여 동월 초 8일 박대하의 대신 암살거사에 뜻을 같이하고 참여하였다가 동월 초 9일 바로 귀가하였다.

피고 이종학(李鍾學)은 동월 초에 서태운에게 응모, 상경하여 동월 12일에 서문 밖 노상에서 서태운 및 이름을 알 수 없는 사람과 각기 총과 몽둥이를 지니고 대신을 요격할 뜻으로 같이 기다리다가 미수에 그치고 서태운 등과 그곳의 성명 미상의 집에서 엽전 50냥을 훔쳐 나오다가 피해자가 포박할 심사로 주위에 총을 쏘니 서태운 역시 총을 쏘고 재빨리 도주하여 수원에 도착하여 체포되었다.

피고 최상오(崔相五)·박응칠(朴應七)·황경오(黃景五)는 동월 12일 제 대신살해의 거사에 모여 있다가 미수에 그치고 즉시 도망 귀가하여 도당 20여 명과 각기 몽둥이를 지니고 금산군(錦山郡) 보광리 등지에서 조총, 엽전, 술 등을 탈취했다.

피고 이용태는 음력 상년 12월경에 나인영 등이 거사를 모의함을 김인식에게 듣고 다른 일로 쓰려던 지폐 1,700원을 변통하여 주었고, 6·7년 전에 이원군에 머물던 김영학(金永學)에게 지폐 위조하는 견본을 받아 수중에 감추고 있었으며, 피고 민형식(閔衡植)은 최익진(崔翼怜)에게 나인영 등의 거사 모의를 듣고 지폐 1,400원을 변통하여 주었다.

피고 정인국은 스스로 참여한 오기호와 서로 친하여서 지폐 200원은 그 집을 저당하여 주었고, 100원은 그 아들에게 빌리는 조로 보급하였다 하나 100원을 지급할 때 나인영 등이 거사를 모의한다 들었다.

피고 최익진은 오기호 등의 거사모의를 찬동하여 지폐 200원을 먼저 빌려주고 민형식에게 1,400원을 청하여 얻어 200원을 먼저 빌려준 것을 제하고 나머지는 나인영, 오기호에 주었다.

피고 이석종(李奭鍾)은 김동필의 요구에 목 벨 간사한 7인의 서류를 주었다.

피고 이기(李沂)는 나인영 등의 거사모의를 들어 알고 나인영의 요구에 일의 성사 후 정황과 새로운 모임의 취지에 관한 글을 만들어 주었으나 일이 꼭 성사되지 아니할 수 있으니 여러 가지를 헤아려 중지할 것을 권하였다.

피고 서창보(徐彰輔)는 나인영, 오기호 등의 거사모의를 들어 알고 모살지사는 필부의 소행이라 하여 극력 말렸다.

피고 이광수(李光秀)는 나인영 등의 거사모의를 동심 찬성하여 일이 일어난 후 나인영 등과 같이 자수하려 하지 못하고 바로 체포되었다.

피고 윤충하(尹忠夏)는 나인영 등의 거사모의를 김인식에게 들어 알고 일의 성사 후 자수하기를 동의하였다.

피고 이승대(李承大)와 김영채(金永采)는 나인영 등의 거사모의를 김인식에게 들었다.

피고 최동식(崔燉植)은 나인영 등의 거사모의를 오기호에게 들었다.

피고 서정희(徐廷禧)는 나인영 등의 거사 모의를 김인식에게 듣고 그것에 대하여 대략 알고 있어 꺼림칙하게 여겼다.

피고 전덕준(全德俊)은 김경선과 같이 상경하여 나인영 등의 거사모의를 박대하에게 듣고 놀라 도주했다.

이 사실은 각 피고 등 진술 자복 및 대질과 각 증거물에 의거하여 명백하다.

피고 황경오는 상월 9일에 병으로 죽었고, 이홍래·박대하·이용채·서태운 등은 모두 도주하다가 붙잡혔다. 피고 나인영은 형법대전 제195조 정사를 변경하기 위해 난을 일으킨 자 율(律)과 동 제137조 1항 사형의 죄에 1등급을 감율(減律)하고, 동 제142조 2항 발각되고 체포되기 전에 관에 자수한 자는 2등급을 감율하는데 비추어 유(流) 10년에 처하고, 피고 오기호, 피고 김인식은 동 제195조 율(雜)과 동 제135조 종범(從犯)은 수범의 율(律)에 1등급을 감율하고, 동 제137조 2항 유형(流刑) 그의 죄에서 2등급을 감율하고, 동 제142조 2항 율에 비추어 각 유(流) 5년에 처하고, 피고 김동필과 피고 강상원과 피고 지팔문과 피고 박종섭과 피고 김경선과 피고 황문숙과 피고 황성주와 피고 이경진과 피고 조화춘은 동 제195조 율과 동 제135조 율의 동 제137조 2항 율에 비추어 모두 유(流) 10년에 처하고, 피고 이종학과 피고 최상오와 피고 박응칠은 동

조 동 율(律)과 동 제593조 1항 1인 혹은 2인 이상이 주야를 불분하고 인가에 돌입하여 병기(兵器)를 사용한 자 율(律)과 동 제129조 두 죄 이상이 동시에 병발한 경우에는 그 무거운 것을 따라 처단해 함에 비추어 모두 교(絞)에 처하고, 피고 이용태는 동 제195조 율과 동 제182조 범죄라는 사정을 알고 수범을 방조한 자를 종범이라 하는 율의 동 제137조 2항 율과, 동 제678조 응하지 않아야 할 것 한 자 율의 동 제129조 두 죄 이상이 동시에 병발 된 경우에는 그 무거운 것을 따라 처단하는 율에 비추어 유(流) 10년에 처하고, 피고 민형식은 동 제195조 율과, 동 제82조 율의 동 제137조 율에 비추어 유(流) 10년에 처하고, 피고 정인국은 동 조, 동 율에 처해야 하나 두 차례 돈을 주고 빚 소송을 하여 그 아들이 빚을 갚은즉, 여러 법률의 취지를 헤아려 그 정상을 작량(酌量)하여 본 율에 1등급을 감하여 유(流) 7년에 처하고, 피고 최익진과 피고 이석종은 동 조 동 율에 비추어 각각 유(流) 10년에 처하고, 피고 이기는 동 조 동 율에 처해야 하나 자기 현상과 취지서제급(製給)이 그 방조가 실제 아니고 범죄의 예비일 뿐만 아니라 여러 번 중지를 권하는데 힘썼으니 그 정상(情狀)을 작량하여 원래 율에 1등급을 감하여 유 7년에 처하고, 피고 서창보는 동 제195조 율과 동 제127조 1항에 1등급을 감율하여 동 제137조 2항 율에 비추어 유(流) 10년에 처하고, 피고 윤주찬(尹柱瓚)은 동 조 동 율에 비추어야 하나 그 모의하는 것을 듣고 극력 만류했을 뿐만 아니라 확실한 증거가 아직이고 부득이 고발한 것인즉 참구(參究) 정법(情法)에 함유(含有) 그 정상을 작량하여 본 율에 2등급을 감하여 유(流) 5년에 처하고, 피고 이광수·피고 윤충하·피고 이승대·피고 김영채·피고 최동식은 동 조, 동 율에 비추어 모두 유(流) 10년에 처하고, 피고 서정희는 동 조, 동 율에 처해야 하나 단지 호사(好事)가 있다고 듣고 스스로 추측하고 그 모의에 대해 아직 확실히 알지 못하는 사정인

즉 그 정상(情狀)을 작량하여 본 율에 2등급을 감하여 유(流) 5년에 처하고, 피고 전덕준은 동 조, 동 율에 처해야 하나 모의함을 듣고 놀라서 도주했으므로 정법에 마땅함이 있어 그 정상을 작량하여 본 율에 2등급을 감하여 유(流) 5년에 처한다.

해 제

본 문서는 국가기록원 관리번호 CJA000021-0046 문서로 을사오적을 살해하려다 실패한 나인영(이후 羅喆로 개명) 등에 대한 판결서이다. 생산기관은 평리원이고 문서번호는 판결선고서 제19호이다. 국한문 혼용으로 피고가 30인이 넘기 때문에 문서양은 27쪽에 이른다. 본 사건은 이준의 항명파동과도 관계가 있다.[52]

사실관계를 정리해보면, 사건의 주모자인 나인영 등은 을사오적 저격을 위한 정예의 요원들을 만들어 을사오적의 출근길에 저격하기로 결정하였다. 1907년 3월 25일에 거사하기로 하였는데, 이미 네 번째의 시도였다. 오기호 등은 참정 박제순, 김동필 등은 내부대신 이지용, 이홍래 등은 군부대신 권중현, 박대하 등은 학부대신 이완용, 서태운(徐泰雲) 등은 법부대신 이하영, 이용채 등은 이근택을 각각 맡기로 하였다. 각 조는 3~4명으로 이루어진 결사대로서 각자 지정된 장소에서 저격할 계획이었다. 예컨대, 박제순 조는 광화문 해태상, 이완용 조는 돈의문, 이하영 조는 소의문, 권중현 조는 사동 입구에서 각각 대기하였다. 그런데 6개 조 가운데 이홍래가 주도한 권중현 조만이 저격을 시도하였을 뿐

---

[52] 이준의 항명사건과 간계해서는 CJA000021-0039문서의 해제를 살펴볼 것.

나머지 조는 모두 실패하였다. 삼엄한 경호와 준비 부족이라 할 수 있다. 군부대신 권중현을 저격한 강상원이 체포되자 상원이 체포된 후 일제 군경은 연루자의 색출에 혈안이 되었다. 이에 나인영·오기호 등은 스스로 주모자임을 밝히고 행동대는 죄가 없으니 모두 석방하라고 주장하며 증거서류를 가지고 자수한 사건이다.

이 사건에 대한 재판부의 판결결과는 범행의 가담 정도에 따라 교형에서 유배 5년까지 다양하다.

먼저 교형을 선고 받은 사람은 피고 이종학, 최상오, 박응칠이다. 이들에게 적용된 조항은『형법대전』195조, 593조, 129조이다. 이종학, 최상오, 박응칠은 195조와 제593조 1항의 1인 혹은 2인 이상이 주야를 불분하고 인가에 돌입하여 병기를 사용한 자의 적용을 받고 제129조에 의해 두 죄 이상이 동시에 병발 한 경우에는 그 무거운 것을 따라 처단해 함에 비추어 교형을 언도받았다.

주모자인 피고 나인영은 유(流) 10년형을 언도받았다. 나인영에게 적용된 조항은『형법대전』195조와 137조, 142조였다.[53] 피고 이용태는

....

53) 二人以上共犯處斷例,
　　第137條 未遂犯은 아래에 의하여 處斷함이라
　　　一 死刑의罪에는 一等을 減함이라
　　　二 流刑과 役刑의 罪에는 二等을 減함이라
　　　三 禁獄의 罪에는 三等을 減함이라
　　免罪及加減處分,
　　第142條 罪를 犯하고 自首한 者는 左開에 依하여 處斷함이라
　　　一 發覺하기 前에 官에 自首한 者는 免罪함이라
　　　二 發覺되고 逮捕하기 前에 官에 自首한 者는 二等을 減함이라
　　　三 輕罪가 發覺된 時에 因하여 重罪를 自首한 者는 其重罪를 免함이라
　　　四 發覺하여 訊問하는 場에 他罪를 自首한 者는 其他罪를 免함이라
　　　五 人을 遣하여 代首하거나 祖父母나 父母나 子孫이나 兄弟나 叔姪이나 翁壻나
　　　　 外祖父母나 外孫이나雇工이 首告하거는 亦히 犯人이 自首함과 同함이라
　　　六 自首하여도 不實하거나 不盡하는 者는 不實不盡한 罪만 論라되 死에 至할 者
　　　　 는 一等을 減함이라

『형법대전』195조, 137조, 678조 129조에 의해 나인영과 같은 유배 10년
을 언도받았다.[54] 이용태는 동 제195조 율과 동 제182조 범죄라는 사정
을 알고 수범을 방조한 자를 종범이라 하는 율의 동 제137조 2항 율과,
동 제678조 응하지 않아야 할 것을 한 자 율의 동 제129조 두 죄 이상이
동시에 병발된 경우에는 그 무거운 것을 따라 처단하는 율에 비추어 유
(流) 10년에 처해졌다. 피고 최익진, 피고 이석종도 동 율에 의해 유 10년
형에 처해졌다. 피고 서창보는 195조, 127조, 제137조에 비추어 유배 10년
을 언도받았다.[55] 김동필, 강상원, 지팔문, 박종섭, 김경선, 황문숙, 황성
주, 이경진, 조화춘은 『형법대전』 제195조와 동법 제135조, 137조에 의
해 감형되어 유(流) 10년이 선고되었다. 이외에 피고 이광수, 피고 윤충
하, 피고 이승대, 피고 김영채, 피고 최동식은 동 조, 동 율에 비추어 모
두 유(流) 10년에 처해졌다.

....

七 人이 告發코져함을 知하고 自首하거나 逃叛하였다가 自首한 者는 二等을 減
　하고 其逃叛하였든 者가 自首는 아니하고 所에 還歸한 者는 一等을 減함이라
八 共犯한 境遇에 發覺하기 前이나 逮捕하기 前에 自首하여 其共犯한 者를 告發
　逮捕케한 者는 一項에 依홈이라
九 財産에 犯罪로 被害者에게 首服하고 其贓物及損害의 半數以上을 償還한 者는
　竊盜已行未得財律에依하여 一等을 減하고 全數를 償還한 者는 免罪함이라 但
　殺傷人이나 犯姦及干犯祖父母父母나 放火의 罪를犯한 者나 反逆의 罪는 自首
　하여도 不減함이라
54) 不應爲律,
　第678條 應爲치못할 事를 爲한 者는 笞四十이며 事理重한 者는 笞八十에 處함이라
55) 知情不告及藏匿處斷例,
　第127條 罪人의 情을 知하고 不告한 者와 藏匿한 者는 左開에 依하여 處斷함이라
　　一 凡人은 犯人의 本律에 一等을 減함이라
　　二 同寮는 犯人의 本律에 二等을 減함이라
　　三 親屬은 衰服이나 大功以上尊長이나 外祖父母나 妻의 父母나 夫의 兄弟를 爲하
　　　였거든 皆勿論하고 大功以上卑幼와 小功以下尊長과 卑幼어든 第六十四條親屬
　　　等級에 依하여 遞減함이라
　　四 雇工이 家長을 爲한 者도 亦히 勿論하되 家長이 雇工을 爲한 者는 二等을 減
　　　함이라 但反逆을 容隱한 者는 此限에 不在함이라

정인국은 동 조, 동 율에 처해야 하나 두 차례 돈을 주고 빚 소송을 하여 그 아들이 빚을 갚은즉, 여러 법률의 취지를 헤아려 그 정상을 작량하여 본 율에 1등급을 감하여 유(流) 7년에 처해졌다. 피고 이기는 동 조, 동 율에 처해야 하나 자기 현상과 취지서제급(製給)이 그 방조가 실제 아니고 범죄의 예비일 뿐만 아니라 여러 번 중지를 권하는데 힘썼으니 그 정상을 작량하여 원래 율에 1등급을 감하여 유 7년에 처해졌다.

오기호와 김인식은 195조를 적용하되 동법 135조, 137조, 142조에 의해 감형되어 유 5년, 피고 윤주찬(尹桂墳)은 제195조 율에 처해야 하나 본 율에 2등급을 감하여 유(流) 5년에 처하고 피고 서정희는 동 조, 동 율에 처해야 하나 단지 호사(好事)가 있다고 듣고 스스로 추측하고 그 모의에 대해 아직 확실히 알지 못하는 사정인 즉 그 정상을 작량하여 본 율에 2등급을 감하여 유(流) 5년에 처하고, 피고 전덕준은 동 조, 동 율에 처해야 하나 모의함을 듣고 놀라서 도주했으므로 정법에 마땅함이 있어 그 정상을 작량하여 본 율에 2등급을 감하여 유(流) 5년에 처해졌다.

본 모살사건의 피고인 수는 30명이다. 이 중 교형에 처해진 사람은 3명(이종학, 최상오, 박응칠), 유배 10년형은 19명(나인영, 이용태, 최익진, 이석종, 서창보, 김동필, 강상원, 지팔문, 박종섭, 김경선, 황문숙, 황성주, 이경진, 조화춘, 이광수, 윤충하, 이승대, 김영채, 최동식), 유배 7년형은 2명(정인국, 이기), 유배 5년은 5명(오기호, 김인식, 윤주찬, 서정희, 전덕준)이었다. 30인의 피고 중 황경오는 판결 전에 병사(病死)하여 형을 언도받지 않았다.

본 사건에서 주목할 부분은 을사오적을 처단하고자 계획하고 실행에 옮겼음에도 '모살(謀殺)'이 아닌 '내란' 혐의로 재판을 받은 점이다. 모살은 "죽이려고 꾀한다"로 번역하였는데 『刑法大典』에서는 모살인률(謀殺

人律)(473~476조)[56]과 고살인률(故殺人律)(477조~478조)[57] 및 투구살인률(鬪毆殺人律)(479조~481조)[58]을 절(節)로 나누어 규정하였다. 또 동법 제45조에서는 모(謀)라 칭(稱)함은 "1인 혹은 2인 이상이 밀계(密計)함을 위(謂)함이라" 하였고 동(同) 47조에서는 "고(故)라 칭(稱)함은 용의자행(用意恣行)함을 위(謂)함이라"고 하였다. 현행형법(現行刑法)에서는 모살(謀殺)이든 고살(故殺)이든 모두 고의적(故意的)인 살인(殺人)이므

---

[56] 第一節 謀殺人律
第四百七十三條 人을謀殺호는者는造意호者와下手나助力훈 者는幷히絞에處호뒤隨行만호고下手나助力이無훈者는一 等을減홈이라
第四百七十四條 人의身體룰拆割호거나精氣룰採取호는者는 首從을不分호고幷히絞에處홈이라
第四百七十五條 魘魅或符書及咀呪로쎠人을殺호는者는絞에 處홈이라
第四百七十六條 人命을傷害홀意로爆發호는藥을人家에投 호거나街巷과路上에抛置호야人으로觸傷케훈者는首從을 不分호고幷히絞에處호고藥物買與者도同論호뒤不知情이 어든一等을減홈이라

[57] 第二節 故殺人律
第四百七十七條 左開所爲로人을故殺호는者는幷히絞에處홈이라
一 金刃或他物을使用훈者
二 人을可殺홀物로耳鼻或其他孔竅에入호거나毒藥을用훈者
三 寒節에衣服이나飢渴에飮食이나登高에梯나乘馬에轡나其他生命에關係훈物을故意로屛去훈者
四 蛇蝎或毒蟲을用호야人을咬케훈者
五 渦灘或泥濘이深險호거나橋梁或舟車가朽漏호거나或 澌氷에人이堪渡치못홈을知호고平淺이나牢固홈으로詐稱호야人을陷溺케훈者
六 畜産을故放호야人을觸咬케훈者
第四百七十八條 强盜나竊盜룰行홀時에人을殺호는者는首從을不分호고幷히絞에處홈이라

[58] 第三節 鬪毆殺人律
第四百七十九條 鬪毆룰因호야人을殺호는者는絞에處홈이라
第四百八十條 本節의事情으로二人以上이共犯훈境遇에는下手의重훈者는絞에處호고餘人은幷히笞一百에處호뒤混 打호야下手의輕重을難分홀境遇에는先下手훈者는絞며次下手훈者는懲役一年이며後下手훈者는幷히笞一百에處홈이라
第四百八十一條 本節의事情으로二人以上이同謀호고人을共毆호다가致死훈境遇에는下手의重훈者는絞며原謀훈者는懲役終身이며餘人은幷히笞一百에處호뒤原謀훈者가下手重호얏거나混打호야下手의先後와輕重을執定키難훈境遇에는原謀훈者는絞며餘人은幷히笞一百에處홈이라

로 살인죄로 통일한 것이나, 이 시기에는 위와 같이 살인을 모살과 고살을 구분하여 처벌하고 있다.

이처럼 모살에 대한 처벌규정이 마련되었음에도 불구하고 나인영 등 30인의 피고들은 모살죄가 아닌 『형법대전』 195조의 내란죄로 처벌되었다. 재판부는 이들의 행위가 내란 목적의 살인죄라고 판단한 듯하다. 내란 목적의 살인죄는 현행 형법에도 규정되어 있다. 형법 제88조 국토를 참절하거나 국헌을 문란할 목적으로 사람을 살해한 자는 사형, 무기징역 또는 무기금고에 처한다. 동법 제89조 미수범은 처벌한다고 규정하고 있다. 즉, 내란 목적의 살인죄의 의의는 국토를 참절하거나 국헌을 문란하게 할 목적으로 사람을 살해함으로써 성립하는 범죄이다. 이 같은 관점에서 나인영 사건을 살펴보면 나인영 등 피고들은 당시 일본의 지배에 저항하여 을사오적을 처단하고자 한 것이고 일본은 이를 내란 혐의로 인식한 것으로 보인다.

3) 김재수 판결서
(1908.01.18. 대구지방재판소 / 1908.03.04. 대구공소원)

원심

피고 김재수는 융희 원년(1907) 10월 13일에 화적(火賊) 박연백(朴淵伯)의 부하에 소속되어 그의 종사군장(從事軍長), 또는 소모장(召募將)의 중역(重役)으로 근무하며 같은 해 10월 15일부터 같은 해 12월 5일 사이에 하고자 하는 바를 계속하여 그 무리 30명과 함께 총기를 휴대하고 신녕군(新寧郡) 자천동(自川洞), 안동군 임서면(臨西面) 마음동(馬音洞), 청송군 현서면(懸西面) 두수동(斗水洞)과 같은 면 대리동(大里洞) 등의 각 마을에 쳐들어가 자천동에서는 정진사(鄭進士) 집에서 엽전 50냥 및 서양목(金巾) 2필, 마음동에서는 권대방(權大房) 집에서 엽전 75냥과 서양목 70자(尺), 또 두수동에서는 김명원(金明元) 집에서 엽전 10냥, 대리동에서는 김연전(金延前) 집에서 엽전 30냥과 백목(白木) 9자(尺)를 강제로 빼앗았다. 이상의 사실은 피고가 본 법정에서 한 진술 및 검사와 헌병 오장의 각각 피고 신문조서에 의하여 인정할 증명이 충분하다.

법률을 살펴보니, 피고의 행위는 『형법대전』제593조 제3호에 해당하나 그 범죄 사실에 정상을 참작할 점이 있어 같은 법 제125조에 의하여 본 형에서 1등급을 감하여 처단하기로 하며 주문과 같이 판결한다. 융희 3년 1월 18일, 대구지방재판소 형사부 재판장 판사 나카무라(中村敬直), 판사 사이토(齋藤宗四郎)·오용묵(吳容黙), 재판장의 명으로 주를 달았음, 번역관보 하야시(林久次郎)

항소심

피고는 융희 원년(1907) 10월 13일에 무리(徒黨)을 불러 모아 병장기를 가지고 마을로 쳐들어가 금품을 빼앗을 일을 꾸민 화적 우두머리 박연백(朴淵伯)의 부하로 실정을 알면서도 들어가 종사군장이란 임무를 맡아 일부의 인원을 지휘하고, 또 소모장으로 박연백을 위해서 무리를 불러 모으는 일에 종사하고, 그 사람의 지휘 아래 같은 해 10월 15일부터 같은 해 12월 5일까지의 사이에 하고자 하는 바를 계속하여 같은 무리 30여 명과 함께 총을 휴대하고 신녕군 자천동, 안동군 임서면 마음동, 청송군 현서면 두수동과 같은 면 대리동의 각 마을로 쳐들어가, 자천동에서는 정 진사 집에서 엽전 50냥과 서양목(西洋木) 2필, 마음동에서는 권 대방 집에서 엽전 70냥과 서양목 70자, 두수동에서는 김명원 집에서 엽전 10냥, 대리동에서는 김연전 집에서 엽전 34냥과 백목면(白木綿) 9자를 빼앗았다. 앞에 적은 사실은 체포수속서, 의성 헌병분견소에서 한 피고 및 장학이(張鶴伊)의 신문조서, 검사입회법정(檢事廷)에서 한 피고 신문조서로 보아 이를 인정할 증명이 충분하다.

법률을 살펴보니, 앞에 보이는 피고의 행위는 『형법대전』 제593조 앞부분 제3항에 해당하여 교수형에 처할 만한 것이다. 그러나 피고는 화적의 우두머리인 박연백의 부하로 있으며 중요한 임무에 종사하여 그 범행을 더욱 부추긴[助長] 자라서 추호도 죄를 경감해 줄 여지가 없음에도 불구하고 원 재판소는 죄를 경감하여 종신 징역에 처한 것은 형량 결정에 적당하지 못한 실수를 범하였으므로 피고의 항소는 결국 이유가 있다고 할 것이며 이에 「민형소송규칙」 제33조에 준하여 주문과 같이 판결한다.

이 판결서는 국가기록원 관리번호 CJA-0001156-0025 문서로 대구지방
재판소와 대구공소원에서 생산한 문서이다. 대구지방 재판소 판결은 형
사부 판사 나카무라(中村敬直)가 재판장으로, 판사 사이토(齋藤宗四郎),
오용묵이 배석판사로 참여했다. 대구공소원 판결은 형사부 판사 마쓰시
다(松下直美)가 재판장으로, 판사 이우라(井浦義久)·데라카와(寺川三
藏)가 배석 판사로 참여했다.

본 사례의 사실관계를 정리하면 김재수는 박연백의 부하로 1907년 10월
13일에 소속되었다. 이후 10월 15일부터 12월 5일까지 총을 가지고 자천
동에서는 엽전 50냥과 서양목(金巾) 2필, 마음동에서는 엽전 75냥과 서양
목 70자, 두수동에서는 엽전 10냥, 대리동에서는 엽전 30냥과 백목(白
木) 9자(尺)를 강탈했다. 김재수가 강탈한 물품의 규모는 총 엽전 165냥,
서양목 2필 70자, 백목 9자이다.

경성지방법원 김재수의 행위가 『형법대전』 593조 제3[59])에 해당하나
정상참작의 여지가 있으므로 125조[60])에 의해 1등 감형하여 징역 종신에
처한다고 판결하였다. 김재수는 원심판결에 불복해 대구공소원에 본 사
건을 항소하였다.

대구공소원 판결에서는 김재수의 강탈 규모가 조금 변경된다. 자천동
에서 엽전 50냥과 서양목 2필, 마음동에서 엽전 70냥과 서양목 70자, 두

---

[59]) 第593條 財産을劫取宮計로左開所爲를犯宮者는首 從을不分ᄒ고絞에處호ᄃ이已行ᄒ고
未得財宮者는懲役終身에處宮이라
　　三 徒黨을嘯聚ᄒ야兵仗을持ᄒ고閭巷或市井에闌入宮者

[60]) 第125條 罪人을處斷宮時에其情狀을酌量ᄒ야可히輕 宮者는一等或二等을減宮이라
但本犯이終身以上律에該當宮案件은法部에質稟ᄒ야指令을待ᄒ야處辦宮이
라

수동에서 엽전 10냥, 대리동에서 엽전 34냥과 백목면 9자 등 총 164냥, 서양목 2필 70자, 백목면 9자로 규모가 1냥 줄어들었다. 공소원 재판부는 "고의 행위는 『형법대전』 제593조 앞부분 제3항에 해당하여 교수형에 처할 만한 것이다. 그러나 피고는 화적의 우두머리인 박연백의 부하로 있으며 중요한 임무에 종사하여 그 범행을 더욱 부추긴 자라서 추호도 죄를 경감해 줄 여지가 없음에도 불구하고 원 재판소는 죄를 경감하여 종신 징역에 처한 것은 형량 결정에 적당하지 못한 실수를 범하였으므로 피고의 항소는 결국 이유가 있다"며 형을 다시 선고하여 교형을 선고하였다. 원심에서는 단순 강도 가담자로 분류되어 감형되었지만 항소법원에서는 주범의 주요 부하이기 때문에 형을 경감할 여지가 없다고 판단했다.

이 시기에는 재판제도의 변화도 있었다. 1907년 7월 24일 정미조약을 통해 한국은 일본의 반(半)식민지로 전락하였다. 정미조약의 내용은 아래와 같다.[61]

제1조 한국 정부는 시정개선에 관해 통감의 지도를 받을 것

제2조 한국 정부의 법령 제정 및 중요한 행정상의 처분은 미리 통감의 승인을 거칠 것

제3조 한국의 사법사무는 보통 행정사무와 이를 구분할 것

제4조 한국 고등관리의 임면은 통감의 동의에 의해 이를 집행할 것

제5조 한국 정부는 통감이 추천하는 일본인을 한국관리에 임명할 것

제6조 한국 정부는 통감의 동의 없이 외국인을 용빙하지 말 것

제7조 명치 37년(1904) 8월 조인한 일한협약 제1항을 폐지할 것[62]

....

61) 최덕수 외, 『조약으로 본 한국근대사』, 열린책들, 2010, 677쪽.
62) 일한협약 제1항은 대한정부는 대일본 정부가 추천하는 일본인 1명을 재정고문으로 해 대한정부에 용빙하고 재무에 관한 사항은 일체 그 의견을 물어 시행할 것이다.

일본은 정미조약을 통해 1조에서 시정개선에 대한 통감의 지도권을 명문으로 규정하고, 2조에서 법령제정 및 행정상 처분에 대한 사전 승인권, 3조에서 사법과 행정의 구별, 4조에서 고등관 임명에 대한 동의권, 5조에서 일본인 한국관리에 대한 추천권 등을 명시했다. 그리고 그 부속 각서에는 한일 양국인으로 구성된 대심원, 공소원, 지방재판소, 구재판소의 설치 지역과 판사 검사 및 서기 등으로 채용될 일본인 수를 구체적으로 규정하였다.[63]

이는 1907년 12월 23일 제정된 법률 8호 「재판소구성법」(1908년 1월 1일 시행)을 통해서 구체화 되었다. 재판소의 명칭은 일본의 예에 따라 대심원, 공소원, 지방재판소, 구재판소 4종으로 했고 3심제를 선택했다.[64]

구재판소는 형·민사소송의 제1심 재판과 등기 기타 비송사건을 담당하고 단독판사가 재판했다. 구재판소의 설치구역은 113개소가 예정되었는데, 1908년 8월까지 총 14개소, 10월에는 총 38개소, 1909년 7월에는 총 54개소가 설치되었다. 구재판소가 설치되지 않은 지역에서는 군수가 재판을 담당했다. 그리고 구재판소는 형사로 금옥 태형이나 벌금에 해당한 범죄에 당하는 재판권을 가지고 있었다.[65]

재한제국 정부는 일본이 추천하는 일본인 용병을 고용하라는 내용으로 재정은 물론 행정 전반에 영향을 끼칠 수 있는 막강한 권한이다(최덕수 외, 『조약으로 본 한국근대사』, 601~ 602쪽). 이러한 내용의 조항을 폐지한다는 것은 정미조약을 통해 앞으로 일본인들이 본격적으로 한국에 진출할 수 있게 됨에 따라 고문용빙에 대한 내용은 자연스럽게 사문화 되었다는 것을 보여준다(최덕수 외, 『조약으로 본 한국근대사』, 681쪽).

[63] 문준영, 『법원과 경찰의 역사』, 역사비평사, 2010, 385쪽.

[64] 이하 재판소 구성에 대한 내용은 문준영, 『법원과 경찰의 역사』, 389~390쪽을 참고하였다.

[65] 국회도서관, 『한말근대법령자료집』 6, 162쪽(「재판소구성법」 제9조 구재판소는 형사로 금옥 태형이나 벌김에 당하여 재판권을 유함).

지방재판소는 구재판소와 공소원 관할에 속하지 않는 제1심 소송사건, 구재판소의 제1심판결, 결정 등에 대한 항소 및 항고사건을 관할한다. 특히 경성지방재판소는 황족에 대한 민사소송의 1심사건을 관할하고 지방재판소 관할사건은 판사 3인으로 구성된 재판부에서 합의 재판을 했다. 지방재판소는 경성, 공주, 함흥, 평양, 해주, 대구, 진주, 광주 등 8곳에 설치되었다.

공소원은 지방재판소의 제1심판결과 결정에 대한 항소 및 항고사건[66]을 관할하고 경성공소원은 황족에 대한 민사소송 2심을 담당한다. 공소원 관할 사건은 판사 3인으로 구성된 부에서 합의재판 한다. 공소원은 경성, 대구, 평양 3곳에 설치되었다.

대심원은 제3심으로서 공소원의 판결, 결정 등에 대한 상고 및 항고사건을 관할하고 제1심이자 종심으로 황족의 범죄사건을 관할한다. 대심원의 재판은 판사 5인으로 구성된 부에서 했으며, 판례변경에 필요가 있으면 연합부에서 판결한다.

이는 대체로 일본의 재판소구성법을 모방하고 축약한 것이었으나 한국적 상황을 고려한 부분도 있다. 예컨대 일본에서 공소원은 구재판소에서 제1심 재판을 한 사건의 상고심을 관할했다. 하지만 한국에서는 상고심을 대심원으로 일원화했다.[67]

....

[66] 미확정 재판에 대해 상급법원에 불복을 신청하는 것을 상소(上訴)라 한다. 즉 상소제도는 하급법원의 판결에 불복하여 상급법원에 다시 재판을 신청하는 절차이다. 이 상소는 오판을 시정할 기회를 주어 소송당사자의 이익보호에 충실을 기하고 법력 적용과 해석에 통일을 기하기 위한 제도이다. 상소의 종류에는 항소(抗訴), 상고(上告), 항고(抗告)가 있다. 항소와 상고는 판결에 대한 불복 신청이고 항고는 결정과 명령에 대한 불복 신청이라는 점에서 차이가 있다.

[67] 이 같은 조치는 법부고문 우메겐지로(梅謙次郎)의 영향이었다. 우메겐지로는 법률 해석의 통일을 위해서는 상고심을 1개만 두는 것이 타당하고 특히 성문법이 정비되지 않은 한국 상황에서는 더욱 그렇다고 말했다(문준영, 『법원과 검찰의 역사』, 390쪽).

1908년 1월경에는 대심원장과 검사총장이 내정되고 이후 감독관 및 판검사들의 선발에 들어가 3, 4월에는 인선이 마무리 되었다. 이때 일본인은 대심원장 및 대심원 검사총장 이하 감독관 34명, 판사 74명, 검사 32명이 임명되었다. 반면 한국인은 판사 36인 검사 9인에 불과했다. 명목상 한국재판소였지만 실질적으로는 일본이 재판소를 완전 장악하고 있는 상태였다.

원심

피고인은 의병 조성팔(趙成八)을 따라 다른 이름 모르는 2명과 공모
하여 융희 2년(1908) 음력 12월 9일에 권총 2자루를 지니고 임피군(臨陂
郡) 용지산(龍池山) 후동(後洞) 김씨 집에 쳐들어가 집안사람을 협박하
고 밥을 강제로 취하여 먹고 엽전 7냥을 강탈하였다. 이상의 사실은 경
찰관리 청취서(聽取書) 및 검사 조서에 비춰 증명이 충분하다. 법을 살
펴보건대 『형법대전』제593조에 해당하나 조성팔의 협박에 따라 한차
례 도둑질을 한 그 정상을 참작하여 본 형에서 1등급을 감하여 주문과
같이 판결한다.

항소심

피고는 화적(火賊) 조성팔 외 2명을 따라 함께 재물을 빼앗을 목적으
로 융희 2년(1908) 음력 12월 9일에 권총 2자루를 가지고 임피군 용지산
후동 김 아무개의 집에 쳐들어가 그를 협박하며 쌀밥 및 엽전 700문(文)
을 강탈하였다. 위 사실은 피고 체포수속서, 피고의 조사서[聽取書] 및
신문조서, 원심 심문조서에 의하여 그 증거가 충분하다.

피고의 행위는 『형법대전』제593조 앞부분 제1항에 해당하는 바, 그
정상에 헤아릴만한 점이 있으므로 같은 법 제125조에 의하여 3등급을

감하여 징역 10년에 처할 것이다. 원 판결은 그 사실 및 법조가 모두 지당하지만 형량이 지나치게 무거우므로 피고의 항소는 이 점에서 결국 그 이유가 있다고 인정하고 『민형소송규칙』 제33조에 의하여 주문과 같이 판결한다.

융희 3년 5월 1일, 대구공소원 형사부 재판장 판사 마쓰시다(松下直美), 판사 이우라(井浦義久)·데라카와(寺川三藏), 융희 3년 5월 1일 선고, 같은 법원에서 재판소 서기 안승복(安承馥) 재판장의 명(命)으로 주를 달았음. 재판소 번역관보 연병국(延秉國), 위는 등본임. 융희 3년 5월 27일 같은 법원에서 재판소 서기 마쓰이(松井房吉)

해 제

이 문서는 국가기록원 관리번호 CJA-0001707-0025 문서로 강도 피고 지춘경의 판결서이다. 원심 판결은 광주지방 법원 전주지부에서 생산했다. 재판장은 판사 구수야마(楠山廣業), 배석판사는 판사 정섭조(鄭燮朝)·오사무라(納村貢藏)가 참여했다. 항소심 재판은 대구공소원에서 담당했다. 재판장은 판사 마쓰시다(松下直美), 배석판사는 판사 이우라(井浦義久)·데라카와(寺川三藏)가 참여했다.

사실관계는 간단하다. 피고 지춘경이 조성팔 외 2명의 무리와 재물을 빼앗을 목적으로 권총을 휴대하고 임피군 용지산 김 아무개를 협박하여 쌀밥을 빼앗아 먹고 엽전 700문(7냥)을 강탈했다가 체포된 사건이다. 이 행위의 증거는 피고의 체포 수속서, 청취서, 신문조서 등이 등이었다.

이에 원심법원은 『형법대전』 593조에 해당하여 교형을 선고해야 하나 피고 지춘경은 조성팔의 협박에 의해 한차례 도둑질을 한 단순 가담자이기 때문에 형을 1등급 감형하여 종신징역에 처한다고 판결하였다.

피고 지춘경은 이에 항소하였고 대구공소원이 본 사건을 담당하게 된다. 당시 우리나라에는 경성, 평양, 대구 3곳에만 항소법원(공소원)이 설치되었기 때문에 광주지방법원 사건을 대구공소원에서 담당한 것이다. 대구공소원 재판부는 원심 판결은 그 사실 및 법조가 모두 지당하지만 형량이 지나치게 무거우므로 피고의 항소는 이 점에서 결국 그 이유가 있다고 인정하였다. 따라서 피고의 행위는 『형법대전』 593조 1에 해당하나 단순 가담이라는 정상을 헤아려 동법 125조[68]에 의해 3등 감형하여 징역 10년에 처한다고 판결하였다.

------

[68] 第百125條 罪人을處斷홀時에其情狀을酌量ᄒ야可히輕홀者ᄂ一等或二等을減홈이라 但本犯이終身以上律에該當흔案件은法部에質稟ᄒ야指令을待ᄒ야處辦홈이라

5) 배선한 외 4인 판결문(1908.09.28. 대구지방재판소)

　피고 배선한은 광무 10년(1906) 음력 3월 어느 날에 영해(寧海) 지방의 폭도 우두머리 신돌선(申乭先)의 부하에게 붙잡혀서 가입하여 같은 달 그믐 무렵에 이 무리 50명과 영양군(英陽郡) 관아로 함께 가서 무기 창고를 부수고 서양총 2자루, 한총 8자루, 군도 1자루를 빼앗았다. 같은 해(1906) 음력 4월 초에 위 신돌선의 무리 130명과 청송군(靑松郡) 관아에 함께 침입하여 소란을 피웠고, 이어서 같은 군 이전평(梨田坪)으로 가서 3일간 머무를 때 안동수비대에 습격을 받고 도주하여 집으로 돌아왔다. 작년 현재의 거주지에서 종전의 무리를 만나 그들의 강권에 의하여 해당 부대의 집사(執事)로 다시 따라다니게 되었다. 같은 해 5월 날짜 미상일에 평해군(平海郡) 읍내에 모여 있을 때 부근 민가에서 돈 400냥을 빼앗아 의복비로 나누어 썼고, 같은 군 온정곡(溫井谷)에 가서 머물다가 일한병(日韓兵)의 협공을 받아 무리 중 3명이 총에 맞아 죽고 피고는 도주하여 집으로 돌아왔다.

　올해(1908) 음력 5월 28일 신돌선의 무리 80여 명을 따라 진보군 동면 보곡(洑谷)에 모여 있다가 영해군 주둔 수비대의 습격을 받아 영양군 번동(翻洞)으로 이동하였다. 이후 소모관(김募官) 이오촌(李梧村)의 백미 18두를 식량으로 하여 울진군 상죽전(上竹田)으로 갔다가 같은 달 3일 하오 11시경에 대구의 변장 순사의 공격을 받아 이 무리 중 12명이 총에 맞아 죽었고 나머지 무리가 울진군 하죽전(下竹田)으로 도주하여 그 동네 민가에서 쌀 26두를 빼앗았다.

　이어서 같은 군 남회룡동(南回龍洞)으로 이동하여 다시 같은 해 음력

6월 5일에 무리 70여 명이 총과 칼을 휴대하고 영양군 석보면(石保面) 부곡촌(阜谷村)에 사는 이도사(李都事)의 집에 침입하여 돈 200냥, 같은 군 수구남동(壽邱南洞)에 있을 때 진보(眞寶) 주둔 수비병의 공격을 받아 도주하여 집으로 돌아왔다. 이상은 모두 총기를 휴대하고 따라다닌 것이다.

피고 윤학이는 올해(1908) 음력 5월 28일에 폭도 우두머리 신돌선의 무리 10명이 집에 침입하여 붙들고 납치해가는 것을 이기지 못하고 부득이 가입하여 50여 명 중 포군의 자격으로 따라다녔다. 울진군 황정(黃亭)에 모여 있을 때에 부근 주민의 쌀 5말을 빼앗아 식량으로 하였다. 또 같은 해 음력 6월경에 이 무리가 영해군 오기동(烏基洞)에서 숙박할 때에 쌀 7말을 해당 동네 민가에서 빼앗았으며, 같은 달 날짜 미상일에 진보군 동면 수구동(水九洞)에 모여 있을 때에 영양군 석보(石保) 등지를 왕래하며 쌀 16말을 해당 동네 민가에서 빼앗아 먹었었다. 같은 군 읍내에 거주하는 권탑동(權塔洞)의 집에서 돈 70냥을 강탈했고, 같은 달 12일에 산비탈에서 보초를 서다가 진보군 순사가 공격하는 것을 목격하고 산 계곡에 숨어 있다가 밤에 총을 버리고 도주하여 집으로 돌아왔다. 이상은 모두 총기를 가지고 따라다녔다.

피고 신낙선은 광무 10년(1906) 음력 3월 날짜 미상일에 영해군 폭도 우두머리 신돌선이 무리 50~60명을 거느리고 총검을 휴대하고 진보군현 거주 동리에 침입하여 강제로 입당할 것을 권유하자 집사의 자격으로 따라 다녔다. 그러다 같은 해 음력 4월 날짜 미상일에 위의 신돌선 등 60명과 영양군 석보면(石保面) 원부동(垣阜洞) 이도사(李道事)의 집에서 군수금의 명목으로 돈 200냥을 탈취하고, 또 같은 군 주곡(周谷)의 조도사(趙都事) 집에서 80냥을 빼앗았으며, 또 같은 달에 위의 무리들과 영양군 관아에 침입하여 무기창고에 있던 서양총 2자루와 한총 8자루를 약탈했다. 같은 군 소계동(素溪洞)에 모여 있을 때 어둠을 틈타 도주하여 집으로 돌아왔으며, 또 같은 달 신돌선이 청송군 이전평(梨田坪)에 있을 때에 그 무리 7명을 보내어 피고를 붙잡아 가서 전과 같이 따라다니다가 기회를 보아 도주하여 집으로 돌아와 봇짐장사를 하였다. 또 올해(1908) 4월 30일에 위의 무리를 만나 전과 같이 따라다니다가 같은 해 5월 초 화매동(花梅洞) 민가에서 쌀 10말을 빼앗았고, 같은 해 음력 6월 23일집으로 돌아왔다. 이상은 모두 총기를 소지하고 따라다닌 것이다.

이상의 사실은 피고 3명의 법정 진술과 청취서와 영양, 청송 등 군보(郡報)에 의하여 범죄로 인정된다.

이를 법률에 비춰보건대, 피고 배선한·윤학이·신낙선은『형법대전』제677조 다수의 무리를 모아서 폭동을 행한 자의 법률과『형법대전』제593조 재산을 빼앗을 계획으로 위와 같은 행위를 범한 자는 주·종범을 구분하지 않고 교수형의 죄율이라는 같은 조 제1항에 처할 만하다. 하지만 범죄의 정상을 헤아려『형법대전』제125조에 의하여 배선한은 2등급을 감한다. 윤학이·신낙선은 각각 3등급을 감하고,『형법대전』제229조에 의하여 배선한은 돈 400냥을 빼앗은 행위, 윤학이는 돈 70냥을 빼앗은 행위, 신낙선은 돈 20냥을 빼앗은 각 행위를 쫓고, 피고 강근이·신태용은 위 안건에 가입하여 폭도를 따라다닌 일을 인정할만한 증거가 충분하지 못하다.

해 제

국가기록원 관리번호 CJA-0001151-0050 문서로 배선한, 윤학이, 신낙선, 강근이, 신태용의 대구지방법원 판결서다. 재판장은 대구지방법원 형사부 판사 나카무라(中村敬直)가 맡았고 사이토(齋藤宗四郎)·오용묵

(吳容默)이 배석했다.

　사실관계를 정리해 보면, 배선한(裵善翰)은 경상북도 진보군 동면 출신이다. 그는 같은 동면 출신의 윤학이(尹學伊)·신낙선(申洛先), 영덕 출신의 강근이(姜根伊), 봉화 출신의 신태용(申泰用) 등과 함께 신돌석 의진에 참가하여 활동하였다. 배선한은 1906년 음력 3월에 신돌선 의병에 참가하여 50명의 의병들과 함께 영양읍을 공격하여 무기고를 점령하고 다수의 무기를 빼앗았다. 4월에는 130명의 병력으로 청송읍을 공격하였으나 일본군 수비대의 공격을 받고 패하여 귀가하였다. 이듬해인 1907년에 신돌선 부대에 다시 들어가 5월에 흥해, 영해, 진보 일대에서 일본수비대와 싸웠다. 영양, 평해, 청송 일대에서 일군과 싸우다가 1908년 6월에 체포되었다.

　재판부는 이러한 사실을 피고 3명의 법정 진술과 청취서와 영양, 청송 등 군보(郡報)에 의하여 확인하고 범죄로 인정했다. 이어 피고 배선한·윤학이·신낙선은 『형법대전』 제677조 다수의 무리를 모아서 폭동을 행한 자의 법률과 『형법대전』 제593조 재산을 빼앗을 계획으로 위와 같은 행위를 범한 자는 주·종범을 구분하지 않고 교수형의 죄율이라는 같은 조 제1항에 처할만하다 하지만 범죄의 정상을 헤아려 『형법대전』 제125조에 의하여 배선한은 2등급을 감한다고 판시하였다.

　형사재판에서 범죄사실의 증명은 합리적 의심을 할 여지가 없을 정도의 확신을 가지게 하는 증명력을 가진 엄격한 증거에 의해야 한다. 여기서의 확신은 반드시 절대적인 것을 요구하는 것은 아니다. 그러나 범죄사실의 증명이 이와 같은 확신을 가지게 하는 정도에 이르지 못하고 조금이라도 부족하여 사실의 확정이 의심스러울 때에는 설사 피고인의 주장이나 변명이 모순되거나 석연치 않은 면이 있는 등 유죄의 의심이 가더라도 '피고인의 이익에 따라' 판단하여 무죄를 언도하지 않으면 안된다. 여기서 합리적 의심이란 특정화된 감이나 불특정한 의심이 아니라 구체적이고 명확한 사실에 기반한 의심을 말한다. 즉 논리와 경험칙에 기하여 직간접적인 증거와 양립할 수 없는 사실의 개연성에 대한 합리성 있는 의문인 것이다. 또한 '피고인의 이익에 따른다'는 것은 정황증거만 있고 정확하고 확실한 증거가 없을 때에는 의심은 가지만 결정적 증거가 없으므로 피고인에게 유리하게 해석해야 한다는 의미이다.[69] 본 사례에서 피고 강근이, 신태용은 위 안건에 가입하여 폭도를 따라다닌 일을 인정할만한 증거가 충분하지 못하다하여 무죄로 방면되었다.

---

[69] 이동희, 「일제강점기 사법처분을 통한 독립운동가 탄압−범정 장형의 사례를 중심으로」, 『동양학』 58, 2015, 12쪽.

6) 서영백 외 6인 판결문(1908.09.29. 경성공소원 / 1908.11.10. 隆熙2年 刑上 第35號, 대심원)

제1. 피고 서영백은 강도를 할 목적으로 융희 2년(1908) 음력 정월 그 믐날께 폭도 우두머리 김태의(金泰宜)의 부하로 가입하여 그의 무리 40여 명과 함께 서양총·구식 총(舊銃)·군도(軍刀) 등의 병기를 휴대하고, 같은 해 음력 2월 강화군(江華郡) 내의 각 촌락에 난입하여, 북면(北面) 강호동(江湖洞) 이 감찰(監察) 집에서 돈 180원을, 함치상(咸致相) 집에서 돈170원을, 장아동(長阿洞) 홍낙현(洪洛鉉) 집에서 돈 170원을 빼앗은 자이다.

제2. 피고 강명선은 강도를 할 목적으로 같은 해 2월 중, 폭도 우두머리(暴徒首魁) 박종환(朴宗煥)의 부하로 들어가서 그의 무리 10여 명과 함께 서양총을 휴대하고, 장단군(長湍郡), 마전군(麻田郡) 내의 각 촌락에 난입하여 마전군 미현(微峴)에서 마을 주민으로부터 돈 6원을, 마전군 서면 최(崔) 마름의 집에서 곡식 1백 석을 빼앗은 자이다.

제3. 피고 강대여는 강도를 할 목적으로 같은 해 같은 달 중, 폭도 우두머리 박종환의 부하로 들어가서 그의 무리 60여 명과 함께 구식 총을 휴대하고, 장단군 내의 각 촌락에 난입하여 보촌(保村) 한(韓) 감역(監役)의 집에서 당목(唐木) 3필, 미현 김 감역의 집에서 돈 30원을 빼앗은 자이다.

제4. 피고 송금종은 강도를 할 목적으로 같은 해 음력 정월 중, 폭도 우두머리 허(許) 주사의 부하로 들어가서 그의 무리 20여 명과 함께 병기를 휴대하고, 장단군, 마전군 내의 각 촌락에 난입하여 장단군 관랑포

(串浪浦)에서 촌민으로부터 짚신 30족, 백목(白木) 3필을 빼앗은 자이다.

제5. 피고 양충신은 강도를 할 목적으로 같은 해 2월 중, 폭도 우두머리 김북기(金北基)의 부하로 들어가서 그의 무리 약간 명과 함께 병기를 휴대하고, 마전군, 장단군 내의 각 촌락에 난입하여 장단군 군산면(軍山面) 조원회(趙元會) 집에서 돼지 1마리, 짚신 20족, 백목(白木) 1필을 빼앗은 자이다.

제6. 피고 김치연은 강도를 할 목적으로 같은 해 같은 달 중, 폭도 우두머리 박종환의 부하로 들어가서 그의 무리 30여 명과 함께 서양총을 휴대하고, 장단군 내의 각 촌락에 난입하였으나 재물을 빼앗지는 못한 자이다.

제7. 피고 이동민은 강도를 할 목적으로 융희 원년 음력 9월 중, 폭도 우두머리 김중군(金中軍)의 부하로 들어가서 그의 무리 20여 명과 함께 구식 총을 휴대하고, 연천군(漣川郡), 삭녕군(朔寧郡) 내의 각 촌락에 난입하였으나 재물을 빼앗지는 못한 자이다.

본 안건은 내란죄의 공소에 관계된 것이라고는 하나, 피고들에 대한 서부(西部)경찰서 경부 방태영(方台榮)의 각 청취서와 해당 법정에서의 피고들의 각 진술의 일부에 비추어 이를 살펴보건대, 원래 피고들은 무지문맹한 무리로서 본시 정치상의 의견을 가진다는 것과 같은 고상한 사상이 없고, 한갓 생활할 재산을 얻기 위하여 폭도의 무리에 들어가 이름을 의병이라 빌려 쓰고 백성의 재물을 약탈하려는 생각에서 나온 것으로 간주하는 것이 사실의 진상이라고 인정한다.

이를 법률에 비추건대, 피고들의 행위는 모두 『형법대전』 제593조 제3항에 해당하며, 피고 서영백, 강명선, 강대여, 송금종, 양충신은 타인의 재산을 빼앗았으므로 같은 조 본항 전단을, 피고 김치연, 이동민은 타인의 재산을 빼앗지 않았으므로 같은 항 후단을 적용하여 처단한다. 그리고 피고 서영백을 제외하고는 모두 범죄의 정상에 참작할 만한 점이 있으므로 『형법대전』 제125조에 따라 피고 강명선은 2등급을, 피고 강대여는 3등급을, 피고 송금종, 김치연, 이동민은 4등급을, 양충신은 5등급을 감하여 처단할 것이다. 이에 주문과 같이 판결한다.

융희 2년 형상(刑上) 제35호

상고 취지의 핵심은 원심에서 피고들에게 강도죄가 있다고 인정하여 처벌한 판결을 피고들이 전부 복종할 수 없다고 하고 있음에 따라 원판결을 살펴보니 원심은 적법의 증거에 근거하여,

제1. 피고 서영백은 강도를 행할 목적으로 다른 수십 명과 함께 총검을 휴대하고 강화군 내 각 촌락에 난입하여 금전을 빼앗았다.

제2. 피고 강명선은 강도를 행할 목적으로 다른 10여 명과 함께 서양총을 휴대하고 장단, 마전 두 군(郡) 내의 각 촌락에 난입하여 금전과 곡식을 탈취하였다.

제3. 피고 강대여는 강도를 행할 목적으로 다른 60명과 총을 휴대하고 장단군 내의 각 촌락에 난입하여 당목(唐木)과 금전을 강탈했고.

제4. 피고 송금종은 강도를 행할 목적으로 다른 수십 명과 함께 병기를 휴대하고 장단, 마전 두 군(郡) 내의 각 촌락에 난입하여 백목(白木)을 빼앗았다.

제5. 피고 김치연은 강도를 행할 목적으로 다른 수십여 명과 함께 서양총을 휴대하고 장단군 내의 각 촌락에 난입하였으나 재물을 강탈하지 못해 미수에 그쳤다.

제6. 피고 이동민(李東民)은 강도를 행할 목적으로 다른 수십 명과 함

께 총을 휴대하고 연천, 삭녕군 내의 각 촌락에 난입하였으나 재물을 약탈하지 못한 사실을 인정한다.

각 피고의 행위가 『형법대전』 제593조 제3항에 해당하므로, 피고 서영백·강명선·강대여·송금종은 남의 재물을 빼앗았으므로 같은 조 본항 전단에, 피고 김치연·이동민은 남의 재물을 빼앗지 않았으므로 같은 항 후단을 적용한 바, 피고 서영백을 제외하고서는 범죄에 용서할 만한 정상이 있으므로 『형법대법』 제125조에 의하여 피고 강명선은 2등급을 감하여 징역 15년에, 피고 강대여는 3등급을 감하여 징역 10년에, 피고 송금종은 4등급을 감하여 징역 7년에, 피고 김치연·이동민은 4등급을 감하여 징역 5년에 처한 것이다. 원심이 직권에 근거하여 위의 사실을 인정하여 위의 형률을 적용하여 처단한 것이 타당하므로 본 건 상고의 이유가 없다.

본 법원은 「민, 형 소송규칙」 제42조, 제33조 전단에 의하여 주문과 같이 판결한다.

훈령 형(刑) 제499호

보고서 제483호를 접수, 확인하여 강도죄인 서영백(徐英伯)을 특별히 본 형에서 한 등급을 감한다는 뜻으로 아래와 같이 이미 알렸는데 즉각 해당 죄인 서영백에게 임금의 뜻을 포유(布諭)한 후에 집행하는 것이 옳으므로 이에 훈령하니 이에 의하여 시행한다.

융희 3년 3월 24일

법부대신(法部大臣) 고영선(高永善)

경성공소원 검사장 세이코(世古祐次郎) 각하

아래

서영백 강도죄 교수형을 특별히 한 등급 감하여 징역 종신에 처한다.

이상 1명, 위는 등본(謄本)이다.

융희 3년 3월 26일 경성공소원 재판소 서기 시이(四位義正)

해 제

국가기록원 관리번호 CJA-0000234-0032 문서로 강대여, 서영백, 강명선, 김치연, 양충신, 이동민, 송금종의 경성공소원과 대심원 판결서이다. 경성공소원 판결의 담당검사는 스기무라(杉村逸樓), 재판장은 판사 모리시마(森島彌四郞)였고 배석판사로 판사 유키(結城朝陽)·이면우가 배석판사로 재판을 진행했다. 대심원 판결은 검사 젠(膳鉦次郞)이 담당하고 재판장은 판사 와타나베(渡邊暢), 판사 정인흥(鄭寅興)·홍우석(洪祐晳)·마키야마(牧山榮樹)·이시카와(石川正)가 배석판사로 참여했다.

본 사건의 피고는 모두 7명이다. 이들의 사실관계를 살펴보면 서영백은 강도를 목적으로 김태의의 부하로 가입해 40여 명과 함께 총과 군도로 무장하고 강화 각 지역 촌락에서 모두 520원을 빼앗았다. 강명선은 강도 목적으로 박종환의 부하로 들어가 10여 명과 총으로 무장하고 장단·마전 일대에서 돈6원과 쌀 100석을 약탈했다. 강대여는 박종환의 부하로 가입하여 60여 명과 함께 장단군 내에서 돈30원과 당목 3필을 강탈했다. 송금종은 강도를 목적으로 허주사의 부하로 들어가 장단·마전일대에서 짚신 30족과 백목 2필, 양충신은 김북기의 부하로 들어가 마전 장단 일대에서 돼지 1마리, 짚신 20족 백목 1필을 빼앗는 행위를 했다. 김치연과 이동민은 총을 휴대하고 촌락에 난입했지만 재물을 강탈하지는 못했다.

원심에서는 이들을 내란죄로 기소했지만 경성공소원에서는 이들을 강도죄라고 판단했다. 그 이유는 피고들에 대한 서부(西部)경찰서 경부 방태영(方台榮)의 각 청취서와 해당 법정에서의 피고들의 각 진술의 일부에 비추어 이를 살펴보건대, 원래 피고들은 무지문맹한 무리로서 본시 정치상의 의견을 가진다는 것과 같은 고상한 사상이 없고, 한갓 생활할 재산을 얻기 위하여 폭도의 무리에 들어가 이름을 의병이라 빌려 쓰고 백성의 재물을 약탈하려는 생각에서 나온 것으로 간주하는 것이 사실의 진상이라고 판단했기 때문이다. 따라서 재판부는 이들의 행위를 『형법대전』195조 내란율이 아닌 593조 강도율에 해당한다고 보고 이를 적용했다.

재판부는 피고들의 행위가 593조 중에서도 제3항 '徒黨을 嘯聚ᄒ여 兵仗을 持하고 閭巷或市井에 欄入한 者'에 해당한다고 판단했다. 피고 서영백·강명선·강대여·송금종·양충신은 타인의 재산을 빼앗았으므로 같은 조 전단을, 피고 김치연·이동민은 타인의 재산을 빼앗지 않았으므로 같은 조 후단을 적용해야 한다고 주장했다.

이를 적용해보니 피고 서영백을 제외하고는 모두 범죄의 정상에 참작할 만한 점이 있으므로 『형법대전』제125조[70]에 따라 피고 강명선은 2등급을, 피고 강대여는 3등급을, 피고 송금종·김치연·이동민은 4등급을, 양충신은 5등급을 감하여 처단할 것이고, 피고 서영백을 교수형에, 피고 강명선을 징역 15년에, 피고 강대여를 징역 10년에, 피고 송금종을 징역 7년에, 피고 양충신·피고 김치연·피고 이동민을 각각 징역 5년에 처한다는 판결이 나왔다.

....

[70] 第125條 罪人을處斷ᄒ을時에其情狀을酌量ᄒ야可히輕 ᄒ올者ᄂᆫ一等或二等을減홈이라 但本犯이終身以上律에該當ᄒ올案件은法部에質稟ᄒ야指令을待ᄒ야處辦홈이라

피고들은 이에 불복하여 상고했지만 대심원은 경성공소원의 판결이 "직권에 근거하여 사실을 인정하여 위의 형률을 적용하여 처단한 것이 타당하므로 본 건 상고의 이유가 없다."며 상고를 기각하고 피고들의 형이 확정되었다.[71]

본 사건을 살펴보면 원심에서는 피고들을 내란죄로 기소하고 판결했지만 공소원에서 내란이 아닌 강도율로 처리하였다. 그렇다면 당시의 내란죄는 어떠한 경우 선고 되었을까? 내란죄의 구성요건을 살펴보도록 하겠다. 이를 위해 당시 법관양성소의 교재로 사용되던 『법학통론』을 근거로 상사범(常事犯: 국사범이나 정치범 이외의 일반 범죄를 범한 자)과 국사범(國事犯)을 구분해 보도록 하겠다. 『법학통론』에 의하면 "국사범은 국가조직에 관한 범죄로 國體 및 政體를 變換하거나 정부를 顚覆하거나 정권의 일부를 滅殺하거나 施政의 방침을 改革하거나 國憲으로 정한 국민의 위치를 변경하고자 하는 등의 목적으로 직접 국가의 질서를 해하는 행위"라 정의한다. 그러므로 "국가의 재산권이나 경찰권을 위해를 與함은 국사범이라 未稱하나니 此實 주의할 바"라고 하여 비록 국가의 재물을 강탈하거나 경찰권을 상하게 하여도 국사범이 아닌 상사범으로 정의하고 있다.[72]

이는 현행 형법에서도 마찬가지이다. 형법에서는 내란죄에 대해 제87조에서 "국토를 참절하거나 국헌을 문란할 목적으로 폭동한 자는 다음의 구별에 의하여 처단한다. 1. 수괴는 사형, 무기징역 또는 무기금고에 처한다. 2. 모의에 참여하거나 지휘하거나 기타 중요한 임무에 종사한 자는 사형, 무기 또는 5년 이상의 징역이나 금고에 처한다. 살상, 파괴

---

71) 서영백은 이후 훈령 제299호에 의해 형이 감형되어 징역 종신에 처해졌다.
72) 유성준, 『법학통론』, 조선교육회관, 1907, 137쪽.

또는 약탈의 행위를 실행한 자도 같다. 3. 부화수행하거나 단순히 폭동에만 관여한 자는 5년 이하의 징역 또는 금고에 처한다"고 규정하고 있다.

이 판결에서 흥미로운 점은 정치상의 사상이 없다는 이유로 인해 내란에서 강도로 죄명이 변경된 점이다. 일제는 의병참여자들을 내란으로 처벌하기 보다는 폭동이나 강도로 처벌함으로서 한국 상황은 정치적으로 안정되었고 평안한 상황이고 의병을 '토벌'하는 행위는 정치적 목적이 아닌 단순 치안유지 활동으로 만들고자 한 것이다.

그 결과 내란죄의 비중은 점점 줄어들고 상대적으로 강도와 폭동의 비중은 점차 증가하는 양상이 나타나게 된 것으로 판단된다. 또 한 가지 주목할 점은 1908년 7월 「형법대전」이 개정되면서 신설된 조항 중 제677조 폭동죄가 있다는 점이다.[73] 앞서 살펴본 바와 같이 의병에 관여했던 사람들은 대부분 내란이나 강도죄로 처벌 받았다.

----

[73] 『한말근대법령자료집』 7, 94쪽.

피고는 폭도 우두머리 최성집(崔聖執)의 맏아들로 올해(1908) 음력 3월 19일 오후 9시경에 김학림(金鶴林), 오두안(吳斗安), 오문석(吳文石), 정덕출(鄭德出), 서서촌(徐西村), 이물봉(李勿逢) 등과 같이 화승총 2자루와 칼 1자루를 휴대하고 흥해군 신광면(神光面) 우각동(牛角洞) 이호동(李虎洞)의 집에 침입하여 군자금이라 칭하면서 돈 16냥을 빼앗았고, 또 4월 16일 오후 8시경에 앞에 기록한 사람들과 함께 같은 군 같은 면 천상리(川上里) 강오곡(姜奧谷)의 집에서 같은 수법으로 20냥을 빼앗았고, 또 5월 28일 오후 9시경에 우각동 이호동의 집에 다시 들어가 김학림 · 오문석 · 정덕출 · 서서촌 · 이물봉과 함께 같은 방법으로 11냥을 빼앗았고, 또 같은 달 29일 밤에 같은 면 죽동(竹洞) 이반오(李班吾)의 집에서 투숙하고, 그 다음 날 30일에 총을 가지고 위협하여 군자금이라 칭하면서 돈 17냥을 빼앗았고, 또 6월 8일경 산제(山祭)에 쓸 것이라고 하며 청하군(清河郡) 죽장면(竹長面) 감곡동(甘谷洞) 동장과 석양동(夕陽洞) 동장 허 아무개(許某)에게 35냥을 빼앗아 그 돈 중 쓰고 남은 6냥을 나누어 가졌다.

이상의 사실은 피고의 법정 진술과 헌병분견소 신문조서에 의하여 범죄로 인정된다. 이를 법률에 비춰보건대, 『형법대전』 제593조 재산을 빼앗을 계획으로 위와 같은 행위를 범한 자는 주종을 구분하지 않고 교수형에 처한다는 조문, 같은 조 제1항에 2인 이상이 주야를 가리지 않고 인가에 침입하여 무기를 사용한 자의 법률로 처단할만하나, 범죄의 정상을 헤아려 같은 법 제125조에 의하여 1등급을 감하고, 여러 죄가 함께 발생한 것에 대하여 같은 법 제129조 뒷부분에 의하여 이호동 집에서 돈 16냥을 빼앗은 행위를 쫓아 처단함이 옳다. 이에 주문과 같이 판결한다.

해 제

국가기록원 관리번호 CJA-0001151-0036 문서로 최산두의 판결문이다. 대구지방재판소에서 생산한 문서이고 재판장은 대구지방재판소 형사부 판사 나카무라(中村敬直)이다. 판사 사이토(齋藤宗四郎)와 오용묵이 배석판사로 참여했다.

사실관계를 살펴보면 최산두(崔山斗)는 경북 흥해 출신으로 의병장 최성집의 아들이다. 그는 흥해군 일대에서 군수품 모집 등의 활동을 하였다. 그는 1908년 3월부터 오두안, 오문석, 김학림 등과 함께 흥해군의 이호동과 우각동, 강호곡, 그리고 청하군 죽장면 감곡동 일대에서 군수품을 모집하다 체포되었다. 그가 모집한 군수품의 규모는 흥해군 신광면(神光面) 우각동(牛角洞) 이호동(李虎洞) 집 돈 16냥, 천상리(川上里) 강오곡(姜奧谷) 집 20냥, 우각동 이호동 집 다시 11냥, 죽동(竹洞) 이반오(李班吾) 집 17냥, 청하군(淸河郡) 죽장면(竹長面) 감곡동(甘谷洞) 동장과 석양동(夕陽洞) 동장 허 아무개 35냥 등 총 99냥을 빼앗고 그중 6냥은 무리들과 나누어 가졌다.

재판부는 최산두의 행위에 대해 『형법대전』 제593조 재산을 빼앗을 계획으로 위와 같은 행위를 범한 자는 주종(首從)을 구분하지 않고 교수형에 처한다는 조문, 같은 조 제1항에 2인 이상이 주야를 가리지 않고 인가에 침입하여 무기를 사용한 자의 법률로 처단할만하나,[74] 범죄의 정상을 헤아려 같은 법 제125조에 의하여 1등급을 감하고,[75] 여러 죄가 함께 발생한 것에 대하여 같은 법 제129조[76] 뒷부분에 의하여 이호동 집에서 돈 16냥을 빼앗은 행위를 쫓아 처단함이 옳다고 판결하였다.

---

74) 第五百九十三條 財産을 劫取홈을 計로左開所爲를 犯호者는 首 從을不分ㅎ고絞에處호딕
　　　已行ㅎ고未得財호者는懲役終身에處홈이라
　　一 一人或二人以上이晝夜를不分ㅎ고僻靜處或大道上에 나人家에突入ㅎ야拳脚杆
　　　棒이나兵器를使用호者
　　二 人家에潛入ㅎ야揮劍或橫創ㅎ고威嚇호者
　　三 徒黨을嘯聚ㅎ야兵仗을持ㅎ고閭巷或市井에欄入호者
　　四 藥으로人의精神을昏迷케호者
　　五 人家에神主를藏匿호者
　　六 墳塚을發掘ㅎ거나山殯을開ㅎ야屍柩를藏匿호者
　　七 幼兒를誘引或劫取ㅎ야藏匿호者
　　八 發塚或破殯ㅎ깃다聲言ㅎ고掛榜或投書ㅎ야恐嚇호者
　　九 山殯을毁破ㅎ고衣衾을剝取호者
75) 第百二十五條 罪人을處斷홀時에其情狀을酌量ㅎ야可히輕 홀者는一等或二等을減홈
　　　이라 但本犯이終身以上律에該當호案件은法部에質稟ㅎ야指令을待ㅎ야處辦
　　　홈이라
76) 第百二十九條 二罪以上이同時에俱發된境遇에는其重호者를從ㅎ야處斷ㅎ고其各等
　　　호者는從一科斷홈이라

8) 권석규 판결문(1908.11.30. 대구지방재판소)

피고는 융희 원년(1907) 9월 중에 화적(火賊)의 우두머리(首魁) 김성운(金聖雲)의 권유로 그 무리에 참여하여,

제1. 같은 해 10월 중에 폭도 수장(首將)의 명의로 금전, 곡식, 기타 물품 징발의 명령서를 작성하여 이로써 그 폭도 등에게 영양군 수비동(首比洞)에서 징발해 올 뜻으로 교사(敎唆)하자 그 무리 20여 명과 더불어 그 교사를 좇아 화승총 20여 자루, 군도(軍刀) 1자루를 가지고 같은 마을 금(琴) 약국에 가서 '우리들은 폭도다'고 말하고 이를 협박하여 목면 8필을 강탈했다.

제2. 같은 달 중에 동일한 방법으로 폭도를 교사하고, 또 폭도는 그 교사에 기초하여 전과 동일한 흉기를 가지고 같은 군 계동(桂洞) 황 교리(黃校理) 집에 이르러 그를 앞과 동일한 방법으로 협박하여 벼 3석을 약탈했다.

제3. 같은 해 10월 중에 앞에 적은 폭도 등과 앞과 동일한 흉기를 가지고 함께 같은 군 문암동(門岩洞)에 이르러 동장을 호출하여서 앞과 동일한 방법으로 이를 협박하여 백미 3석, 엽전 30냥을 빼앗았다.

이상의 사실 중에 제3의 사실은 피고가 본 법정에서 한 진술, 기타는 검사의 신문조서에 의하여 인정할 증명이 충분하다.

법률을 살펴보니 피고의 제1, 제2행위는 각 『형법대전』 제593조 제1호의 '일을 꾸민 자'에 해당하므로 이에 같은 법 제79조에 의하여 주범이라고 할 수 있고, 제3행위는 같은 법 제593조 제3호에 해당하지만 범죄정황상 참작할 점이 있으므로 같은 제125조에 의하여 각 본 형기에서 1등

급을 감하고, 두 가지 이상의 죄가 동시에 드러났으므로 같은 법 제129조에 각각의 죄가 서로 비슷하면 하나의 죄를 좇아 형을 부과하여 처단한다는 (조문에) 따라 제3행위에 의하여 이를 처단하기로 하여 이에 주문과 같이 판결한다. 융희 2년 11월 30일, 대구지방재판소 형사부 재판장 판사 나카무라(中村敬直), 판사 사이토(齋藤宗四郎)·오용묵(吳容黙) 재판장의 명으로 주를 달았음. 번역관보 하야시(林久次郎)

해 제

이 판결문은 국가기록원에서 소장중인 관리번호 CJA-0001152-0027 문서이다. 대구지방법원에서 생산한 문서이고 재판장은 형사부 판사 나카무라, 배석판사로 판사 사이토·오용묵이 참여했다.

사실관계를 살펴보면 피고 권석규는 1907년 9월 폭도 수괴 김성운의 권유로 화적무리에 가담했다. 이후 김성운의 명의로 물품징발명령서를 작성하여 그 무리 20여 명과 함께 화승총과 군도를 휴대하고 양양군 수비동에서 목면 8필을 약탈했다. 같은 해 9월에는 계동에서 벼 3석을 약탈하고, 10월에는 문암동에서 백미 3석과 엽전 30냥을 강탈했다. 권석규가 강탈한 물품의 총 규모는 엽전 30냥, 백미와 벼 각각 3석, 목면 8필이다.

재판부는 피고의 행위 중 목면 8필을 강탈한 행위, 벼3석을 강탈한 행위에 대해서는 『형법대전』 제593조 제1의 '일을 꾸민 자'에 해당하고[77]

---

[77] 第593條 財産을 劫取할 計로 左開所爲를 犯한 者는 首從을 不分하고 絞에 處하되 已行하고 未得財한 者는 懲役終身에 處함이라
　　一 一人或二人以上이 晝夜를 不分하고 僻靜處或大道上에나 人家에 突入하여 拳脚杆棒이나 兵器를 使用한 者

동법 제79조[78])에 의하여 권석규가 주범이라고 판결했다. 백미 3석과 엽전 30냥을 약탈한 행위에 대해서는 제593조 제3호에 해당하지만 범죄 정황상 참작할 점이 있으므로 같은 제125조에 의하여 각 본 형기에서 1등급을 감한다고 판단했다. 재판부는 이 두 가지 조항을 같이 적용하되 이 같은 경우 동법 129조에 의해 각각의 죄가 서로 비슷하면 하나의 죄를 좇아 형을 부과하여 처단해야 하므로 제3의 행위에 의해 종신징역을 언도했다.

---

78) 第79條 罪를 共犯할 時에 造意한 者와 指揮한 者와 下手한 者이 有하면 造意한 者를 首犯으로 論홈이라 但家人이 共犯한境遇에는 尊長을 首犯으로 論하되 若히 尊長이 年八十以上이나 篤疾이어든 次尊長을 首犯으로 論하고 人에게 侵損한 者는 凡人首從과 同論함이라

(CJA-0000695-0030)

제1. 피고는 이경춘(李慶春)이 계획을 세워 스스로 우두머리가 되어 다수의 무리를 모아 폭동을 일으키려 하는 사정을 알면서도 그 부하로 들어가 도십장(都什將) 또는 전포장(前砲將)이 되어 광무 10년(1906) 10월 15일 무렵부터 같은 해 12월 중 날짜 미상일까지 우두머리 이경춘과 총 80자루를 휴대한 그 부하 120명과 함께 태인, 부안 각 군을 횡행 배회하였고,

제2. 피고는 이석용(李錫庸)이 뜻을 세워 우두머리로서 많은 무리를 모아 폭동을 일으키려는 실정을 알면서도 그 부하로 들어가 검찰(檢察)이라는 직책을 맡고 광무 11년(1907) 7월 날짜 미상일부터 융희 2년(1908) 4월 날짜 미상일까지 우두머리 이석용 및 총 100자루를 휴대한 그 부하 120여 명과 함께 임실, 남원, 진안, 용담 각 군내를 횡행 배회하였고,

제3. 피고는 양윤숙(楊允淑)이 뜻을 세워 우두머리로서 많은 무리를 모아 폭동을 일으키려는 실정을 알고도 그 부하에 들어가 중군장이 되어 융희 2년 6월 날짜 미상일부터 융희 3년(1909) 10월 날짜 미상일까지 우두머리 양윤숙 및 총기를 휴대한 그 부하 500~600명과 함께 임실, 순창 각 군내를 횡행 배회하였고,

제4. 피고는 우두머리 이석용의 부하로 가담 중이던 융희 2년 3~4월 무렵 날짜 미상일에 전라북도 임실군 상동(上洞)에서 우두머리 이석용의 뜻을 따라 일본인을 살해할 목적으로 임실 읍내 수비 기병대 및 순

사주재소를 습격할 계획을 세워 그 다음날 밤에 우두머리 이석용 및 총 100자루를 휴대한 그 부하 100여 명과 함께 같은 기병대 및 순사주재소를 습격하여 총으로 기병 1명을 살해하고 2명에게 부상을 입혔고,

제5. 피고는 융희 2년(1908) 11월 초순 날짜 미상일에 우두머리 양윤숙이 뜻을 세워 재물을 빼앗을 목적으로 그 부하 검찰 직무의 최명칠(崔明七)에게 명령하니, 최명칠이 총을 휴대한 부하 14명과 함께 전라북도 순창군 수서기(首書記) 조명운(曹明云)에게 군자금을 내놓으라고 협박하여 돈 500냥을 내 놓도록 명해 둔 사정을 알고, 우두머리의 명령을 계속할 의사로 총을 휴대한 부하 3~4명과 함께 같은 군 구암면(龜岩面) 주천촌(酒川村)의 도로에서 같은 달 10일에 돈 200냥, 같은 달 15일에 돈 300냥을 조명운으로부터 빼앗았고,

제6. 피고는 우두머리 이석용의 부하로 가담하고 있던 중 김봉근(金奉根)과 공모하고 그의 뜻에 의하여 타인의 재물을 빼앗을 목적으로 융희 2년(1908) 음력 정월 9일에 그 부하 10명과 전라북도 임실군 강진면(江津面) 갈담리(葛潭里) 변대규(邊大圭) 집에 가서 변대규를 피고 및 김봉근 등이 거처하는 동네의 최덕림(崔德林) 집에 끌고 와 그에게 피고는 '우리들은 의병인데 군자금을 내 놓으라'고 말하였으나 변대규가 응하지 않자 김봉근으로 하여금 '화포실로 보내라'고 명령하며 협박한 끝에 피고는 같은 무리 4~5명과 함께 각각 총을 휴대하고 변대규를 갈담리 그의 집에 끌고 가 돈 100냥, 백목 3필을 빼앗았고,

제7. 피고는 우두머리 양윤숙이 뜻을 세워 방화할 것을 알고도 우두머리 양윤숙 및 총을 휴대한 그 부하 50~60명과 함께 융희 2년(1908) 음력 11월 22일에 앞에 기술한 변대규의 집에 이르러 일본 기병에게 집을 빌려줬다는 이유로 방화 방법은 알 수 없으나 그 집을 불 질러 태워 버렸다.

이상의 사실은 피고가 본 법정에서 한 진술, 사법경찰관의 피고에 대한 각 신문조서, 검사의 피고에 대한 신문조서 및 증인 변대규에 대한 신문조서에 의해 증명이 충분하다.

법률에 비춰보니 제1 내지 제3의 폭동 종범 행위는 각기 『형법대전』 제677조 앞부분과 같은 법 제135조에, 제4의 살인이 이루어진(謀殺旣遂) 행위는 같은 법 제473조 도와준(助力)자의 죄율에, 살인 미수(謀殺未遂)의 행위는 각 제507조 도와준 자의 죄율에, 제5, 제6의 강도 행위는 각기 같은 법 제593조 제1항 기득재율에, 제7 방화 행위는 같은 법 제666조, 같은 제135조에 해당하고, 여러 죄가 함께 드러남에 따라 같은 법 제129조에 의해 제6의 행위를 쫓아 처단하는 것으로 한다. 이에 주문과 같이 판결한다.

명치 42년 12월 27일, 광주지방재판소 전주지부 재판장 통감부 판사 마에다(前田信兆), 통감부 판사 니시무라(西村茂夫) · 가마타(鎌田三郎), 명치 42년 12월 27일 선고, 통감부 재판소 서기 김병식(金炳植)

(CJA-0001712-0003)

제1. 피고는 한국 광무 10년(1906) 10월 15일 무렵에 이경춘(李慶春)이 많은 무리를 모아 스스로 우두머리가 되어 폭동을 일으키려는 사정을 알고도 그의 부하로 들어가 도십장(都什長) 혹은 별포장(別砲將)이 되어, 그날부터 같은 해 12월 무렵까지 하고자 하는 바를 계속하여 총 90자루 남짓 휴대한 우두머리 이하 무리 120명 정도와 함께 전라북도 태인, 부안 각 군을 횡행하면서 주범(首犯)의 폭동 행위를 방조하였고,

제2. 피고는 같은 11년(1907) 7월 중에 이석용(李錫庸)이 많은 무리를 모아 스스로 우두머리가 되어 폭동을 일으키려는 사정을 알고도 그의 부하로 들어가 검찰(檢察)이란 직명 아래 그날부터 융희 2년(1908) 4월

무렵까지 하고자 하는 뜻을 계속하여 총 80여 자루를 휴대한 우두머리 이하 무리 150여 명 정도와 함께 앞의 같은 도 임실, 남원, 진안, 용담 각 군내를 횡행하면서 주범의 폭동 행위를 방조하였고,

제3. 피고는 융희 2년 2월(1908) 10일 밤에 김봉근(金奉根)이란 자와 공모하여 타인의 재물을 빼앗을 것을 계획하고 사정을 아는 부하 10여 명에게 명령하여 같은 도 임실군 강진면(江津面) 갈담리(葛潭里) 변대규 (邊大圭) 집에 총을 휴대하고 쳐들어가 그를 피고와 김봉근이 거처하는 같은 마을 최덕림(崔德林)의 집으로 납치하여, 의병 군자금을 내놓으라 고 압박하였으나 변대규가 이에 응하지 않자, 화포실(火砲室)로 보내겠 다고 협박한 후, 다른 여러 명과 함께 총을 휴대하고 그를 살던 집으로 끌고 가 마침내 엽전 100냥, 백목 3필을 빼앗았고,

제4. 피고는 같은 해 3~4월 무렵에 앞에 보인 우두머리 이석용의 뜻 을 따라 일본인을 살해할 목적으로 총 100자루 남짓을 휴대한 우두머리 이하 같은 무리 100여 명과 함께 같은 도 같은 군 읍내 수비기병대 및 순사주재소를 습격하여 총으로 기병 1명을 살해하고, 또 다른 2명을 부 상입혔고,

제5. 피고는 같은 해 6월 중에 양윤숙(楊允淑)이 많은 무리를 모아 스 스로 우두머리가 되어 폭동을 일으키려는 사정을 알고도 그의 부하로 들어가 중군장(中軍將)이 되고, 그날부터 같은 3년(1909) 10월 무렵까지 의사를 계속하여 총 200자루가량을 휴대한 우두머리 이하 같은 무리 500~600명과 함께 같은 도 임실, 순창 각 군을 횡행하면서 주범의 폭동 행위를 방조하였고,

제6. 피고는 융희 2년 11월 하순 무렵에 위 우두머리 양윤숙이 재물을 빼앗을 목적으로 그의 부하 최명칠(崔明七) 외 십수 명으로 하여금 같 은 도 순창군 수서기 조명운(曺明云)에게 총으로 협박한 후, 의병 군자

금으로 돈 100냥을 내놓으라고 압박하여 둔 한 사정을 알고, 같은 우두머리의 명에 의하여 그 의사를 계속하여 같은 해 12월 3일, 같은 달 8일의 두 차례 총을 휴대한 부하 3~4명과 함께 같은 군 구암면 치천촌(淄川村)에 이르러 길에서 위의 조명원에게 두 차례에 걸쳐 돈 500냥을 빼앗았고,

제7. 피고는 같은 해 12월 15일 밤에 위 우두머리 양윤숙의 뜻을 따라 앞에 적은 변대규가 일본 기병에게 그 주택을 대여하였다는 이유로 같은 우두머리 및 그의 부하 50~60명과 함께 앞에 보인 변대규가 사는 집에 이르러 그 집을 방화하여 불태웠다. 이상의 사실은 경부 대리순사 및 검사의 피고에 대한 신문조서, 검사의 변대규에 대한 신문조서, 원심 공판 시말서, 피고의 본 법정에서 한 진술을 모아 보아 그 증명이 충분하다.

법률에 비춰보건대, 위 피고의 제1·제2·제5의 행위는 모두 『형법대전』 제677조 앞부분 종범(從犯)의 죄이므로, 같은 제135조에 의하여 각 주범(首犯)의 죄율에서 1등급을 감하고, 제3·제6의 행위는 각 같은 제593조 1항의 기득재율(旣得財律)에, 제4의 행위 중 살인이 이루어진(謀殺已遂) 점은 같은 제473조 하수자(下手者)의 죄율에, 상해에 그친 점은 각 같은 제507조 하수자(下手者)의 죄율에, 제7의 행위는 같은 제666조 죄율의 종범이므로 같은 제135조에 의하여 주범의 죄율에서 1등급을 감하나, 여러 죄가 한꺼번에 드러났으므로 동법 제129조에 기초하여 제3의 행위에 쫓아 교수형에 처하는 것으로 한다.

원 판결은 위 제1~제3, 제5~제7에 대한 사실 인정, 법률 적용은 모두 타당함에도, 제4의 사실은 모두 살인의 하수자(下手者)로 인정하였음에도 도와준 자(助力者)의 죄율을 적용한 것은 불법임을 피할 수 없음에 피고의 항소는 이유 있으므로 이에 「민형소송규칙」 제33조에 따라 주문

과 같이 판결한다.

국가기록원 관리번호 CJA-0000695-0030, CJA-0001712-0003 문서로 살인, 폭동, 방화, 강도 피고 최산흥의 판결서이다. CJA-0000695-0030은 최산흥 사건의 원심, CJA-0001712-0003은 항소법원 문서이다. 원심은 광주지방재판소에서 담당했고 재판장은 통감부 판사 마에다(前田信兆), 배석판사는 통감부 판사 니시무라(西村茂夫)·가마타(鎌田三郎)가 참여했다. 항소심은 대구공소원이 담당했고 재판장은 통감부 판사 스즈키(鈴木伍三郎), 배석판사로 통감부 판사 오카모토(岡本正夫)·사이토(齋藤庄三郎)가 참여했다.

사실관계를 알아보면 최산흥[79]은 모두 7가지의 범죄혐의를 받고 있

<hr/>

[79] 최산흥(崔山興)은 전북 순창 사람이다. 원래 잡화 상인이었으나 을사조약의 체결에 격분하여 의병에 투신하였다. 1906년 10월부터 이경춘(李慶春) 의병부대의 도십장 (都什將), 전포장(前砲將)을 맡아 총 80여 자루를 휴대한 의병 120여 명과 함께 12월 까지 태인과 부안을 중심으로 활동하였다. 1907년 11월부터 이석용(李錫庸)의 휘하로 옮겨 이듬해 4월까지 검찰(檢察)의 직을 맡고 임실, 남원, 진안, 용담 등지에서 의병 항쟁을 전개하였다.
1908년 3~4월에는 임실 상동(上洞)에서 의병 100명과 함께 임실 수비기병대와 주재소를 습격하여 기병 1명을 살해하고 2명을 부상시켰다. 1908년 6월부터 1909년 10월 까지는 양윤숙(楊允淑) 의병장의 아래에서 중군장이 되었는데, 의병의 규모는 500 ~600명으로 늘어났다.
그는 친일파의 가옥 방화, 군자금 모금 등을 계속하였는데 특히 군자금의 모금은 각 이장에게 할당하여 징발하였다. 1908년 11월 초순에는 양윤숙 의병장의 지시로 검찰 직무를 맡은 최명칠(崔明七)에게 명하여 의병 34명을 이끌고 순창군 서기 조명운(曹明云)으로부터 500냥의 군자금을 모금케 하는 등의 활동을 벌였다. 같은 해 12월 15일에 양윤숙 이하 동료 의병 50~60명과 함께 일본 기병에게 집을 빌려주는 등 협조한 변대규(邊大圭)의 집을 소각하는 등의 활동을 하다가 체포되고 말았다. 1909년 12월 27일에 광주지방재판소 전주지부에서 교형을 선고받고 항소하였으나 결국 1910년 3월 3일에 대구공소원과 4월 8일에 고등법원에서 각각 기각되어 형이

다. 제1행위는 이경춘이 폭도 수괴임을 알면서 그의 부하로 가담하여 무장하고 태인, 부안을 배회한 행위, 제2행위는 이석용의 무리에서 무장하고 임실, 남원 등지를 배회한 행위, 제3행위는 양윤숙이 폭동을 일으킬 것을 알면서도 그 휘하에서 무장하고 임실, 순창 각 군을 배회한 행위, 제4행위는 이석용의 부하로 그의 뜻에 따라 일본인을 살해하고자 주재소를 습격하여 기병 1명을 죽이고 2명에게 부상을 입힌 행위, 제5행위는 양윤숙의 뜻에 따라 재산을 강탈하고자 순창에서 돈 500냥, 구암에서 돈 200냥과 300냥을 강탈한 행위, 제6행위는 이석용의 부하 김봉근과 공모하여 재물을 빼앗고자 임실 강진면에서 돈 100냥과 백목 3필을 약탈한 행위, 제7행위는 일본 기병에게 집을 빌려줬다는 이유로 민가에 방화한 행위이다.

재판부는 이에 대해 1~3행위는 폭동 종범 행위로 판단하고 『형법대전』 677조[80] 상단에 의해 종범이되고 제135조[81]에 1등 감형된다. 제4의 살인이 이루어진(謀殺旣遂) 행위는 같은 법 제473조 도와준(助力)자의 죄율에,[82] 모살 미수(謀殺未遂)의 행위는 각 제507조 도와준 자의 죄율에,[83] 제5·제6의 강도 행위는 각기 같은 법 제593조 제1항 기득재율에, 제7 방화 행위는 같은 법 제666조[84]에 해당하나 동법 제135조로 감형한

<hr>

집행되었다(홍영기, 『대한제국기 호남의병 연구』, 일조각, 2004).

[80] 第677條 多衆이 聚合하여 暴動을 行한 者는 징역 15년이고 附和隨行에 止한 者는 笞100에 處함이라

[81] 第135條 從犯은 首犯의 律에 一等을 減함이라

[82] 第473條 人을 謀殺혼 者는 造意혼 者와 下手나 助力혼 者는 幷히 絞에 處호딕隨行만호고下手나 助力이 無혼 者는 一 等을 減홈이라

[83] 第507條 本章第一節의 所爲로 人을 傷호에만 止한 境遇에 造意한 者는 絞며 從하여 下手나 助力한 者는 懲役終身이며 隨行 만하고 下手나 助力이 無한 者는 懲役三年에 處함이라

[84] 第666條 故意로 放火호야公私家屋이나 積聚혼物品을 燒혼 者는 幷히絞에 處홈이라

다고 법리를 적용하였다. 따라서 피고 최산흥에게 적용된 최종 처벌은 여러 죄가 드러났으므로 129조[85])에 의해 제6의 행위를 처단하는 것으로 해야 하고 따라서 교수형에 처한다고 판결했다.

이러한 재판 결과에 대해 피고 최산흥은 1908년 12월 27일에 광주지방재판소 전주지부에서 선고한 유죄 판결에 대하여 항소를 제기했다. 항소법원 재판부는 원심에 법리적용이 잘못된 점이 있기 때문에 항소는 이유가 있다고 판단했다. 원심에서 잘못 적용한 법규는 제4의 행위에서 모두 살인의 하수자(下手者)로 인정하였음에도 도와준 자(助力者)의 죄율을 적용한 것은 불법이라는 것이다. 하지만 나머지 행위는 적법한 법리 적용이었고 따라서 피고에 대한 처벌은 원심과 같은 교수형이었다.

의병들의 행위를 '상사범'으로 취급하려는 입장에서 군자금과 군수품 조달 과정에서 의병들의 '약탈'행위는 강도죄를 적용 받은 여지가 있을 수 있다. 하지만 강도죄의 경우 재물을 획득하건 못하건 물건을 강탈하려는 행위가 있어야 처벌이 가능하다. 하지만 의병에 참여하되 이 같은 행위를 하지 않은 경우 기존의 「형법대전」에는 처벌근거가 없다. 이에 따라 의병에 단순가담한 자들도 처벌할 근거가 필요했고 이에 따라 「형법대전」에 폭동죄가 추가된 것이다. 이와 함께 1908년 7월 14일 법부령 제10호 監獄事務開始其에 관한 건을 통해 감옥사무를 1908년 7월 16일부터 시행하도록 하였다.[86] 내란죄의 경우 정치범이므로 사형에서 감경이 되면 형법대전 107조에 의해 유형을 선고 받아야한다. 이 경우 별도의 감옥시설이 필요 없게 된다. 하지만 정치범이 아닌 상사범은 징역을 선고 받게 되고 징역을 위한 감옥시설이 필요하게 된다. 이토가 의병항

---

85) 第129條 二罪以上이同時에俱發혼境遇에는 其重혼者를從ᄒ야處斷ᄒ고其各等혼者는 從一科斷홈이라
86) 『한말근대법령자료집』 7, 45쪽.

쟁을 내란 상황이 아닌 지방의 소요상태로 인식한 이후 폭동죄가 신설되고, 감옥사무가 개시되며, 판결양상의 변화가 나타난다는 점은 주목할 필요가 있다.

상고 취지의 핵심은 '강도 및 강도살인죄'로서 교수형에 처함을 불복하여 공소했는데 원심이 이를 기각하였기에 상고한다는 것에 있으며 그 뜻은 원 판결이 법령에 위배되었다고 해서 상고하고 있음은 의심할 여지없다. 따라서 원 판결을 사열한즉 원심은 적법한 증거에 근거하여 피고 신현구(申鉉九)는 재물 겁취를 목적으로 폭도 수괴(暴徒首魁) 정주원(鄭周元)의 부하가 되어, 수령 정주원과 그 부하 수십 명과 함께 총기를 휴대하고 아래의 행동을 했다.

제1. 융희 2년(1908) 4월 16일경 경기도 죽산군 근삼면 백암리에 난입하여 그곳에 사는 백윤삼(白允三)에게 군수금을 내놓으라 협박하여 20원을 강탈하였다.

제2. 그 무리 여러 명과 함께 총기를 가지고 같은 해 4~5월 중에 백암리에 난입하여 백윤삼 집에서 당목과 기타 피륙 20여 점(가격 200원)과 양주백(梁周伯) 집에 머물던 이석진(李碩眞)의 소유인 금건(金巾) 15개와 다른 잡품 여러 점을 빼앗아갔다.

제3. 융희 3년(1909) 6월 3일에 그 무리 여러 명과 총기, 곤봉을 가지고 죽산군 서삼면 시암시 여인숙 김운선(金雲先) 집에 들어가 숙박 중이던 일본인 나카하라(中原房吉)·오자키(尾崎義市)·하라(原喜一) 3명을 총대 및 곤봉으로 난타하여 살해하고 그들 소유 금전 1원과 김운선 소유 금전 1원 50전 상당의 이불 1장을 강탈한 사실을 인정하였다.

이를 법률에 비추어보니 피고 제1, 제2의 강도 소행은 『형법대전』 제593조 제3호 기득재(旣得財)에 해당하고, 제3 강도 살인의 각 소행은 제

478조에 해당하는데 여러 죄가 한꺼번에 발생하여 그 형이 각 상등하므로 제129조 후단을 적용하여 제3의 사실 중 나카하라(中原房吉)에 대한 강도 살인죄에 따라 피고를 교수형에 처하고, 압수한 총 중 하나는 제3 사실의 범죄에 사용된 물건이고, 또 피고의 소유로 인정함에 따라 제118조에 의해 관에 몰수할 것이다. 같은 취지에서 내려진 제1심 판결을 타당하고 하여 피고의 공소를 기각함은 지당한 판결이요, 위법된 점이 없음에 근거하여 본 상고는 그 이유가 없다고 본다. 이상 이유로 본원은 「민, 형사 소송규칙」 제42조, 제33조에 의해 주문과 같이 판결한다.

해 제

국가기록원에서 소장중인 관리번호 CJA-0000457-0039 문서로 신현구(申鉉九)의 판결서이다. 대심원에서 생산한 문서이며 대심원 형사부 재판장 판사 와타나베(渡邊暢), 배석판사는 판사 정인흥(鄭寅興)·함태영(咸台永)·마키야마(牧山榮樹)·이시카와(石川正)가 참여했다.

사실관계를 살펴보면 신현구는 재물을 거취할 목적으로 폭도 수괴 정주원의 부하가 되어서 그 무리와 함께 총기를 휴대하고 3가지의 일을 행했다. 첫째 행위는 1908년 4월 16일 경기도 죽산군에서 군수금 20원을 강탈하였다. 다음으로 4~5월에 백암리에서 200원 상당의 피륙과 당목, 金巾 등 여러 물품을 빼앗아 갔다. 마지막으로 1909년 6월 3일 죽산에 있는 여인숙이 일본인이 머물자 이들을 곤봉으로 때려 살해하고 돈 1원과 1원 50전 상당의 이불을 약탈했다. 신현구가 약탈한 금액은 총 222원 50전에 이른다. 원심은 이들의 행위가 교형에 해당한다고 판단하였다.[87]

---

[87] 본 사건의 원심은 8월 17일이었던 것으로 보인다. 強盜處絞, 監獄署에 被囚ᄒ얏던 強盜 申鉉九를 再昨日에 處絞宣에 告ᄒ얏다더라(『皇城新聞』, 1909년 8월 19일 잡보)

이에 경성공소원에 항소하여 9월 13일 '강도 및 강도살인죄'로 교형을 언도받았지만 이에 불복 다시 대심원에 상고한 사건이다.

대심원 재판부는 위 3가지 행위에 대해 각각 법리를 검토하여 이에 맞는 조항을 적용했다. 먼저 첫째, 둘째 행위는 『형법대전』제593조 제3의 '기득재(旣得財)'에 해당한다고 판단했다. 그리고 마지막 강도 살인 행위는 478조 "强盜나 竊盜를 行할 時에 人을 殺한 者는 首從을 不分하고 幷히 絞에 處함이라"에 해당한다고 봤다. 일반 강도죄와 강도 살인 두 가지의 혐의가 동시에 적용될 경우 동법 제129조에 의해 더 높은 처벌을 받는 형이 적용되기 때문에 피고 신현구는 교형에 처해지는 게 맞다고 재판부는 판단했다. 따라서 같은 취지에서 내려진 제1심 판결을 타당하고 하여 피고의 공소를 기각함은 지당한 판결이요, 위법된 점이 없음에 근거하여 본 상고는 그 이유가 없다고 본다며 상고를 기각했다.

피고는 제1. 명치 40년(1907) 7월 27일 폭도 수괴(暴徒首魁) 정봉준(鄭鳳俊)의 부하가 되어 같은 달 30일 동료 200명과 함께 화승총 150정, 곤봉 50개를 가지고 경기도 죽산군 백암리 장대에 난입하여 성씨와 이름이 미상인 이장 아무개에게 명하여 백미 2석을 모아 오게 하여 탈취하였다.

제2. 같은 해 8월 4일 동료 100명과 함께 총기를 지니고 경기도 양성군 성미리 상성동에 난입하여 이장 김성여(金成汝)에게 돈 30원을 내놓으라고 하고 민가에서 쉬다가 이장이 가져 온 돈 30원을 탈취하였다.

제3. 같은 해 같은 달 9일 동료 100명과 함께 경기도 여천군 백암리 주막 김(金) 아무개 집에 침입하여 총기를 보이며 협박하여 돈 8원을 빼앗았다.

제4. 같은 해 같은 달 11일 동료 100명과 함께 강원도 원주군 천변리에 사는 정(鄭) 아무개의 집에 침입하여 총기를 보이며 협박하여 백미 5석과 백목 4필을 강탈했다.

제5. 같은 해 같은 달 21일 수괴 정봉준을 따르는 동료 100명과 함께 총기와 군도를 가지고 충북 충주군 목계 부근을 배회하던 중 일본수비대의 습격을 받아 응전한 결과 패하고 도망하여 자기의 집에 숨었다.

제6. 명치 41년(1908) 2~3월경 폭도의 수괴 오희원(吳喜元)의 부하가 되어 동료 40명과 함께 총기와 군도를 가지고 충남 공주군 대평면 대교리 부근을 배회하던 중 일본수비대의 습격을 받아 응전한 결과 패하자 도망하여 문의군 서삼도면 상외리의 사금 탄광에 숨었다.

제7. 같은 해 6월 28일 폭도의 수괴 유수만(柳須萬)의 부하가 되어 같은 달 30일 동료 김용운(金用云), 김재홍(金在弘), 옥치관(玉致寬), 이용기(李用基) 외 여러 명과 함께 문의군 서삼도면 상외리에 사는 김경심(金敬心)의 집에 침입하여 총기를 보이며 동인의 아버지 김천문(金千文)을 협박하여 돈 20원을 강취하였다.

제8. 같은 해 7월 3일 수괴 순만(順萬)을 따르는 동료 십수 명과 함께 총기를 가지고 문의군 서삼도면 입암리를 배회하던 중 일본수비대의 습격을 받고 패하자 도망하여 사금광 내에 숨었다.

이상의 사실은 피해자 김경심의 청취서, 부강 순사주재소 순사의 고발서, 청주경찰서 경부대리의 피고인 신문조서, 동서(同署) 순사의 폭도에 관련한 보고서, 검사의 피고인 신문조서, 이 법정에서 한 피고 진술에 의하여 증거가 충분하다.

위 소행을 법률에 비추어 보건대, 제1·제2의 소행은 모두 『형법대전』 제593조 제3호 기득재률에, 제3·제4·제7의 소행은 모두 동조(同條) 제1호의 기득재율에, 제5·제6·제8의 소행은 모두 제677조에 해당하지만 강도죄는 모두 범죄의 정상을 헤아려 용서할 점이 있음으로 제125조에 의해 본 형의 2등급을 감하여 각 징역 15년에, 폭동죄는 모두 종범이 됨으로 제135조에 의해 수범(首犯)의 형에 1등급을 감하여 각 징역 7년에 처하고, 위와 같이 8가지 범죄가 드러난 것에 대하여 동법 제129조에 적용하고 중한 제2 강도죄에 따라 처분함이 타당하다 인정하고 이에 주문과 같이 판결한다.

해 제

국가기록원 관리번호 CJA-0000006-0002 문서이다. 공주지방재판소 청주지부에서 생산한 문서이며 재판장은 통감부 판사 다나카(田中亨), 배석판사로 통감부 판사 야마모토(山本平藏)·사카이(境誠之進)가 참여했다.

사실관계를 파악해 보도록 하겠다. 피고 김화서는 강도 및 폭동사건으로 기소되었다. 그가 강도사건에 관여한 부분에 대해 살펴보면 피고는 1907년 7월 27일 폭도 수괴 정봉준(鄭鳳俊)의 부하가 되어 같은 달 30일 경기도 죽산군 백암리 장대에서 백미 2석을 탈취하였다. 같은 해 8월 4일 경기도 양성군 성미리 상성동에 난입하여 돈 30원, 같은 달 9일 경기도 여천군 백암리에서 돈 8원, 같은 달 11일 강원도 원주군 천변리에 백미 5석과 백목 4필을 강탈했다. 같은 해 6월 28일에는 문의군 서삼도면 상외리에서 돈 20원을 강취하였다. 이렇게 강탈한 물품의 규모는 총 돈 58원, 백미 7석, 백목 4필에 달한다.

폭동사건에 대한 부분은 1908년 8월 21일 수괴 정봉준을 따르는 동료 100명과 함께 총기와 군도를 가지고 충북 충주군 목계 부근을 배회하던 중 일본수비대와 전투를 벌였고 1908년 2~3월경 폭도의 수괴 오희원(吳喜元)의 부하가 되어 동료 40명과 함께 총기와 군도를 가지고 충남 공주군 대평면 대교리 부근을 배회하던 중 일본수비대의 습격을 받아 응전한 결과 패하자 도망하였다. 같은 해 7월 3일 수괴 순만(順萬)을 따르는 동료 십수 명과 함께 총기를 가지고 문의군 서삼도면 입암리를 배회하던 중 일본수비대의 습격을 받고 패하자 도망하여 사금광 내에 숨었다.

재판부는 강도죄 혐의에 대해서는 『형법대전』 593조를 적용하고, 폭동죄 혐의에 대해서는 동법 677조[88]를 적용하였다. 강도죄는 모두 범죄

....

88) 第677條 多衆이 聚合하여 暴動을 行한 者는 징역 15년이고 附和隨行에 止한 者는 笞100에 處함이라

의 정상을 헤아려 용서할 점이 있음으로 제125조에 의해 본 형의 2등급을 감하여 각 징역 15년에, 폭동죄는 모두 종범이 됨으로 제135조에 의해 수범(首犯)의 형에 1등급을 감하여 각 징역 7년에 처해진다. 이 경우 동법 제129조에 적용하고 중한 제2 강도죄에 따라 처분함이 타당하다 인정하였다. 따라서 피고 김화선은 징역 15년을 언도받았다.

3
의병관련 사건
– 폭동(暴動) 파옥도주(破獄逃走) 적용

1) 최경연 외 2인 판결서
(1908.08.09. 대구지방재판소 / 1908.09.15. 대구공소원)

(CJA0001151-0030)

피고 최경연은 올해 융희 2년(1908) 음력 2월 그믐 저녁에 폭도 우두머리 박계장(朴啓長)의 무리에 들어가 총을 가지고 지례군 거물리(巨勿里)로 함께 가서 머무르다가 일본수비대의 습격을 당하자 산속으로 도망가 있다가 2~3일 후 가지고 있던 총을 버리고 도망쳐 집으로 돌아왔고, 피고 김술이는 융희 2년 음력 3월 1일에 폭도 우두머리 박계장의 무리에 들어갔고, 오경명은 같은 해 음력 2월 20일에 폭도 우두머리 박계장의 무리에 들어가 함께 음력 3월 초 3일간 같은 면 거물리에서 일본수비대와 교전하여 대장과 포군 합 4명이 전사하였으므로 패하여 집으로 돌아왔다. 이상의 사실은 피고 최경연을 제외한 그 나머지 피고는 본 법정에서는 이를 인정하지 않았으나 출장 순사의 조사서[聽取書]에 위와 동일한 사실을 자백한 기재에 의하여 인정할만한 증거가 충분하다.

이를 법률에 비춰보건대 피고 최경연, 김술이, 오경명을 『형법대전』 제195조의 정부를 전복하거나 기타 정사를 변경하기 위하여 난을 일으킨 자의 형률로, 지휘를 받아서 졸개 노릇을 한 자이므로 같은 법 제80조 및 제135조의 종범(從犯)은 주범의 죄율에서 1등급을 감한다는 조문에 의하여 같은 제195조 형에서 1등급을 감하여 유배형 종신에 처할만하나 범죄의 정상을 헤아려 같은 제125조에 의하여 본 형에서 3등급을 감하여 주문과 같이 판결한다.

(CJA0000691-0003)

　피고 최경연(崔敬淵)은 박계장 무리에 소집되어 총기를 지급받고 지례군 증산면 거물리에 유숙하였다. 동년 음 3월 3일 일본 수비대의 습격을 받고 산중에 피신하였다가 이틀 후 총을 버리고 귀가하여 은신 중 출장 순사에게 체포되었다.

　김술이(金述伊)는 융희 2년 3월 1일 적괴 박계상의 도당에 소집되어 이틀 머물고 그 당에서 나눠준 총을 가지고 동년 음역 3월 3일에 지례군 증산면 거물리에서 일본수비대와의 전투에 참여했고 대장과 함께 포군들이 사망하자 소지하고 있던 총을 버리고 집으로 귀환하여 피신 중 체포되었다.

　오경명(吳敬明)은 융희 원년 12월 16일 적괴 박계상의 무리에 소집되었다가 돌아온 사실이 있고 융희 2년 2월 20일 박계장의 무리에 재소집되었으며 동년 음 3월 3일 증산면 거물리에서 일본군수비대와의 교전에 참가하여 대장과 포군 5명이 전사하므로 패하고 집에 돌아와 있다가 출장순사에게 체포되었다.

　이상 기재한 사실은 피고 최경연과 기타 피고 등이 이를 부인하지만 출장 순사의 청취서 및 대구경찰서 청취서에 자백한 사실에 의해 이를 인정한다.

　이를 법률에 비춰보건대 피고 최경연, 김술이, 오경명을 『형법대전』 제195조의 정부를 전복하거나 기타 정사를 변경하기 위하여 난을 일으킨 자의 형률로, 지휘를 받아서 졸개 노릇을 한 자이므로 같은 법 제80조 및 제135조의 종범(從犯)은 주범의 죄율에서 1등급을 감한다는 조문에 의하여 같은 제195조 형에서 1등급을 감하여 유배형 종신에 처할만하나 범죄의 정상을 헤아려 같은 제125조에 의하여 본 형에서 3등급을 감하여 유(流) 7년에 처한다.

해 제

　이 문서는 국가기록원에서 관리하고 있는 최경연, 김술이, 오경명의 재판 판결서이다. 관리번호 CJA0001151-0030은 대구지방 법원 판결서인 대 일본어로 작성되었고 재판장은 대구지방재판소 판사 나카무라(中村敬直)이고 배석판사로 김응준과 사이토(齋藤宗四郎)가 참여했다. 담당 검사는 검사 홍순용이고 문서분량은 5쪽이다. CJA0000691-0003은 최경연, 김술이, 오경명이 대구지방재판소의 원심에 불복하여 공소한 대구 공소원 판결서이다. 국한문 혼용으로 작성되었고 담당 검사는 오무라(大村大代)이고 재판장은 대구공소원 형사부 판사 마쓰시다(松下直美), 판사 이우라(井浦義久)가 참여했다.

　사실관계를 정리해 보면, 최경연(崔敬淵)과 김술이(金述伊), 오경명(吳敬明)은 경북 지례 사람으로 1908년 음력 2월 30일에 경북 지례군 증산면에서 박계장(朴啓長) 의진에 입진하여 총기로 무장하고 활동하였다. 이 중 최경연은 일본군 수비대의 습격을 받은 후 도주하였다가 집으로 돌아왔다. 김술이와 오경명도 같은 해 음력 3월 3일에 경북 지례군 증산면 거물리에서 일본군 수비대의 습격을 받고 패배하여 집으로 돌아왔다.

　이 같은 사실에 대해 최경연은 인정하였지만 김술이와 오경명은 인정하지 않았다. 하지만 재판부는 출장 순사의 청취서(聽取書)에 위와 동일한 사실을 자백한 기재에 의하여 인정할만한 증거가 충분하다고 인정하여 유죄를 선고했다. 그 결과 대구지방법원 재판부는 피고 최경연, 김술이, 오경명을 『형법대전』 제195조의 정부를 전복하거나 기타 정사를 변경하기 위하여 난을 일으킨 자의 형률로, 지휘를 받아서 졸개 노릇을 한 자이므로 같은 법 제80조 및 제135조의 종범(從犯)은 주범의 죄율에서 1등급을 감한다는 조문에 의하여 같은 제195조 형에서 1등급을 감하여 유배형 종신에 처할만하나 범죄의 정상을 헤아려 같은 제125조에 의하여 본 형에서 3등급을 감하여 피고 3인을 모두 유배 7년에 처한다고 판결하였다.

하지만 피고들은 이에 반발하여 대구공소원에 공소하였고 대구 공소원에서는 원판결은 타당하며 피고 등의 공소는 이유 없음으로 인정하여 민형소송규칙 33조에 의해 주문과 같이 유배 7년형에 처한다고 판결하였다.

2) 조운식 외 2인 판결원본(1910.02.14. 공주지방재판소 / 1910.04.25. 경성공소원)

원심

피고 조운식은 한국의 현재 상태를 일본인이 한국을 강제로 삼킨 것으로 오인하고 일본인을 국외로 쫓아내고 그들의 하수인인 현 정부를 전복하여 옛 국체를 회복함으로 황실의 존엄을 태산과 같이 튼튼하게 하고, 계림 팔도의 산하를 짓밟힘에서 벗어나게 하여 2천만 백성을 도탄에서 구조하는 것이 신하의 본분이라 확신하고 한 몸을 내걸고 의병을 일으킴에 뜻을 두고 목적을 달성하기 위하여 당시 의병 수령으로 유명한 한봉서(韓奉西)와 박황성(朴璜成)에게 사람을 보내 뜻을 말하였다. 한봉서와 박황성은 바로 뜻을 받아들여 부하 5백 명, 양총 495자루, 탄약 1천 발, 화승총 5자루, 탄약 약간으로 부하가 될 것을 통지해 옴에 따라, 명치 42년(1909) 음력 7월경 경상남도 풍기군의 이름을 알 수 없는 깊은 산에서 만나 자신이 총대장이 되어 文 대장이라 칭하고, 한봉서와 박황성을 부장으로 하고, 이인만(李仁萬)과 김용태(金龍泰)를 일부의 대장으로 할 것을 약속하고, 부하 정치옥(鄭致玉)에게 의병의 취지를 널리 설명하고 동지를 규합할 고유문을 작성하게 명령하여 이를 각 장소에 배포하였고, 이어서 위의 목적 수행에 필요한 다음의 행위를 한 자이다.

1. 명치 42년 음력 7월 9일 오후 9시경 부하 6명을 거느리고 군용금을 빼앗을 목적으로 총과 칼을 휴대하고 충청북도 보은군 탄부면 덕동에 사는 면장의 집에 침입하여 공금 약간을 빼앗고 문서, 장부를

모두 불태워 없앴고, 또한 돈 10만 냥을 내놓으라고 강요하였으나 내놓지 않자 이상락을 결박하고 그의 형의 집으로 연행하여 부근 밭의 대추나무에 동여매고 거듭 돈을 내라고 재촉하니 친척과 기타 주민들이 주선하여 7원을 조달하여 이를 피고에 제공하였으나 피고는 만족하지 못하고 끝내 이상락을 사격하여 흉부에 명중시킨 후, 13면(面)의 면장은 모두 다 죽이라고 큰소리로 말하며 2회의 사격을 하여 좌두부에 명중시켜 죽게 하였다.

2. 같은 해 음력 8월 한봉서 외 30여 명의 부하를 거느리고 경상북도 상주군 화북면 용화리 조동에 사는 주사의 집에 가서 그 집에 살던 정화춘(鄭化春)과 김경모(金京模)를 붙잡아 이들이 처음에는 의병으로 피고의 부하였으나 귀순하였다가 다시 의병이 된 것은, 일한 관헌의 밀정으로 피고들의 거처를 통지하려는 것이었음을 꾸짖고 그곳 도로에서 정화춘을 총살하고 김경모를 참살하였다.

3. 같은 달 날짜는 알 수 없는 날 강원도 영천군의 주막에서 부하 5백 명을 거느리고 식사 중에 일본군에 포위되자 부하 5명의 사체를 내버리고 도주하였다.

4. 같은 해 음력 9월 17일 회덕군 태전역(대전역)을 습격할 목적으로 풍기군을 출발하여 단양, 영춘, 문경, 함창 각 군을 경유하여 태전(대전)에 이르는 도중에 점차 부하가 도주하여 인원이 부족하였기에 목적을 이루지 못하고 보은군 속리산 운장대에 올라 잠복하였다.

5. 같은 달 19일 오후 6시경 한봉서 외 5명의 부하를 거느리고 군용금을 빼앗을 목적으로 보병총 2자루, 화승총 3자루, 모젤총 1자루, 권총 2자루, 군도 1자루, 망원경 1개를 휴대하고 충청북도 청산군 서면 석성리에 사는 전한기(全漢基)의 집에 난입하여 아무런 말도 없

이 붙잡고, 그곳에 사는 전홍기(全弘基)의 집에 난입하여 따르지 않으면 죽이겠다고 협박하며 두 사람을 납치하려 할 때, 주민 여러 명이 이들을 빼내기 위하여 큰소리를 내며 추적하자 동네에서 북방으로 약 3정 정도 떨어진 마을 입구 도로에서 부하에게 명령하여 주민을 사격하여 주민의 왼쪽 흉부에서 왼쪽 등 부분을 관통하는 총상을 입히고 주민 에게 오른쪽 발 관절 후면 부분을 스치는 총상을 입힌 후, 보병총의 약협 1개를 버리고 도망갔다.

6. 같은 달 30일경 충청북도 청주군 청천면 면장으로부터 군용금을 빼앗기 위하여 부하 10명과 「倡義告諭文」을 휴대하고 가서 돈 40원을 빼앗았다. 또한 같은 날 청주군 미원(未院)에 사는 산외면 면장 홍(洪) 아무개로부터 군용금을 빼앗기 위하여 위와 같은 수단을 사용하여 돈 30원을 빼앗았다.

7. 같은 해 음력 10월 11일 위와 같은 목적으로 부하 여러 명을 거느리고 충청북도 보은군 속리면 백현리에 사는 심능복(沈能復)의 집에 침입하여 돈 10원을 빼앗았다.

8. 같은 달 13일 북한 북방 러시아에 있는 의병대장 이범진(李範晋)이 부하 최성춘(崔成春)을 사자(使者)로 보내 한국 내의 모든 의병을 러시아에 집중시켜 병비(兵備)를 정돈하여 내년 3월을 기하여 한꺼번에 의병의 목적을 달성할 계획이니 모두 이범진의 소재지에 모이라는 내용을 통지해 오자, 피고는 이에 동의하여 먼저 한봉서, 박황성, 이인만, 김용태의 부하 350명과 무기 전부를 휴대하여 이범진의 소재지로 가게하고, 피고는 또 각지의 양반과 기타 유력자를 권유하여 동지들을 인솔하고 돌아오는 봄 삼월을 기해 이범진과 만날 계획으로 잔류하던 중 같은 해 음력 10월 15일 영동경찰서 순사에게 체포되었다.

피고 박치량은 예전에 폭도의 무리에 가입한 후, 미원(未院)분견소에 귀순하여 면죄장(免罪狀)을 받았음에도 불구하고 다시 뉘우치지 않고 다음과 같은 행위를 한 자이다.

제1. 명치 41년(1908) 음력 4월 날짜를 알 수 없는 날 다른 2명과 공모하여 돈을 빼앗을 목적으로 화승총 2자루를 휴대하고 보은군 산외면 배정계(排定界)에 사는 강여심(姜汝心)의 집에 침입하여 위의 총을 보이며 위협하여 군용금이라 칭하고 돈 5원을 빼앗았다.

제2. 명치 42년(1909) 음력 4월 20일 밤 다른 6명과 함께 공모하여 위와 동일한 목적으로 총과 칼을 휴대하고 보은군 속리면 황영수(黃英秀)의 집에 침입하여 돈 50원을 내놓으라고 강요하고, 가족 4명을 난타한 후 돈 30원을 빼앗았다.

제3. 위의 강도사건으로 공주감옥 청주분감에 구류 중인 명치 42년 8월 22일 다른 9명과 함께 공모하여 예리한 작은 칼로 합쳐서 모두 약 7m 길이의 마루바닥 2장을 부수고 바닥 아래 흙과 돌을 파내고 도주하였다.

제4. 피고는 공주감옥 청주분감에서 도주한 후, 의병 총대장이라 칭하는 조운식이 한국의 현재 상태에 분개하여 동지를 규합하여 내란을 일으키려는 취지에 찬동하여, 명치 42년 음력 8월 10일경 부하가 된 이래 따라다녔고, 같은 해 음력 10월 15일 조운식 외 1명과 함께 체포될 때까지 각 장소를 배회하면서 다음의 행동을 한 자이다.

1. 명치 42년 음력 9월 19일 조운식을 따라서 군용금을 빼앗을 목적으로 다른 여러 명과 함께 충청북도 청산군 석성리에 사는 전한기와 전홍기의 집에 난입하여 두 사람을 납치하려 할 때, 이들을 추적하는 주민에게 사격을 하여 주민 2명에게 부상을 입혔다.

2. 같은 해 음력 10월 11일 조운식을 따라 위와 같은 목적으로 다른

여러 명과 함께 충청북도 속리면 백현리에 사는 심능복의 집에 침입하여 돈 10원을 빼앗았다.

피고 이자성도 역시 수괴 조운식의 내란 목적에 찬동한 이래 따라다녔고, 명치 42년 음력 10월 15일 조운식 외 1명과 함께 체포될 때까지 각 장소를 배회하며 다음의 행동을 한 자이다.

1. 명치 42년 9월 19일 조운식을 따라서 군용금을 빼앗을 목적으로 여러 명과 함께 충청북도 청산군 석성리에 사는 전한기와 전홍기의 집에 난입하여 두 사람을 납치하려 할 때에 주민 다수의 추적을 받자 이들을 사격하여 주민 2명에게 부상을 입혔다.

2. 같은 해 음력 10월 11일 위와 함께 조운식을 따라서 동일한 목적으로 다른 여러 명과 함께 보은군 속리면 백현리에 사는 심능복의 집에 침입하여 돈 10원을 빼앗았다.

위의 조운식, 박치량, 이자성의 내란사건에 관한 사실은 영동경찰서 순사의 범인 체포보고서, 같은 경찰서의 전한기 외 3명의 피해 사항 검증조서, 같은 조서에 첨부된 피해자의 청취서, 같은 경찰서 경찰의 감정서 2통, 증인 전한기의 신문조서, 증인들의 각 신문조서, 이상락 살해사건의 검증조서, 같은 조서에 첨부된 증거품 압수서, 증인 이상교의 신문조서, 같은 경찰서 경부의 피고인 조운식 제1~2회, 동 박치량(일명 최호경), 동 이자성의 각 신문조서, 증거품 압수서 2통, 심능복의 피해자 검사의 피고 이자성에 대한 제1~2회, 피고 박치량의 제1~3회, 피고 조운식의 제1~3회의 신문조서에 의하여 피고 박치량의 강도사건에 대한 사실은 청주경찰서 경부의 피고인 신문조서 및 피해자의 신고서에 의하여, 또한 파옥도주 사건에 관한 사실은 간수장(看守長)의 고발서 및 간수의 수속서에 의하여, 기타 각 사건에 대한 본 법정에서의 각 피고 공술에 의하여 증거가 충분하다.

　이를 법률에 비추어 보건대, 조운식, 이자성의 소행 및 박치량의 제4의 소행은 모두 『형법대전』 제195조에 해당하나, 이자성 및 박치량은 종범이므로 『형법대전』 제135조에 의하여 수괴의 형에서 각각 1등급을 감하고, 이자성은 또한 범죄의 정상에 헤아릴만한 점이 있으므로 『형법대전』 제125조에 의하여 다시 2등급을 감하여 총 3등급을 감하고 처분할 것이다. 그러므로 조운식을 교수형에, 박치량을 종신유형에, 이자성을 유형 10년에 처한다. 또한 박치량의 제1, 제2의 소행은 모두 『형법대전』 제593조 제1호의 기득재율에 해당하고, 제3의 소행은 『형법대전』 제304조에 해당하는 바, 모두 죄의 정상에 헤아릴만한 점이 있으므로 『형법대전』 제125조에 의하여 강도죄는 본 형에서 네 등급을 감하여 각각 징역 7년에 처한다. 파옥도주의 죄는 본 형에서 3등급을 감하여 징역 10년에 처해야 하나, 강도죄는 두 가지 죄가 한꺼번에 드러났으므로 『형법대전』 제129조에 의하여 각각의 죄가 서로 비슷하므로 제2의 죄에 따라 처분한다. 또한 파옥도주의 죄는 강도죄 발각된 후의 범죄이며, 내란죄는 앞의 두 가지 죄가 발각 후의 범죄이므로 『형법대전』 제131조에 의하여 같은 법 제130조를 적용하고, 파옥도주 죄에 부과한 형과 강도죄에 부과한 형을 비교하면 파옥도주의 형이 무겁고, 내란죄에 부과한 형을 파옥도주의 형에 비교하면 내란죄의 형이 무거우므로 다시 이를 논하여 내란죄에 부과한 형을 집행함이 타당하다. 또 범죄에 사용된 권총 2자루, 탄환 9개, 보병총 화약통 1개, 모젤 총탄 1개, 고유문 2통은 모두 피고들의 소유에 속하는 것이므로 『형법대전』 제118조에 의하여 몰수함이 타당하다고 인정하여 모두 주문과 같이 판결한다.

항소심

제1. 피고 조운식은 현 정부를 전복하여 정사를 변경할 목적으로 스스로 부하 수십 명의 총대장이 되어 고유문을 작성하고 이를 각 장소에 배포하여 부하를 모집하였다. 명치 42년 음력 7월경부터 같은 해 음력 10월경까지 각 지역을 횡행하던 중, 충청북도 보은군 탄부면 덕동 면장, 충청북도 청주군 청천면 면장, 충청북도 청주군 사외면 면장, 충청북도 보은군 속리면 백현리 심능복 등으로부터 군용금이라 칭하고 돈을 징발하면서 위 이상락이 내놓은 돈이 적었기 때문에 총살하였다. 충청북도 청산군 서면 석성리 전한기 및 전홍기 집에서 군용금이라 칭하고 금품을 징발하기 위하여 침입하여, 위 두 사람을 끌고 가려고 할 때 주민 다수가 큰소리를 내며 추적해오자 부하들에게 사격하게 하여 두 사람에게 총상을 입혔다. 또한 경상북도 상주군 화북면 용화리 조동 남(南) 주사 집에서 두 사람을 붙잡아 일한 관헌의 밀정이라고 하여 살해하였고, 충청남도 회덕군 대전역을 습격하려 하였으나 점차 부하들의 도주로 인원수가 적어졌기 때문에 중지하였다. 러시아에 있는 이범진(李範晉)과 회합하여 함께 일을 도모하기 위하여 각 지역의 양반, 기타의 유력자를 권유하며 부하를 모집 중에 충청북도 영동경찰서 순사에게 체포된 자이다.

피고 박치량, 이자성은 위와 동일한 목적으로 피고 조운식의 부하로 들어가 함께 명치 42년 음력 9월경부터 동년 음력 10월경까지 각 지역을 횡행하던 중 군용금이라 칭하며 돈을 징발하기 위해 피고 조운식의 지휘 아래 부하 여러 명과 함께 충청북도 청산군 석성리, 전한기 및 전홍기 집에 침입하여 위 두 사람을 끌고 가려 할 때 추적해온 주민에게 사격을 하여 두 사람의 주민에게 부상을 입혔고, 충청북도 속리면 백현리 심능복 집에서 조운식 외 여러 명과 함께 침입하여 군용금이라 칭하고 돈 10원을 징발한 자들로, 위 피고 3명은 난을 일으킨 자이다.

제2. 박치량은 명치 41년 음력 4월경 다른 2명의 사람과 공모하여 재물을 빼앗을 목적으로 총기를 휴대하고 충청북도 보은군 산외면 배정계(排定界)에 사는 강여심(姜汝心)의 집에 침입하여 총기를 보이며 협박한 후, 돈 5원을 빼앗았다.

제3. 피고 박치량은 명치 42년 음력 4월 20일 밤 다른 6명과 공모하여 동일한 목적으로 총과 칼을 휴대하고 충청북도 보은군 속리면 시강대(市康垈)에 사는 황영수(黃英秀) 집에 침입하여 가족 4명을 마구 때리며 협박한 후, 돈 30원을 빼앗았다.

제4. 피고 박치량은 충청북도 공주감옥 청주분감에 재감 중인 명치 42년 8월 22일 죄수 9명과 공모하여 예리한 작은 칼로 마루바닥을 2척 남짓 2장을 부수고 바닥의 흙을 파내고 도주한 자이다.

이상의 각 사실은 영동경찰서 순사의 체포보고서, 동 경찰서 경부대리 이시구로(石黑己)가 작성한 검증조서, 전응유·전경화의 청취서, 전한기의 신문조서, 동 경찰서 경부대리 순사 노구치(野口虎磨)가 작성한 이종태(李鍾台)·이기용(李夔容)·전홍기의 각 신문조서, 고바야시(小林德太)의 각 감정서, 동 경찰서 경부대리 순사 오사다(長田歡次)가 작성한 검증조서, 이상교(李相喬)의 신문조서, 동 경찰서 경부 오토하루(乙治浩氣)가 작성한 조운식·박치량·이자성의 각 신문조서, 참고 기록 형(形) 141호 중에 다다(多田關)의 고발서, 도쿠마루(德丸誠三)의 수속서, 동 형(形) 119호 중에 청주경찰서에서 한 신여도(申汝道)·박치량(朴致良)의 각 신문조서, 강여심·황영수의 각 피해계, 압수된 고유문(告諭文) 등을 종합하여 증거가 충분하다.

위 피고 조운식·박치량·이자성의 제1의 소행은 모두 『형법대전』 제

195조에 해당하고, 피고 박치량·이자성은 종범(從犯)이므로『형법대전』 제135조에 의하여 수범(首犯)의 형에서 각 1등급을 감하고, 피고 박치량 의 제2·제3의 소행은 모두『형법대전』제593조 제1호 기득재율(旣得財律)에, 제4의 소행은『형법대전』제304조 단서(但書)에 각각 해당하고,

피고 이자성의 제1, 피고 박치량의 제2·제3·제4는 각 범죄의 정상에 헤아릴만한 점이 있으므로『형법대전』제125조에 의하여 피고 이자성 은 2등급을, 피고 박치량은 각 1등급을 감하고, 박치량은 여러 죄가 한 꺼번에 드러났고 각 죄가 서로 비슷하므로『형법대전』제129조에 의하 여 무거운 제의 죄에 따라 처분할 것이다. 이에 피고 조운식을 교수형 에, 피고 박치량을 징역 종신에, 피고 이자성을 유형 10년에 처분한다. 압수된 권총 2자루, 탄환 9개, 보병총 화약통 1개, 모젤총탄 1개는 금지 된 물건이며, 고유문은 제1의 범죄에 사용된 물건이며 피고들의 공유물 이므로 형법대전 제118조에 의하여 몰수한다.

원 판결 중 피고 조운식, 이자성에 대해서는 위와 동일한 이유에 기 반하여 동일한 처분을 하였으므로 위 피고 두 사람의 공소는 모두 이유 없다. 피고 박치량에 대해서는『형법대전』두 가지 죄 이상 처단하는 예 에 의하여 제129조를 적용하지 않고 제130조, 제131조를 적용한 것은 실 책이므로 위 피고의 공소는 이유 있다. 이에「민, 형 소송 규칙」제33조 에 의하여 주문과 같이 판결한다. 검사 후카자와(深澤新一郎)가 관여함. 경성공소원 형사부 재판장 판사 구쓰(楠常藏), 판사 신재영·가와무라 (河村尙德)

해 제

이 문서는 국가기록원어서 소장중인 관리번호 CJA-0000884-0018 조운

식, 박치량, 이자성의 판결서이다. 공주지방재판소에서 생산한 원심과 경성공소원 항소심 판결서로 이루어졌다. 공주지방재판소의 재판장은 통감부 판사 다나카(田中亨), 배석판사로 통감부 판사 야마모토(山本平藏), 판사 사카이(境誠之進)가 참여했다. 경성공소원 재판부의 재판장은 판사 구쓰(楠常藏), 배석판사는 판사 신재영·가와무라(河村尚德)이다. 본 사건의 피고인은 조운식, 장치량, 이자성 3인이다. 이들은 모두 내란 죄로 기소되었고 박치량은 파옥도주 혐의가 추가된 사건이다.

사실관계를 살펴보면, 조운식은 의병 대장으로 유명한 한봉서와 박황성을 1909년 7월경 경상남도 풍기의 깊은 산에서 만나 자신이 총대장이 되어 문(文) 대장이라 칭하고, 한봉서와 박황성을 부장으로 하고, 이인만과 김용태를 일부의 장으로 할 것을 약속하고, 부하 정치옥에게 의병의 취지를 널리 설명하고 동지를 규합할 고유문을 작성하게 명령하여 이를 각 장소에 배포하였고, 이어서 위의 목적 수행에 필요한 행위를 했다. 그 행위를 정리하면 아래와 같다.

1. 1909년 음력 7월 9일 오후 9시경 부하 6명을 거느리고 군용금을 빼앗을 목적으로 총칼로 무장하고 충청북도 보은군 탄부면 덕동 면장의 집에 침입하여 공금 약간을 빼앗고 문서, 장부를 모두 불태워 없앴다. 또한 돈 10만 냥을 내놓으라고 강요하였으나 내놓지 않고 겨우 7원을 조달하자 면장 이상락을 사격하여 흉부에 명중시킨 후, 13면의 면장은 모두 다 죽이라고 큰소리로 말하며 2회의 사격을 하여 좌두부에 명중시켜 이상락을 죽였다.

2. 1909년 음력 8월 부하를 거느리고 의병으로 활동하다 귀순 후 밀정이 된 정화춘과 김경모를 죽였다.

3. 1909년 음력 8월 강원도 영천군의 주막에서 부하들(500여 명)과 식사 중 일본군에 포위되자 도주하였다.

4. 1909년 9월 대전역을 습격하고자 했지만 도주자가 많이 발생하여 목적을 이루지 못하고 속리산에 올라 잠복했다.

5. 1909년 9월 19일 오후 부하들을 거느리고 군용금을 빼앗기 위해 무장하고 마을주민을 납치하고자 했지만 주민들이 저항하자 사격하여 주민 일부가 부상을 당했다(박치량 4-1행위, 이자성 1행위).

6. 1909년 9월 30일 청주군 청산면 면장에가 군용금 40원, 같은 군 산외이면 면장에게 30원을 강탈했다

7. 1909년 10월 11일 보은군에서 10원을 빼앗았다(박치량 4-2행위, 이자성 2행위).

8. 1909년 10월 13일 러시아에 있는 의병대장 이범진(李範晋)이 한국 내의 모든 의병을 러시아에 집중시켜 병비(兵備)를 정돈하여 내년 3월을 기하여 한꺼번에 의병의 목적을 달성할 계획이니 모두 이범진의 소재지에 모이라는 내용을 통지해 오자, 피고는 이에 동의하여 먼저 한봉서, 박황성, 이인만, 김용태의 부하 350명과 무기 전부를 휴대하여 이범진의 소재지로 가게하고, 피고는 또 각지의 양반과 기타 유력자를 권유하여 동지들을 인솔하고 돌아오는 봄 삼월을 기해 이범진과 만날 계획으로 잔류하던 중 음력 10월 15일 영동 경찰서 순사에게 체포되었다. 조운식은 7월부터 10월까지 약 3개월간 경상도, 충청도, 강원도 일대를 돌며 군용금 87원을 모집하고 러시아의 이범진 부대와 연계하려 했지만 실패하였다.

박치량은 의병으로 활동하다 귀순 후 사면 받았지만 다시 의병으로 아래와 같은 활동을 했다.

1. 1908년 음력 4월 다른 2명과 공모하여 보은군 산외면 배정계(排定界)에서 군용금이라 칭하고 돈 5원을 빼앗았다.

2. 1909년 음력 4월 20일 밤 다른 6명과 함께 공모하여 위와 동일한 목적으로 총과 칼을 휴대하고 보은군 속리면에서 돈 30원을 빼앗았다.

3. 위의 강도사건으로 공주감옥 청주분감에 구류 중인 명치 42년 8월 22일 다른 9명과 함께 공모하여 예리한 작은 칼로 합쳐서 모두 약 7m 길이의 마루바닥 2장을 부수고 바닥 아래 흙과 돌을 파내고 도주하였다.

4. 피고는 공주감옥 청주분감에서 도주한 후, 조운식과 함께 1909년 음력 8월 10일경부터 음력 10월 15일 조운식 외 1명과 함께 체포될 때까지 각 장소를 배회하면서 다음의 행동을 하였다.

    4-1. 1909년 음력 9월 19일 조운식을 따라서 군용금을 빼앗을 목적으로 다른 여러 명과 함께 충청북도 청산군 석성리에서 두 사람을 납치하려 할 때, 이들을 추적하는 주민에게 사격을 하여 주민 2명에게 부상을 입혔다(조운식의 5행위, 이자성 1행위).

    4-2. 1909년 음력 10월 11일 조운식을 따라 속리면 백현리에서 돈 10원을 빼앗았다(조운식의 6행위, 이자성 2행위).

이자성도 역시 조운식의 내란 목적에 찬동한 이래 따라다녔고, 명치 42년 음력 10월 15일 조운식 외 1명과 함께 체포될 때까지 각 장소를 배회하며 다음의 행동을 하였다.

1. 1909년 음력 9월 19일 조운식을 따라서 군용금을 빼앗을 목적으로 여러 명과 함께 청산군 석성리에 난입하여 두 사람을 납치하려 할 때에 주민 다수의 추적을 받자 이들을 사격하여 주민 2명에게 부상을 입혔다(조운식 5행위, 박치량 4-1행위).

2. 1909년 음력 10월 11일 위와 함께 조운식을 따라서 동일한 목적으로 다른 여러 명과 함께 보은군 속리면 백현리에서 돈 10원을 빼

앗았다(조운식 6행위, 박치량 4-2행위).

재판부는 피고 조운식, 이자성의 행위와 박치량의 4행위는 모두『형법대전』195조 내란율의 적용을 받는다고 판단했다. 다만 이자성과 박치량은 종범이므로 동법 135조에 의해 1등급 감형한다고 판단했다. 또 이자성의 경우 정상을 헤아릴 점이 있어 동법 125조에 의해 다시 3등급 감형하여 총 3등급 감형하는 처분을 내렸다. 따라서 주범 조운식은 감형없이 교수형, 종범 박치량은 1등 감형 유 종신, 종범 이자성은 정상 참작 3등 감형 유형 10년에 처한다고 형량을 언도했다.

다만 박치량의 경우 강도죄 후 수감되었다가 파옥 도주한 부분에 대한 법리검토를 했다. 일단 박치량의 1, 2행위는『형법대전』593조 강도율에 해당하고 3행위인 파옥도주는『형법대전』304조[89])에 해당한다. 하지만 이 행위들은 모두 정상 참작의 여지가 있어 동법 125조에 의해 강도죄는 4등급 감형하여 징역 7년, 파옥도주는 3등 감형하여 유형 10년이다. 박치량은 여러 가지 죄가 한꺼번에 들어나 동법 129조에 의해 더 높은 형량으로 처분했다. 또 파옥도주는 강도죄 이후 범죄이고 내란죄는 파옥도주 이후의 범죄이다. 그러므로『형법대전』제131조에 의하여 같은 법 제130조를 적용하고,[90]) 강도죄의 형에 비해 파옥도주의 형이 무

---

89) 第304條 罪人이監外에擅出ㅎ거나枷鎖를自解ㅎ는者는笞三十이며因ㅎ야在逃ㅎ는者는本刑에二等을加ㅎ고他囚를竊放ㅎ者는該囚의罪와同ㅎ며該囚의罪가本刑보다輕ㅎ거든本刑에二等을加호디懲役終身에止홈이라但監內에셔暴行脅迫의所爲로在逃ㅎ는者는首從을不分ㅎ고幷히絞에處홈이라

90) 第130條 一罪가判決을已經ㅎ야刑期間이나勘放後에他 罪가又發ㅎ境遇에는其相等이나輕ㅎ는者는勿論ㅎ고其重ㅎ 者는更論호디前科ㅎ刑을通算ㅎ야後科홀刑을充홈이라
第131條 告發後宣告前이나宣告後執刑前에罪를又犯ㅎ者는第百三十條의例를依ㅎ야處斷홈이라

겁고, 파옥도주에 비해 내란죄 형이 더 무겁다. 그 결과 박치량은 내란죄로 처벌 받고 감형되어 유형 10년을 언도받았다.

하지만 조운식, 박치량, 이자성은 항소하였다. 항소심을 담당한 경성 공소원 재판부는 피고 조운식, 이자성의 공소는 모두 기각했다. 원심의 법리 적용에 잘못된 부분이 없다는 것이다. 하지만 박치량에 대한 법리 적용이 잘못됐다고 판단했다. 『형법대전』에서 두 가지 죄 이상 처단하는 예에 의하여 제129조를 적용하지 않고 130조, 제131조를 적용한 것은 실책이며 129조를 적용해야 한다고 결정했다. 따라서 재판부는 박치량은 원심의 10년이 아닌 195조에서 1등 감형된 유형 종신에 처하는 것이 맞다고 판단하고 이를 적용했다.

4

의병관련 사건

-불응위(不應爲) 적용

김용현 외 1인 판결원본(1908.09.04. 공주지방재판소)

피고 등이 동아개진교육회(東亞開進敎育會) 회원으로 광무 11년(1907) 7월 13일에 교육회 우두머리[班首]인 유해석(柳海石)의 위협을 받고 두려워서 군인 8명을 폭도(暴徒)의 수괴(首魁) 이강년(李康年)이 있는 곳으로 보냈다.

이상의 사실은 공판정에서 피고 등의 진술에 의하여 증거가 충분하므로 이를 법률에 비추어 보건대, 각각 『형법대전』 제678조 말단에 해당함으로 이에 주문과 같이 판결한다. 검사 오노(小野篤次郎) 입회, 공주지방재판소 형사부 재판장 판사 오하시(大橋織之丞), 판사 이토(伊東淳吉) · 이용성(李容成), 융희 2년(1908) 9월 9일 언도, 재판소 서기 송주학(宋柱學)

해 제

본 문서는 국가기록원에 소장 중인 형사 판결문으로 관리번호 CJA-0000940-0035이다. 공주지방재판소에서 생산된 문서이고 국한문 혼용으로 작성하였다. 공주지방재판소에서 재판이 진행되었다.

사실관계를 정리해보면 김용현과 조성윤은 동아개진교육회 회원이었다. 1907년 7월 13일 교육회 회장인 유해석의 위협으로 의병장 이강년에게 군인 8명을 보낸 혐의로 체포되었다. 동애개진교육회는 기본적으로 친일적 성격이었지만 내부적으로 의병에 찬성하는 세력도 있었기 때문에 병력을 이강년에게 보낸 것이다.

재판부는 이들의 행위에 대해 『형법대전』 678조를 적용하였다. 이 조문은 불응위율이며 내용은 다음과 같다. "第10節 不應爲律 第678條 應爲치못할 事를 爲한 者는 笞四十이며 事理重한 者는 笞八十에 處함이라" 이 조문에 의해 김용현과 조성윤은 태 80에 처해졌다.

『형법대전』제10절은 불응위율이다. 불응위는 『대명률』에서도 규정되어 있다. 불응위조는 『대명율』, 형율, 잡범편에 "무릇, 당연히 해서는 아니 될 것을 한 자는 태 40의 형에 처한다. 율령에 정한 조문이 없지만 사리상 해서는 안 되는 것을 말한다. 사리상 중대한 것을 범하였으면 태 80의 형에 처한다."[91]고 규정되어 있다.

이 조항은 『형법대전』 제정 이전에도 다양하게 적용되었다. 대표적적으로 독립협회의 사례를 들 수 있다. 1898년 11월 11일 법부대신 한규설은 "…민중을 지휘하여 움직이고 높은 관리를 위협하여 다짐할 것을 들이대서 환란의 싹과 재앙의 기미가 당장 나타나게 된 문제는 애초에 그런 일이 없었다고 하더라도 심지어 같은 달 23일에는 '언로를 열고 진보를 이룩하도록 충고한 것과 같은 것은 이미 예견하고 있으니 잘 알고 물러갈 것이다.'라는 폐하의 비답을 삼가 받았으나 다시 처분을 기다리지 않고 금방 곧 발기하여 공동회(共同會)를 개설한 것은 그 사실이 명백합니다. 피고 이상재, 방한덕, 유맹, 정항모, 현제창, 홍정후, 이건호, 변하진, 조한우, 염중모, 한치유, 남궁억, 정교, 김두현, 김귀현, 유학주, 윤하영 등은 『대명률(大明律)』 잡범편(雜犯編) 불응위조(不應爲條)의 '모

---

91) 凡不應得爲而爲之者 笞四十 謂律令無條 理不可爲者 事理重者 杖八十(不應爲조에서는 事理의 輕重에 따라 笞40과 杖80을 대비시키고 있는데, 이와 유사한 예가 『大明律』의 다른 조문에서도 발견된다. 刑律 詐僞 詐病死傷避事조에서는 관리가 질병을 사칭하여 직무에 회피함이 있으면 笞40으로, 사안이 중한 경우는 杖80으로 처벌하고 있고, 刑律 雜犯 夫匠軍士病給醫藥조에서는 군사가 주둔지에서 질병에 걸린 경우에 해당 관사에서 적절한 치료를 받지 않게 하면 笞40으로, 죽음에 이르면 장80으로 처벌하고 있다. 모두 事理의 輕重에 따라 笞40과 杖80을 대비시키고 있는 것이다).

든 하지 말아야 하는데 한 자'의 율(律)에 비추어 각각 태형(笞刑) 40대로 처결하는 것이 어떻겠습니까?"라며 독립협회 회원 처벌에 불응위율을 사용하고자 했다.[92] 불응위율은 명확한 처벌사유 없이 '해서는 아니될 것'이라는 개괄적인 처벌규정이었다.

이후 1905년 재정된 『형법대전』은 『대명률』에서 존치하고 있는 개괄적 처벌규정인 불응위율을 여전히 차용하고 있다. 불응득위에 대응되는 개념으로 현대 형법의 사회상규에 위배되는 행위를 상정해 볼 수 있다. 불응위조에서는 율령에 조문이 없어도 불응득위에 해당하면 처벌하도록 하고 있다. 그러나 정당행위에 의할 경우 구성요건에 해당하는 행위라도 사회상규에 위배되지 않으면 처벌할 수 없으므로, 양자는 정반대의 입장에 있는 것이 된다. 이는 죄형법정주의의 현대 형법과 유죄필주의 전통 형법의 차이를 보여주는 것이다.[93] 철저한 죄형법정주의가 실현되려면, 그 전제조건이 충족되어야 한다. 그 전제조건이란 형법상 책임주의 원칙의 관철에 달려 있다. 이를 위하여 첫째로 죄형법정주의의 핵심요소인 ① 소급효금지, ② 실질적 정의에 부합하는 성문법주의, ③ 명확성, ④ 유추해석 금지의 원칙이 철저하게 준수되어야 한다. 둘째로 책임주의에 따른 범죄성립과 비난가능성의 핵심인 ① 행위자에 대한 책임능력의 요구, ② 행위자가 자신의 행위에 대한 위법성의 인식 내지 인식가능성의 필요와 함께 ③ 적법행위의 기대가능성이 존재해야 한다. 셋째로 형벌의 정도와 범행간의 균형이 충분히 유지될 수 있어야 있도록 적절한 법정형의 형성과 함께 양형의 합리화방안이 보장되어야 한다. 이 같은 관점에서 『형법대전』의 법규들을 구체적으로 살펴볼 때, 형

....
92) 『고종실록』, 고종 35년(1898), 11월 10일 기사.
93) 김대홍, 「조선시대 『대명률』 불응위조에 관한 연구」, 『법사학연구』 49, 2014, 11쪽.

법대전의 입법자는 철저한 책임주의의 원칙이 관철된 죄형법정주의와는 거리가 먼 형법전을 제정하였다고 볼 수 있다.[94]

동아개진교육회는 공진회 해체 이후 보부상을 통합하기 위해 만들어졌다. 전 상무사 간부인 이규항 등이 전 참정 조병식(趙秉式)을 추대하여 '동아개진교육회' 명의로 전국의 보부상을 통합코자 한 것이다. 일본은 1905년 11월 한일조약 직후 의병진압에 보부상을 활용하고자 했다. 이에 통감부는 당시 일진회장 이용구등에게 자위단을 조직하게 하고 보부상들을 이에 편제 시키는 방안을 마련하였다. 그러면서 다른 한편으로는 동아개진교육회의 보부상 조직을 이용하고자 했다.

이에 부응하여 교육회 회장 조중응은 일진회와 경쟁적으로 통감부 정책에 찬성하는 입장에서 반의병 무장력을 활용하고자 했다. 동아개진교육회는 의병, 특히 군대해산 이후 의병에 대해 '匪徒'로 인식하고 있었다. 또한 만약 보부상중 의병에 가담하는 자가 있으면 교육회 차원에서 '愚昧한 商民'으로 치부하겠다고 밝혔다. 그럼에도 실제 보부상을 통한 의병진압은 불가능 했던 것으로 보인다. 왜냐하면 교육회 회의의 일부는 토벌에 참여하고 또 다른 일부는 '폭도'에 옹립되는 경우가 있어 정치적 단결이 쉽지 않았기 때문이다.[95]

그렇다면 이들이 병력을 보낸 이강년(李康年)의 부대의 대장 이강년은 어떤 사람인지 살펴보도록 하겠다. 이강년은 경북 문경 출신으로,

----

[94] 불응위율은 지나치게 개괄적인 규정이어서 어떤 행위를 형법상 금하고 허용하고 있는가에 대한 기준이 모호하기 이를 데가 없어 죄형법정주의에 반했다고 보았기 때문에 크레마지는 불응위율 폐지를 제안한 바 있다.(허일태, 「형법대전(刑法大典)의 내용상 특징－적용범위와 죄형법정주의를 중심으로－」, 『형사법연구』 20, 2008, 104~105쪽)

[95] 조재곤, 「대한제국 말기(1904-1910) 褓負商 단체의 동향」, 『북악사학』 5, 1998, 134~135쪽.

8척 장신으로 병서에도 조예가 깊었다. 그는 1880년 무과에 급제하여 선전관으로 활동하였으나 1884년 갑신정변이 일어나 정국이 혼란하자 사직하고 낙향하였다. 1895년 을미사변과 단발령이 공포되고 유인석이 제천에서 의병을 일으켰다는 소식을 듣고 1896년 1월에 문경에서 의병을 봉기하였다. 거의(擧義) 직후 안동 의병에 쫓겨 도망 중이던 안동관찰사 김석중(金奭中)과 순검 이호윤(李浩允), 김인담(金仁覃)을 체포하여 문경의 농암 장터에 운집한 군중 앞에서 효수하였다. 이어 제천으로 유인석을 찾아가 문인이 되고, 제천의병의 유격장으로서 수안보의 일본군 병참부대를 공격하는 등 충주, 문경 등지에서 활약하였다. 그해 5월 제천의병이 장기렴(張基濂)이 거느린 관군과의 전투에서 패해 유인석이 압록강을 건너 서간도로 가자 의병을 해산하고 단양 금채동에서 노모를 모시고 은신하였다.

1907년 4월에 일제의 침략이 노골화하자 을미의병의 동지였던 안성해(安成海) 등과 함께 제천에서 의병을 다시 일으켰다. 그해 8월에 고종이 강제로 퇴위하고 정미7조약으로 한국군대가 해산당하는 사건이 일어나자 원주진위대를 이끌고 봉기한 해산군인 민긍호 부대와 연합하여 원주의 배향산에 진을 쳤다. 고종은 이 소식을 듣고 그에게 밀조(密詔)를 내려 도체찰사의 직을 하사하였다. 그는 민긍호 부대와 함께 제천에서 일본군 소대 병력을 격파하였다.

제천 전투 후인 1907년 8월에는 김상태 등 40여 의병들에 의해 제천의 의림지에서 도창의대장에 추대되고, 김상태를 중군장, 우군장에 이중봉, 우선봉장에 백남규, 좌군장에 이용로, 좌선봉장에 하한서, 전군장에 윤기영, 감군장에 이세영 등을 임명하여 의진을 편성하였다.

의병대는 9월 10일 문경의 갈평 전투에서 '적의 시체가 산과 들에 가득 찼다'고 할 정도로 대승을 거두었다. 9월 16일에는 싸릿재, 9월 27일

에는 죽령, 10월 5일에는 고리평, 10월 23일에는 백자동에서 큰 전과를
올렸다. 이 해 12월에 전국의 의병들이 서울 탈환을 위해 양주에 집결해
이인영을 대장으로 한 13도창의대진소를 편성하자, 호서창의대장(湖西
倡義大將)으로 참여하였다. 그는 1908년 봄부터 의병들을 독려하여 가
평 용소동 전투를 비롯해 대청리 전투, 포천의 청계 전투, 인제의 백담
사 전투, 안동의 서벽 전투 등 일본군과의 교전에서 대담한 유격전으로
대승을 거두었다. 그의 지휘를 받는 의병들은 엄격한 군율로 기강이 서
있었고 지역 지리에 밝았으며 지방민들의 절대적인 지지를 받았다. 그
러나 1908년 7월 2일에 제천 금수산의 작성(鵲城)에서 일본군과의 격전
중에 발목에 총알을 맞고 붙잡혔다. 수원의 일본수비대에 구류되었다가
같은 해 7월 8일에 서울의 일본군 헌병사령부로 압송되었다. 이곳에서
다시 평리원으로 옮겨져 9월 22일에 '내란죄'로 교수형을 선고받고 그해
10월 순국하였다.[96]

96) 『운강선생의일록(雲岡先生義日錄)』; 김의환, 『항일의병장열전』, 정음사, 1975; 윤병
   석, 『한말의병장열전』, 독립기념관, 1991; 김상기, 「『보병14연대 진중일지』를 통해
   본 이강년 의진의 활동」, 『지역문화연구』 9, 세명대 지역문화연구소, 2010.

5
관리고소 사건

이준 판결서(1907.03.02. 平理院)

한성 북서 안현 평리원 검사 이준, 피고 이준의 안건을 검사 공소에 의하여 심리하니 피고가 사전(赦典)의 주본(奏本)이 불공평하다는 내용을 가지고 법부 대신과 협판을 규탄 논박하였으며 법부대신에게 기소장을 냈다. 잡아다 심리하는 마당에서는 법부문서과장의 통지문서를 찢어버린 사실이 피고의 공술과 해당 증거물에 의하여 명백하다. 피고 이준은 『형법대전』 제279조의 자기의 억울함을 신소하는 외에 본 문제를 취급하는 관리를 고소한 데 대한 법조문, 제418조의 관청의 문서를 찢어버린 데 대한 법조문, 제129조의 두 가지 죄행 이상이 동시에 나타난 경우에 그것이 각각 동등한 자는 일과단문(一科斷文)에 따라 처리한다는 법조문을 적용하여 태형 100대에 처한다.

해 제

본 문서는 국가기록원 관리번호 CJA000021-0039로 평리원 검사 이준의 판결 선고서이다. 국한문 문서로 생산기관은 평리원이고 문서번호는 판결선고서 제4호이다. 평리원 재판장 이윤용이 담당한 사건이고 검사 이건호가 입회했다. 총 3쪽짜리 문서이다.

이준이 고종의 특사로 헤이그 밀사로 갔다가 자결하였다는 것은 널리 알려진 사건이다. 그리고 많이 알려져 있지 않았지만 이준은 평리원 검사로 활동한 경력이 있다. 본 사건은 평리원 검사로 재직 시 이준이 재판을 받은 판결서이다. 본 판결서에 대해 구체적으로 살펴보기 위해서는 우선 이준이 재판을 받게 된 사실관계를 먼저 파악해야 한다. 그 사실관계를 살펴보면, 1906년 10월 황태자의 재혼 가례를 맞이하여 고종이 은사령을 내렸고, 평리원 검사였던 이준은 평리원 소관 죄인 중에서 은사 대상자의 명단을 작성하는 책임을 맡았다. 법부에서 형사국장과 문서과장을 통해 법부에서 작성한 명단을 이준에게 참고하라고 전해왔다.

이준은 은사 대상자 명단 작성은 검사의 고유권한임을 강조하면서 법부안의 수용을 거절했다.[97] 이준은 을사오적을 처단하려다 체포되어 복역 중인 나인영, 오기호를 사면자 명단에 포함시키고, 정치범들을 은사대상자 명단의 첫머리에 올렸다. 하지만 법부의 직속상관이었던 형사

....

[97] 『皇城新聞』, 1907년 2월 11일, 不平則鳴(당시에는 사면 대상자를 작성하는 책임이 검사에게 있었던 것으로 보인다. 현행 헌법에서 사면권은 대통령의 고유권한이다. (헌법 제79조 ①대통령은 법률이 정하는 바에 의하여 사면, 감형 또는 복권을 명할 수 있다). 그렇다고 대통령이 임의로 사면을 행사하지는 못한다. 먼저 대통령이 일반사면을 하기 위해서는 먼저 국무회의의 심의를 거쳐(헌법 제89조 제3호 및 동조 제9호), 국회의 동의를 받은 다음(헌법 제79조 제2항), 대통령령으로써 행하여야만 한다(사면법 제8조 제1항). 대통령령으로서 공포된 일반사면은 범죄의 종류를 정하여 해당 범죄를 범한 모든 자에 대하여 행하는 것으로서, 형의 선고의 효력이 상실되며 형의 선고를 받지 않은 자에 대하여는 공소권이 상실된다.
다음으로 대통령이 특별사면을 하기 위해서는 먼저 법무부장관의 상신이 있어야 하는데(사면법 제10조 제1항), 상신 전에 사면심사위원회의 심사를 '반드시' 거쳐야 한다(사면법 제10조 제2항). 사면심사위원회제도는 제1차 개정 사면법 제10조의 2에서 법무부장관의 특별사면 등의 상신이 적정하게 이루어질 수 있도록 심사 · 자문함을 목적으로 법무부장관 소속으로 신설된 것이다(사면법 제10조의 2 제1항, 사면법 시행규칙 제2조). 한편 형의 집행을 지휘한 검찰청의 검찰관과 수형자의 재감하는 형무소장이 특별사면을 제청코자 하는 때에는 사유를 갖추어 검찰총장에게 보고할 수 있고(사면법 제12조 제1항), 검찰총장은 직권, 형의 집행을 지휘한 검찰청검찰관의 보고 또는 수형자가 재감하는 형무소장의 보고에 의하여 법무부장관에게 특별사면의 상신을 할 것을 신청할 수 있다(사면법 제11조). 이러한 일련의 과정을 거쳐 법무부장관의 상신이 있게 되면, 국무회의의 심의를 거쳐(헌법 제89조 제9호), 대통령이 결정하는 절차를 거친다. 즉 사면심사위원회를 비롯한 여러 기관의 실무적 절차를 통해 사면자 명단이 작성 되는 지 검사 개인의 직권으로 이루어지는 일은 아니다.

국장 김낙헌은 이준이 작성한 명단은 그대로 올리지 않고 다른 중죄인을 명단에 넣어 고종에게 보고했다.[98]

이준은 이를 시정하라고 요청했지만 거절되자, 1907년 법부형사국장 김낙헌을 고소하고 나아가 법무대신까지 고소하였다. 법부는 하관이 상관을 고소한 죄로 이준을 체포하여 심판하라는 통첩을 평리원에 보내어 이준을 체포하였다. 이준의 체포사실이 알려지자 자강회원을 비롯한 인민들이 평리원으로 몰려와 이준의 석방을 요구하였고 이준은 3일만에 일시 보석의 형식으로 석방되었다.

그러자 법부는 2월 20일 상관을 고소한 죄로 이준을 체포하여 심판하라는 통첩을 평리원에 보냈다.[99] 이준 검사는 항명죄로 구속되어 법정

98) 최기영, 「한말 이준의 정치 계몽활동과 민족운동」, 『한국독립운동사연구』 29, 2007, 467~469쪽.
99) 이 같은 행위의 부당함은 『제국신문』, 1907년 2월 21일 논설에 잘 나타난다.
법부와 리쥰씨의관계
평리원검스 리쥰씨가 법부에 긔소ᄒᆞᆫ스실과 또평리원에서 리쥰씨를 구라ᄒᆞ야 뢰슈ᄒᆞᆫ일은 다아ᄂᆞᆫ바어니와그스건에딕ᄒᆞ야ᄂᆞᆫ리쥰씨긔인이나 법부대신이나 형스국장에 딕ᄒᆞᆫ관계가안이오 진실노젼국인민의 싱명진산의관계오 또우리대한 젼국법률에 딕ᄒᆞᆫ스건이니 그일을 심상히리쥰씨의 긔인의일노만 싱각ᄒᆞᆯ바안이로다 리쥰씨의 거조로말ᄒᆞ건딕 당쵸에쳥원흔근인이 일호도 즈긔긔인신분에 관계한일이안이오 또그 샤면에방송되지못ᄒᆞᆯ자와 수졍이잇다거나 쳥쵹이잇셔 긔소ᄒᆞᆫ것도 안이오 다만 법률은 나라에 공동ᄒᆞ거시오 젼국 인민의 싱명진산의 관계되야 법률이 공평ᄒᆞ면 나라의문명을 긔약ᄒᆞᆯ 거시오 법률이 공평치못ᄒᆞ면 무고ᄒᆞᆫ싱령이 법을굽히ᄂᆞᆫ 탐학관리의손에 어육을면치못ᄒᆞᆯ것을 싱각ᄒᆞ야즈긔벼살을 보젼치못ᄒᆞ고 즈긔일신을 희싱에공ᄒᆞ더릭도 그어히 법을굽히ᄂᆞᆫ자로 ᄒᆞ야금 경쳑케ᄒᆞ고져훔은 길가ᄂᆞᆫ사롬들도 짐작ᄒᆞᆯ바오
또법부에셔 쳐수ᄒᆞᆫ스실을 대강탐문흔즉 당초에 리쥰씨가 공소장을밧친후에 공론이 불일ᄒᆞ야 쳥원셔면밧을터이로딕 공쇼장은 밧을리유가업다훔으로 다시쳥원셔로써 밧쳣더니 홀디에형수과장이 평리원에통텹ᄒᆞ기를 검수리쥰의 공소가심히무리ᄒᆞ기로퇴각케ᄒᆞ얏더니다시들어온쳥원셔의가 또한 먼져명ᄒᆞ던스실과갓흔고로 졉슈ᄒᆞᆯ슈업셔 퇴각ᄒᆞ거니와 리쥰은 하등관리로셔 상부관원을탄ᄒᆞᆨ흔률이 잇다흔지라 리쥰씨가 그 스실을알고 그쳥원셔를가지고 법부 대신을방견ᄒᆞ고 그퇴각흔스유를 질문흔딕 법부대신은 과연몰낫노라ᄒᆞᄂᆞᆫ지라 리쥰씨가 또질문ᄒᆞ기를 그러면 대신도몰으게 언으관원이 즈의로남의소장을 퇴각ᄒᆞ난쟈 잇스리오 그관원은당장 징계ᄒᆞ난거

에 서게 되었다. 이준의 체포 사실이 알려지자 대한자강회, 서북흥학회, 국민교육회 등이 이준의 석방을 요구하였다.[100] 3월 2일 평리원은 이준을 재판정에 인치하고 고문경찰과 일본헌병의 삼엄한 경계 속에서 재판을 개정하였다. 평리원은 이준에게 하관이 상관을 고소하고, 문서과장 이종협이 보내온 공문을 파괴한 것도 상사의 지시를 어겨 격례가 아니므로, 이준의 행위는 월권한 것이라고 하여 『형법대전』 제279조와 동법 제418조, 동법 제129조에 근거하여 태 100에 처하는 판결을 내렸다.

적용 법률의 내용은 아래와 같다.

第279條 自己訴冤을 除한 外에 本管官이나 吏典使役이 該上官이나 部民이
　　　 該管官을 告訴한 者는 笞一百이며 他人을 陰囑하여 發狀한 者도 同
　　　 論하되 該事案은 聽理치 아니함이라[101]
第418條 各官司의 印章을 棄毁한 者는 懲役終身이며 信章이나 符纖等類나
　　　 文書에는 笞一百에 處호대 因하여 囚徒나 錢糧이 錯亂함에 致한 者
　　　 는 懲役三年에 處하고 誤犯한 者는 各히三等을 減함이라[102]

시 가ᄒ다ᄒ고 무슈질변ᄒ다가 소장을그겨두고나왓더니별안간평리원에셔구라ᄒᄂᆫ 령장이리도ᄒᆫ지라 평리원에들어간즉 법부형슈과장 리종협씨의통첩을인ᄒᄒᆞ야 슈반 검슈 리건호씨가리쥰씨를잡아니야 감옥셔로하슈ᄒᄒᆞ라ᄒᆞ거늘 리쥰씨가 무슈론변ᄒ 며감옥셔로갈니유가업다ᄒᆞ고극히반항ᄒ다가필경평리원에가두엇다ᄒ니그소실은 풍셜노들은바어니와 평리원에셔ᄂᆫ형법대져즁 아레관원이 상관에게 ᄃᆡᄒᄒᆞ야 주긔에 계상관업ᄂᆫ일을 긔소ᄒ면 팅일빅에쳐ᄒᆫ다ᄂᆫ률문에 빗쵸여 쳐단ᄒ다ᄂᆫ지라 필경 리쥰씨ᄂᆫ 팅일빅에 면관될거슨 명ᄒ슈업ᄂᆫ바어니와 대뎌 리쥰씨의 공소ᄒᆫ 슌셔의 잘되고 못된것과 리쥰씨의 죠률 면관ᄒᄂᆫ여부ᄂᆫ 셰상사ᄅᆞᆷ의 관계ᄒᆯ바안이로ᄃᆡ 당쵸에 이문뎨가 어ᄃᆡ셔 인연ᄒᄒᆞ야싱겻나냐ᄒᆞ면 법률을공평이쓰지안엇다ᄂᆫᄃᆡ셔 싱겻 스니 그 일에ᄃᆡᄒᆞ야 젼국에큰관계라고 안을슈업나니 일반관민은 이일에 쥬의ᄒ지 안을슈업고 ᄯᅩ한 법부관니들도 법학리치의 엇더ᄒᆫ거슬 김히연구ᄒᆞ야 리쥰씨거죠의 엇더ᄒᆫ거슨 엇더케 죠쳐ᄒᆞ던지 리씨의 긔소ᄒᆫ 원인은 명빅ᄒᆞ도록 젼국인민에게 알 녀쥬ᄂᆫ거시 가ᄒ도다

100) 『제국신문』, 1907.2.20, 「잡보」.
101) 『한말근대법령자료집』 4, 166쪽.
102) 『한말근대법령자료집』 4, 187쪽.

第129條 二罪 以上이 同時에 俱發된 境遇에는 其重한 者를 從하여 處斷하고
其各等한 者는 從一科斷함이라[103]

이준은 재판에 앞서 공판정에서 기독교도로서 기도를 올리기도 하였
고,[104] 하관이 상관을 기소하는 법률이 어디있느냐라는 재판장의 질문
에 형법대전의 관련조항을 보여주며 항변하였다고 한다. 항변 시 이준
은 『형법대전』 511조를 거론했다고 한다.[105]

『형법대전』 511조의 내용은 '鬪鬩하여 人을 毆打한 者는 左開에 依하
여 處하고 第173條 三項에依하여 治療費를 追徵하여 病者에게 給付함이
라'[106]

一 手足으로毆人하여 不成傷한 者는 笞三十이며 成傷한 者는 笞五十

二 鐵石或杆捧等物로 毆人하여 不成傷한 者는 笞五十이며 成傷한 者는 笞
六十

三 穢物로人의 頭面을 汚한 者는 笞一百이며 口鼻內에 灌人한 者는 禁獄
一個月

四 湯火나 銅鐵汁으로 人을 傷한 者는 禁獄一個月

五 金刃이나 砲丸으로 人을 傷한 者는 懲役二年

六 鬚髮方寸以上을 拔한 者는 笞七十이며 血이耳目中으로 出하고나 內損
하여 吐血에 至한 者는 禁獄二個月

七 一齒或手足의 一指를 折하거나 耳鼻를 抉하거나 骨을 破한 者는 禁獄

....

103) 『한말근대법령자료집』 4, 146쪽.
104) "이준은 이천만 동포를 대신하여 오늘 우리나라의 왕법(王法)을 옹호하여 변명하고
자 하오니 거룩하신 하느님께서는 하감조림하사 우리나라의 왕법이 바로 서게 해
주시며 동시에 우리창생들이 왕법을 믿고 살수 있게 하여 주시옵소서, 예수 그리
스도의 이름을 간절히 비나이다." 유자후, 『이준선생전』, 247쪽.
105) 유자후, 『이준선생전』, 248쪽.
106) 『한말근대법령자료집』 4, 201~202쪽.

五個月

八 一目을 眇하거나 二齒或二指以上을 折하거나 髮을 髠한 者는 懲役一年

九 肋을 折하거나 兩目을 官케하거나 耳鼻를 割한 者는 懲役 七年

十 肢體를 折跌하거나 一目을 瞎한 者는 懲役十年

十一 兩肢를 折하거나 兩目을 瞎하거나 身體의 二事以上을 損하거나 舌을
斷하거나 男子에 陽物이나 婦女에 陰戶를 毁敗하거나 因하여 難治疾
病에 致케한 者는 懲役終身

『형법대전』 511조는 위에서 기재한 바와 같이 '투구상인(鬪毆傷人)' 즉, 요즘의 상해죄나 폭행죄에 해당하는 내용이다. 따라서 하관이 상관을 기소한다던가, 아니면 이준이 처한 상황에 적용될 만한 조항이 아닌 것이다. 오히려 1895년 4월 법부령 제2호 '검사직제(檢事職制)' 제7조 '검사는 관리의 부정부당한 소위가 유함을 발견한 시에는 증거를 수집하여 관리징계처분을 구하고 또 공소를 제기함이 가하다'[107]는 규정이 더 타당할 것으로 보인다.

이준은 판결에 불복하여 판사가 법률에 어두움을 비판하였으나, 일본 경찰에 의해 감옥에 구금되었다. 이준이 이끌던 법안연구회 등에서 법부대신 이하영에게 사직권고문을 보내는 등 여론이 비등하던 상황에서, 고종은 이준의 형을 태 70으로 감하라는 칙명을 내렸다. 태 100이면 당연 면관이지만, 고종이 특명으로 면관을 막아준 것이다. 하지만 이준은 여기에서 물러서지 않았다. 3월 16일 의정부 참정대신 박제순에게 법부대신과 평리원재판장 이하 관리와 법관들을 모두 면직하고 벌을 줄 것을 청원한 것이다. 물론 을사오적 중의 한 명이었던 박제순이 이와 같은 청원을 받아 줄 리가 만무하였다.

----

107) 『한말근대법령자료집』 1, 346쪽.

이준은 청원서에서 "검사는 국가의 대표가 되어 형법상 독립의 권한을 가지며 공소제기의 권한"을 가진다는 언급에서 신식법학을 배운 이준의 지식이 드러나고 있다. 법부형사국장 김낙헌은 이준과 같이 법관양성소를 제1회로 졸업한 자이다. 그는 줄곧 법부와 평리원, 기타 관직을 오가며 고종을 측근에서 보좌하였던 인물이다. 이 청원서에 이준은 법부대신 이하영, 형사국장 김낙헌, 평리원의 검사와 판사들을, 허위로 주본을 올린 죄(奏報違錯), 고의로 사람의 죄를 더하고 뺀 죄(故出入人罪), 법을 굽힌 죄와 그것을 촉탁한 죄(枉法), 월권의 죄로 규탄하고 있다. 평리원은 이준에게 '하관이 상관을 고소하고 문서과장 이종협이 공문을 파괴한 것도 상사의 지시를 어겨 격례가 아니므로 이준의 행위는 월권한 것'이라고 하며 유죄로 인정되었으나, 고종의 칙명으로 인해 면관되지는 않고 다시 평리원 검사로 출근하게 되었다. 이준의 위 사례에서 검사는 형법상 독립한 권한을 가지며 공소 제기의 권한을 가진다는 것을 확인할 수 있다.

이 사례에서 이준은 강단 있는 검사의 전형을 보여주며 을사오적을 제거하려 시도한 나인영, 오기호를 비롯해 여러 정치범들을 석방하려고 시도하는 모습을 보여 준다. 하지만 의병관련 사건에 검사로서 관여한 이준은 여느 검사와 다름없는 모습을 보여주고 있다.

예를 들면, 홍주의병에 가담했던 김상덕과 최상하 사건에 평리원 검사 이준은 다른 검사인 인건호, 정석규와 함께 입회했다. 결국 김상덕, 최상하는 각각 유배 10년과 유배 5년형에 처해졌다.[108] 이사성, 이한구, 이춘경 의병관련 사건에서도 이들은 각각 유배 10년형에 처해졌다.[109]

....

108) 국가기록원 관리번호 CJA-0000021-0020, 최상하 외 1인 판결선고서.
109) 국가기록원 관리번호 CJA-0000021-0027, 이사성 외 2인 판결선고서.

이순신 장군의 후손으로 홍주의병에 가담한 이세영 사건도 이준 검사의 담당 사건이었다. 이세영은 종신유배에 처해졌다.[110] 박양래와 전덕원의 의병사건에서도 피고들은 각각 유배 15년에 처해졌다.[111] 이준이 검사로 참여한 의병사건에서 피고들은 유형을 언도받는 경우가 많이 나타난다. 일반적으로 형벌의 강도는 사형＞유형＞역형 순서이다.[112] 이는 일반적인 다른 검사들과 큰 차이가 없는 모습니다. 일반적으로 의병 전쟁의 가담자들은 주범이 아닌 경우 형이 감해져 대부분 징역형이나 유형을 언도받았다.

....

110) 국가기록원 관리번호 CJA-0000021-0028, 이세영 판결선고서.
111) 국가기록원 관리번호 CJA-0000021-0031, 박양래 외 1인 판결선고서.
112) 유성준, 『법학통론』, 형벌편.

6

아편연 흡연 및 판매사건

1) 황○○ 판결선고서(1908.02.02. 경기재판소)

판결 선고서, 경기도 개성군 술장사(酒商) 황○○ 39세

피고 황○○이 아편연 연흡한 안건을 검사 공소에 의하여 심리하였다. 피고 황○○은 본년 음력 정월분에 아편을 흡연하고 중간에 단연하다 동년 본월 초8일에 타인의 기계를 차득하여 아편을 흡연하다 현장에서 피착하였으니 자신이 범한 죄에 더 이상 할 말이 없는지라 그 사안은 피고 供述에 証하여 명백한지라 피고 황○○을 형법대전 제659조에 의해 징역 3년에 처하고 압수한 아편기계는 제118조에 의해 沒入하노라 피고는 이 선고에 대하여 5일 이내에 신소할 수 있다. 융희 2년(1908) 2월 1일 경기재판소 판사 이규환, 주사 이재홍, 검사 이종혁 입회.

해 제

본 문서는 국가기록원에 소장 중인 통감부기 형사사건 판결문으로 관리번호는 CJA0000319-0007이다. 경기재판소에서 담당한 사건이고 문서번호는 기재되어 있지 않다. 담당판사는 경기재판소 소속의 이규환이고 검사 이종혁이 입회했다.

사실관계를 검토해 보면, 개성군에 거주하는 상인 황○○이 아편을 흡연하다 피착되어 징역 3년에 처해졌고 아편을 흡연하는 기계는 압수되었으며 5개월 내에 신소가 가능하도록 판결한 판결문이다. 『형법대전』 제659조 "鴉片烟을 輸入이나 製造나 販賣나 耽吸한 者는 幷히 懲役十五年에 處하고 吸烟諸具를 輸入이나製造나販賣한 者는 一等을 減하고 私

貯한 者는 二等을 減함"이라는 조문이 적용되었다. 그리고 동법 118조 "沒入은 一般犯罪에 關한 物件을 幷히 官에沒入함"에 의해 아편기계는 압수되었다.

황○○은 아편연을 수입, 판매하지는 않았지만 아편을 흡연했기 때문에 처벌을 받았다. 여기서 한 가지 의문스러운 점은 아편연은 수입 판매하거나 탐흡(耽吸)한 자는 징역 15년에 처해야 함에도 황○○은 징역 3년에 불과한 형을 언도받은 사실이다. 재판부는 659조를 적용하여 판결하면서도 감형 사유에 대해서는 밝히지 않고 있다.

아편 소지 혐의에 대한 초창기 처벌은 1848년 연행사절단으로 중국에 다녀온 화원 박희영(朴禧英)의 사례이다. 박희영 아편흡연도구 소지 혐의로 처벌을 받아[113] 사형을 언도받았다고 추자도에 유배가도록 감형받았다.[114] 이처럼 조선 정부는 초기부터 강력하게 아편이 도입되는 것을 막고자 하였다.

하지만 이 같은 조선정부의 노력에도 아편 유입을 차단한다는 것은 쉬운 일이 아니었다. 특히 1882년 조선과 청 사이에 '조청상민수륙무역장정'이 체결되면서 아편은 확산되기 시작했고 특히 한성에서 아편은 상당한 사회문제화 되고 있었다. 한성부 내에 아편을 판매하는 곳이 4,300여 곳 이상이었고 그곳에서 판매되는 아편의 양은 무려 30,000명 이상이 흡연할 수 있는 양이었다.[115]

당시 아편 흡연의 원인은 대체로 3가지로 정리할 수 있다. 음탕한 무

---

113) 박희영에 대한 처벌 논의는 아래의 기사들을 참조할 것.
『비변사등록』 헌종 14년 3월(1848년 3월 26일); 『비변사등록』 헌종 14년 4월(1848년 4월 29일); 『비변사등록』 헌종 14년 3월(1848년 3월 26일).
114) 『헌종실록』 헌종 14년 5월 9일(1848년 5월 9일).
115) 박강, 「개항기(1876~1910) 조선의 아편소비와 확산」, 『한국민족운동사연구』 76, 2014, 9쪽.

리들의 쾌락, 잘못된 의사 처방, 그리고 선약으로 오인하여 흡연하다 중독된 경우이다. 아편흡연이 사회적으로 만연했던 청국의 경우 아편은 질병치료와 관계가 깊었다. 특히 하층민의 경우 의식주에 대한 위생관념이 희박하고 위생설비 등의 혜택도 극히 부족하여 대개 아편을 만병통치약으로 여겼다. 이는 조선에서도 마찬가지였다. 일반 백성들의 경우 아편의 효능을 잘못 인식하고 있었기 때문에 급속히 확산될 수 있었다.

아편에 관한 죄는 중국, 일본, 한국에서만 형법에 규정되어 있다. 이는 아편전쟁 이후 아편이 큰 사회 문제로 제기 되었기 때문이다. 이에 반해 독일, 프랑스, 오스트리아 등의 유럽 각국이나 미국에서는 형법에서 아편에 관한 죄를 규정하지 않고 특별법에 의해 규정하고 있다.[116)

현행 형법에서도 아편을 금지하고 있다. 아편은 흡연하는 행위는 공중의 보건에 대한 죄에서 다루고 있다.[117)] 아편에 관한 죄는 강력한 중독성을 가진 아편을 흡식하거나 아편 또는 아편흡식 기구를 제조, 수입, 판매는 물론 소지하는 것을 내용으로 하는 범죄이다. 아편은 한번 중독되면 건강을 잃음은 물론이고 정신마비뿐만 아니라 이로 인해 시민의 건전한 생활을 퇴폐시켜 각종 범죄의 원인을 제공하기도 한다. 따라서 아편에 관한 죄는 시민들의 안전한 생활과 퇴폐방지를 위해 규정된 범죄라 할 수 있다. 따라서 아편에 관한 죄는 '공중의 건강'을 보호 법익으로 하고 있다.

116) 마약이 사회에 미치는 해악과 위험성으로 이해 이를 단속하기 위한 국내적, 국제적 노력이 필요하다는 점에는 의문의 여지가 없다. 하지만 아편에 관한 죄는 형법에 의하여 처벌해야 할 불법인가에 의구심이 들 정도로 행정단속적 성격이 강한 법규이다. 뿐만 아니라 아편 이외에도 마약을 비롯해 각종 향정신성 의약품이 격증하는 상황에서 아편에 관한 죄만 형법에 규정한다는 것은 시대 착오적일 수 있다. 따라서 이미 형법에 규정된 마약에 관한 죄가 무의미하므로 아편에 관한 죄는 마약 등에 대한 특별법에 맡기고 형법에서는 삭제함이 옳다는 주장도 있다(이재상, 『형법각론』, 628쪽).

117) 『형법대전』 체제에서도 659조 아편관련 조항은 위생방해율(衛生妨害律)의 범주에 포함되어 있다.

상고의 취지는 피고는 경성공소원에서 아편판매죄로 징역 3년의 판결을 받았다. 그러나 그 판결을 전부 불복한다고 전함이 있었다. 이에 의해 원판결을 심문한즉 원심은 적법의 증거에 의해서 피고가 융희 2년 음 2월분에 인천항 평동 청국인에게 아편 4포(包)를 매득하여 7봉(封)으로 분작하던 중에 2봉의 아편을 음력 5월頃에 그 자가에서 성명을 알 수 없는 자에게 백동화 3분(分)을 받고 판매한 사실이 있다. 법원은 이 사실을 인정하였고 그 소위는 형법대전 659조에 의해 징역 3년에 처하고 압수물은 동법 60조, 118조에 의하여 몰입함이 可하다고 판시하였다. 이 판결은 상당한 법령에 위배됨이 없기 때문에 그 상고의 이유가 없다.

이상의 이유로 본원은 민형소송규칙 제42조 제33조에 의해 주문과 같이 판결한다.

해 제

본 문서는 국가기록원 관리번호 CJA-0000320-0116으로 아편을 판매한 박태홍의 판결문이다. 경성공소원에서 생산한 문서이고 담당 재판장은 대심원 형사부 판사 와타나베 토오루(渡邊暢)이다. 원심에서 징역 3년을 언도받자 불복하고 항소한 사건이다.

사실관계를 살펴보면 경기도 강화군 실도에 거주하는 재봉상 박태홍이 인천항 평동에서 청국인에게 아편을 4포 샀다. 박태홍은 이 4포의 아편을 7봉으로 나누어 담고 그중 2봉을 자신의 집에서 이름을 알 수 없는 사람에게 백동화 3분에 판매하였다. 원심법원은 이 같은 사실을 확인하고 『형법대전』 659조를 적용하여 징역 3년에 처하고 동법 60조와 118조에 의해 압수물은 몰입하였다.

659조는 "鴉片烟을 輸入이나 製造나 販賣나 耽吸한 者는 幷히 懲役十五年에 處하고 吸烟諸具를 輸入이나 製造나 販賣한 者는 一等을 減하고 私貯한 者는 二等을 減함이라"고 규정하고 있다. 따라서 박태홍은 징역 15년형에 처해질 상황이었음에도 훨씬 줄어든 형량인 3년형을 언도받은 것을 확인할 수 있다.

아편의 폐해는 널리 알려져 있었기 때문에 조선 정부는 이를 통제하고자 노력했다. 따라서 경무청에서 내부 훈령으로 아편연을 엄금했다.[118] 그럼에도 불구하고 당시 아편에 중독된 사람들이 많았던 것으로 보인다. 아편연을 금하는 약을 판매하는 광고가 신문에 등장하기도 했다.[119] 아편은 청국인들과 관계가 깊었다. 청국인들은 지위고하를 막론하고 아편을 즐겼던 것으로 보인다. 『제국신문』의 보도에서 이를 확인할 수 있다. "공동황단 근쳐에 잇눈청인 왕모가 그젼 원셰기에 셔긔로 잇던 사룸인되 그위인이 졈쟌코 유식흔 고로 한어학도 네사룸이 미월에 이원식을 쥬고 ᄉᄉ로이 말을 빅호고 또 일인 흔사룸도 와셔 공부ᄒ더니 월젼에 일인슌샤가 그일인을 잡어가미 막지기고러니 일젼에 또 별슌검이 왓눈되 그 ᄉ건은 그왕씨가 아편연을 먹눈고로 말빅호눈 사룸들도 아편을 먹눈다ᄒ야 일본 슌샤와 우리나라 슌검이 그리ᄒ눈지라 ᄉ인이다 션급 이원식만 공비ᄒ엿다더라" 원세개의 서기인 점잖고 유식한 왕씨마저도 아편에 중독된 상태였다.

118) 『제국신문』, 1898.8.10, 「잡보」.
119) 『제국신문』, 1898.9.24, "아편연 금ᄒ눈 약과 상품 금계랍을 졍동대궐문 밧게 덕국 사룸의 가가에셔ᄑ오니 와셔 사가시오 (칼나스키 상점)"

특히 조청상민수륙무역장정 이후 조선에 입국한 청국인들은 한성 및 인천에서 상업활동에 종사했다. 따라서 이 지역에 아편을 흡연하는 청국인의 수가 많았고 아편의 유입이 증가할 수 있는 환경이 조성되었다.[120] 본 사건의 피고 박태홍도 인천항에서 청국인을 통해 아편을 입수하고 유통하였다. 박태홍은 입수한 아편을 1봉씩 소포장화 하여 백동화 3분 가격으로 판매했다. 1봉의 정확한 양은 알기 어렵기 때문에 당시 아편의 정확한 유통가격을 알 수 없다. 하지만 이 판결문은 당시 아편을 유통 시킬 때 봉 단위로 묶어서 판매하는 관행이 있었고 1봉은 3원이라는 가격을 알려주는 자료이기도 하다.

---

120) 이상 아편과 청국상인과의 자세한 관련성은 박강, 「개항기(1876~1910) 조선의 아편 확산과 청국상인」, 『한국민족운동사연구』 80을 참고할 것.

7

도박사건

1) 이○○ 판결서(1908.08.19. 隆熙2年 刑公第16號, 경성구재판소)

한성 중부 사동 무직 이○○, 도박피고사건에 대해 판결함이 다음과 같다.

피고 이○○를 태형 100대에 처하노라, 피고는 융희 2년 음력 6월 하순에 경성 중부 대사동에 사는 미국인 ○○○집에서 금전을 걸고 승패를 다투는 행위를 했다. 이 사실은 피고가 자백 및 중부경찰서에서 작성한 피고의 진술 청취서에 명확함이 있다.

해 제

본 문서는 국가기록원에 소장중인 관리번호 CJA000318-0014 문서이다. 담당판사는 경성구재판소 판사 하나다긴타로(花田銀太郎)이다. 이 건의 피고 이○○는 한성 중부 대사동에 있는 미국인 ○○○의 집에서 금전을 걸고 승패를 다투는 도박을 하다가 피착되었다. 재판부는 이 행위에 대해 『형법대전』 672조를 적용하였다.[121] 672조는 도박율로 "財物

---

[121] 第595條 踰墻穿穴或潛形隱面이나人의不見흠을因 ᄒ야財物을竊取ᄒ者ᄂ其入已ᄒ 贓을通算ᄒ야首從을不分ᄒ고左衣에依ᄒ야處호ᄃᆡ未得財ᄒ者ᄂ禁獄三個月에處홈이라
　　十兩以下 禁獄六個月
　　十兩以上五十兩未滿 七個月
　　五十兩以上百兩未滿 八個月　百兩以上二百兩未滿 九個月
　　二百兩以上三百兩未滿 十個月　三百兩以上四百兩未滿 懲役一年
　　四百兩以上五百兩未滿 一年半　五百兩以上六百兩未滿 二年
　　六百兩以上七百兩未滿 二年半　七百兩以上八百兩未滿 三年
　　八百兩以上九百兩未滿 五年　九百兩以上千兩未滿 七年

로 賭博한 자는 笞100에 處함"이다. 이에 따라 이성녀는 태 100을 언도
받았다.

원래 『형법대전』 제672조는 "賭技로 財物을 騙取한 者는 現贓만 并하
여 第五百九十五條 竊盜律에 準하여 科斷함이라" 하여 595조는 절도율
(竊盜律)에 의해 처벌 받았다.[122] 하지만 1908년 『형법대전』이 개정되면
서 처벌이 완화되었다.

千兩以上千一百兩未滿 十年 千一百兩以上千二百兩未滿 十五年 千二百兩以上
終身 즉, 도박을 할 경우 금액에 따라 종신형까지 적용이 가능했다.

[122] 원래 『형법대전』 第672條는 "賭技로 財物을 騙取한 者는 現贓만 并하여 第五百九
十五條 竊盜律에 準하여 科斷함이라" 하여 595조는 절도율(竊盜律)에 의해 처벌 받
았다. 하지만 1908년 『형법대전』이 개정되면서 처벌이 완화되었다. 595조의 내용은
아래와 같다.

第595條 踰墻穿穴或潛形隱面이나 人의 不見흠을 因 흐야 財物를 竊取흔 者는 其入已흔
贓을 通算흐야 首從을 不分흐고 左衣에 依흐야 處호되 未得財흔 者는 禁獄三個
月에 處흠이라

十兩以下 禁獄六個月
十兩以上五十兩未滿 七個月
五十兩以上百兩未滿 八個月　百兩以上二百兩未滿 九個月
二百兩以上三百兩未滿 十個月　三百兩以上四百兩未滿 懲役一年
四百兩以上五百兩未滿 一年半　五百兩以上六百兩未滿 二年
六百兩以上七百兩未滿 二年半　七百兩以上八百兩未滿 三年
八百兩以上九百兩未滿 五年　九百兩以上千兩未滿 七年
千兩以上千一百兩未滿 十年　千一百兩以上千二百兩未滿 十五年　千二百兩以上
終身

즉, 도박을 할 경우 금액에 따라 종신형까지 적용이 가능했다.

2) 이◇◇ 판결서(1908.08.22. 경성구재판소)

한성 중부 니동(泥洞) 무직 이◇◇, 위의 도박피고사건에 대하여 검사가 간여하여 판결함이 다음과 같다.

주문 :
피고 이◇◇을 笞 100에 처함

사실 및 이유:
피고는 제1 융희 원년 11월 20일에 金 30원을 가지고 중부 대사동 미국인 ○○○집에 머무르며 도기(賭技)를 했다. 제2 금년 12월 상순 金 35원을 가지고 다시 ○○○집에가 도기(賭技)를 행하였다.

해 제

본 문서는 국가기록원에 소장중인 관리번호 CJA000318-0028 문서이다. 경성구재판소 관할 사건이었다. 피고는 35세 무직의 이◇◇이었다. 담당판사는 경성구재판소 판사 박제선이다. CJA000318-0014 사건과 별개의 사건처럼 보이나 같은 사건에서 시작하였다. 관계는 간단하다. CJA000318-0014 사건의 피고 이○○는 한성 중부 대사동에 있는 미국인 ○○○의 집에서 금전을 걸고 승패를 다투는 도박을 하다가 피착되었다. 이◇◇은 이○○와 같은 장소, 즉 한성 중부 대사동의 미국인 ○○○집에서 도박을 하다 체포되었다. 차이가 있다면 이◇◇은 판돈 30원으로 한번, 35원으로 한번 총 2번 클럽햄집에서 도박을 하다 체포된 점이다.

재판부는 이들의 행위에 대해 『형법대전』 672조를 적용하였다.[123] 672조는 도박율로 "財物로 賭博한 자는 笞 100에 處함"이다. 이에 따라 이◇◇은 672조에 의해 형을 언도받은 후 동법 129조[124]에 의해 태 100에 처해졌다.

원래 『형법대전』 제672조는 "賭技로 財物을 騙取한 者는 現贓만 幷하여 第五百九十五條 竊盜律에 準하여 科斷함이라" 하여 595조는 절도율(竊盜律)에 의해 처벌 받았다.[125] 하지만 1908년 『형법대전』이 개정되면

---

123) 第595條 踰墻穿穴或潛形隱面이나人의不見홈을因 ᄒ야財物을竊取ᄒ온者ᄂ其入已ᄒ온贓을通算ᄒ야首從을不分ᄒ고左衣에依ᄒ야處호디未得財ᄒ온者ᄂ禁獄三個月에處홈이라

　十兩以下 禁獄六個月

　十兩以上五十兩未滿 七個月

　五十兩以上百兩未滿 八個月　百兩以上二百兩未滿 九個月

　二百兩以上三百兩未滿 十個月　三百兩以上四百兩未滿 懲役一年

　四百兩以上五百兩未滿 一年半　五百兩以上六百兩未滿 二年

　六百兩以上七百兩未滿 二年半　七百兩以上八百兩未滿 三年

　八百兩以上九百兩未滿 五年　九百兩以上千兩未滿 七年

　千兩以上千一百兩未滿 十年　千一百兩以上千二百兩未滿 十五年　千二百兩以上終身 즉, 도박을 할 경우 금액에 따라 종신형까지 적용이 가능했다.

124) 第129條 二罪以上이同時에俱發된境遇에ᄂ其重홈者를從ᄒ야處斷ᄒ고其各等홈者ᄂ從一科斷홈이라

125) 원래 『형법대전』 제672條는 "賭技로 財物을 騙取한 者는 現贓만 幷하여 第五百九十五條 竊盜律에 準하여 科斷함이라" 하여 595조는 절도율(竊盜律)에 의해 처벌 받았다. 하지만 1908년 『형법대전』이 개정되면서 처벌이 완화되었다. 595조의 내용은 아래와 같다.

第595條 踰墻穿穴或潛形隱面이나人의不見홈을因 ᄒ야財物을竊取ᄒ온者ᄂ其入已ᄒ온贓을通算ᄒ야首從을不分ᄒ고左衣에依ᄒ야處호디未得財ᄒ온者ᄂ禁獄三個月에處홈이라

　十兩以下 禁獄六個月

　十兩以上五十兩未滿 七個月

　五十兩以上百兩未滿 八個月　百兩以上二百兩未滿 九個月

　二百兩以上三百兩未滿 十個月　三百兩以上四百兩未滿 懲役一年

서 처벌이 완화되었다.

조선시대에는 『대명률』에 의해 도박을 할 경우 처벌받았다. 「대명률」의 도박(賭博) 조항에서는 '재물로 도박하는 자는 장 80에 처하고 판 위에 흩어진 재물은 관청에서 가져가고, 도박판을 열어 장소를 제공한 사람도 같은 대로 하되 현장에서 발각된 자만 검거하고, 관직이 있는 자는 한 등급을 더하여 처벌한다. 만일 음식내기를 한 것이라면 이것은 불문에 붙인다.'라고 하였다.126) 이처럼 대명률에서는 형식적일 수도 있지만 관직에 있는 자일수록 도박에 대한 형사처벌을 가중시켰다.

조선 정부는 도박이 사회문제화됨에 따라 이를 금지하고자 했다. 다음은 고종 20년(1883) 의정부에서 다음과 같이 보고하였다. "…근래에 도적들이 횡행하는 것은 대부분 일정한 직업이 없는 부랑배들이 잡기(雜技)에 빠져서 그런 것입니다. 잡기의 금지를 엄하게 살펴서 조금도 해이하지 않았다면 어떻게 강도질을 이처럼 거리낌 없이 할 수 있었겠습니까? 지금 완전히 없애는 방도는 잡기를 철저히 금지하는 것보다 먼저 할 것이 없습니다.…법을 어기는 자가 있으면 제한 없이 잡아들여 곧바로 엄히 형신(刑訊)하여 원배(遠配)하소서…"127) 즉, 의정부는 도박이 당시 강도를 비롯한 여러 사회 문제의 원인인 만큼 가중처벌 해야 한다고 인식하고 있었다.

....

四百兩以上五百兩未滿 一年半 五百兩以上六百兩未滿 二年
六百兩以上七百兩未滿 二年半 七百兩以上八百兩未滿 三年
八百兩以上九百兩未滿 五年 九百兩以上千兩未滿 七年
千兩以上千一百兩未滿 十年 千一百兩以上千二百兩未滿 十五年 千二百兩以上
終身
즉, 도박을 할 경우 금액에 따라 종신형까지 적용이 가능했다.
126) 『大明律』卷第二十六 刑律 雜犯 賭博.「凡)賭博財物者皆杖八十 攤場錢物入官 其開
張賭坊之人同罪 止據見發 爲坐 職官加一等 若賭飮食者勿論」
127) 『고종실록』20년(1883) 10월 27일.

이러한 인식은 계속 유지되고 있었다. 1904년 의정부 참정 신기선은 "잡된 노름으로 남의 재물을 속여 빼앗는 것은 나라를 다스리는 데서 크게 금지해야 하는 것입니다. 비록 항간의 보통 사람들이 재물을 대고 도박판을 벌이더라도 반드시 나타나는 대로 철저히 금지하고 중한 자에게 도적을 다스리는 법조문을 시행하는 것은 대개 풍속을 순후하게 만들고 백성들의 재산을 보호하려는 것입니다. 요즘 듣건대 칙임관(勅任官)이나 지위가 높은 관리들도 모여서 도박을 하는 경우가 많다고 합니다. 한판에 짐바리가 왔다 갔다 하여 거금의 재물을 잃곤 합니다. 혹 으슥한 곳으로 불러서 암암리에 도박군의 소굴을 만들어놓고, 혹 외채(外債)를 모집하는 것을 노름 마지막 밑천처럼 여깁니다. 노름으로 남의 재물을 빼앗는 버릇이 녹림(綠林)과 같아 부유하던 가산을 하루아침에 털리고도 부끄러움도 없고 후회도 모르고 갈수록 도박에 깊이 빠져 들어가는데 뻔뻔스럽고 멍청한 꼴이 마치 귀신에게 홀린 것 같습니다. 조정의 체면을 손상시키고 외국인에게 모욕을 당하며 재산을 탕진하고 민심을 어지럽히는 것이 이미 말할 수 없을 정도로 극히 해괴하건만 사법 관리들은 위세에 눌려 감히 어쩌지 못하니 나라에서 장차 법을 어떻게 시행하며 백성들이 금하는 것이 있다는 것을 어떻게 알겠습니까? 속히 법부(法部), 경위원(警衛院), 경무청(警務廳)으로 하여금 방도를 세워 기찰하되 칙임관(勅任官) 이하는 발견되는 즉시 주달하고 잡아다 중한 법조문을 시행하며 몰수한 노름돈은 많고 적음을 막론하고 체포한 해당 법리(法吏)에게 일일이 상으로 주어서 고무하는 수단으로 삼는 것이 어떻겠습니까?"라며 도박을 엄히 다스릴 것을 요구했다. 이처럼 도박을 큰 사회문제로 인식하고 이를 개선하고자 하였음에도 도박에 대한 처벌은 완화되어 가고 있었다.

본 사건에서 도박이 행해진 장소인 미국인 클랩햄의 집은 이성녀, 이

의석 외에 2인이 만든 도박장으로 보인다. 『대한매일신보』 1908년 8월 12일 기사를 보면 "日昨에 寺洞等地에서 李鍾九 李宜奭 甘翊龍 李姓女 等四人이 花套局을 設하얏는디 中部警署에서 捉去ᄒ얏다더라"고 보도 된 내용을 확인할 수 있다.[128] 본 사건의 피고인 이성녀(李姓女), 이의 석(李宜奭) 외에 이종구(李鍾九), 감익룡(甘翊龍) 등이 사동등지에 화투 국을 설치하다 중부서에 피착되었다고 보도하고 있다. 이 보도를 전제 로 판단해보면 미국인 클랩햄의 집은 이들이 설치한 화투국이었던 것으 로 보인다. 따라서 이들이 행한 도박의 종류는 '화투(花套)'였다고 볼 수 있다.

화투는 우리나라 고유의 도박이 아니고 19세기경에 일본에서 들어온 노름이다. 화투를 처음 누가 우리나라에 전파시켰는지는 알 수 없으나 일본 대마도(對馬島) 상인(商人)들이 장사차로 내왕하면서 우리나라에 퍼뜨린 것으로 추정된다.

당시 화투는 큰 사회문제로 대두되고 있었다.[129] 황현(黃玹)의 『매천 야록(梅泉野錄)』에 기술된 내용을 살펴보면, "옛날부터 경향각지에서는 투전과 골패라는 도박이 있었다. 이것은 마조(馬弔)와 강패(江牌)같은 것이다. 그러나 갑오경장 이후 도박놀이는 자연히 중지되었는데, 수년 이후 일본인들은 서울과 각 항구에 화투국(花鬪局)을 설치하여 지폐를 놓고 도박을 하면서 한판에 많은 돈을 따고 잃었으므로 미련한 신사(紳

---

128) 『대한매일신보』, 1908.8.12, 「잡보」 花局被捉.
129) 納劵保放 紅峴居李佑李承漢李鍾完諸氏기 花套局을 設ᄒ고 黃澗居成郁煥氏를 誘引 ᄒ야 虛額으로 一千五千圜을 負ᄒ고 成氏를 威脅ᄒ야 三百餘斗落畓券을 奪取ᄒ 事로 成氏의 祖父益源氏가 警視廳에 告訴홈은 前報에 已揭ᄒ얏거니와 警廳에서 該人等을 詗捉혼즉 李承漢李鍾完姜信憲三人은 逃躱ᄒ고 李佑氏만 被捉ᄒ야 該畓 券은 覔納ᄒ고 因爲保放ᄒ얏다더라(『황성신문』, 1908.3.27) 등의 신문기사에서 한 성 각처에 화투국이 개설되었음을 알 수 있다.

士)와 밑천이 적은 상인들은 파산하는 사람들이 줄을 이었고, 일본인들은 또 요술을 잘 부리어 그 기교로 사람들의 이목을 현란하게 하였으므로 도성에서는 절도가 매우 많았다.".130)고 기록되어 있다. 이 시기 도박의 확산은 외세 문물의 전파에 많은 영향을 받았다. 외세에 의하여 들어온 신종도박들이 여과를 거치지 못하고 확산되면서 사회적 위기를 낳게 되었다. 1900년을 전후로 일본에서 유입된 화투는 전통시대 도박이었던 투전과 골패를 밀어내고 우위를 점차 점하게 되었다. 일본인들은 서울과 항구 등에서 화투국이라는 전문적인 도박판을 만들고 화투를 전파하고 있을 뿐만 아니라 조선민중의 금전까지도 강탈하였다.131)

조선시대 가장 유행한 도박의 방법은 '투전(鬪牋)'이다. 원래 투전은 투기성이 강한 도박형 놀이만은 아니었다. 수투전(數鬪牋)은 문아(文雅)한 양반들이 즐기는 놀이로서 금전추구에 집착하기보다는 우열승부를 결정하는 놀이였다. 다시 말하면 수투전은 사람, 물고기, 새, 꿩, 별, 말, 노루, 토끼가 표시된 본 패와 그에 해당하는 장수(將帥)패가 있어 이를 갖고 일정한 규칙대로 우열승부를 겨루는 놀이였다. 투전은 60장, 50장, 40장, 25장으로 하는 방법이 있는데 공통적인 것은 패에는 끝 수가 표시되어 있어 이를 맞추어 승부를 결정한다. 최남선의 『조선상식』에는 투전의 놀이방식으로 돌려대기(갑오잡기), 동동이, 가구, 우동뽑기(단장대기)를 소개하고 있다. 투전장은 한 손에 쥐고 한 장씩 서서히 뽑는데, 콩기름을 잘 먹인 만큼 서서히 빠져 나온다. 노름꾼은 투전장을 한 손으로 죄어가면서 마치 엿가락을 뽑듯이 하기 때문에 투전장을 '엿방망'이라고 하기도 하고, 투전꾼을 '엿방망이꾼'이라고 하기도 한다. 노름꾼

130) 黃玹, 『梅泉野錄』 제5권, 光武 10년 丙午(1906년).
131) 유승훈, 「투전고－조선 후기 도박풍속의 일단면－」, 『민속학연구』 11, 2002, 162쪽.

은 서로 눈치를 보아가며 진득하게 죄어 내리기 때문에 '노름꾼 엿방망이 죄듯하다'는 말까지 생겨났다.[132]

　이러한 투전놀이의 방식은 화투놀이에서도 행해지고 있다. 소위 「짓고땡」이라는 것인데 끗수를 맞추어서 하는 방식이 투전과 거의 유사하다. 짓고땡은 화투놀이에서도 매우 투기성이 높은 놀이다. 매우 간단하면서도 일시에 거금의 돈을 확보할 수 있다는 도박성으로 인하여 전문적인 도박꾼에 의해서 행해진다. 투전의 도박성은 투전꾼을 노름꾼의 대명사처럼 사용되는 언어관습에서도 확인할 수 있다. 투전꾼, 투전판의 개념은 일상적인 놀이와는 달리 전문적인 노름꾼, 노름판의 의미를 지니고 있다. 이러한 의미의 배경 속에는 투전의 투기성이 강하게 작용하는 것이다.[133]

---

132) 최남선, 「風俗篇」, 『朝鮮常識』, 東明社, 1948, 84쪽.
133) 유승훈, 「투전고－조선 후기 도박풍속의 일단면－」, 157쪽.

8

강간, 간통사건

1) 권○○ 판결서(1908.11.17. 경성공소원)

겁과(劫寡) 피고사건에 대하여 융희 2년 9월 21일 공주지방재판소에서 선고한 판결을 취하여 피고의 공소 심리 의결을 기각한다. 피고(권○○)는 융희 2년 6월 12일 밤에 다른 3명과 같이 충주군 소이면 후미동 성○○의 집에 돌입하여 그 과부 김○○를 강탈하여 자기집으로 데리고 가 피고를 2일간 작배(作配) 동침하게 하여 3회 간음을 한자이다. 이 사실은 피고 및 김소사, 성정묵에 대한 충주헌병분견소의 청위서와 당시 피고의 공술 등에 근거하였다.

해 제

본 판결은 국가기록원에 소장 중인 관리번호 CJA-0000234-0053 판결문이다. 피고 권○○은 과부 김○○를 강간하고 집으로 데리고 와 이틀간 3회 간음을 했다. 이에 재판부는 법률에 비추어 본 즉 피고는『형법대전』제605조에 해당하나 용서를 빈 정상이 있음으로 동법 제125조를 적용하여 본형에 3등을 감하여 피고를 징역 7년에 처한 원판결은 상당한 이유가 있어 공소를 하고 원심대로 형을 선고했다.

『형법대전』제605조는 "有夫女나 未嫁女를 強奪하여 妻妾을 作한 者는 絞며 強奪만하고 姦淫치아니한 者는 懲役十五年에 處하되 寡婦에는 各히 一等을 減하고 親屬 或 家人의 妻妾을 作하거나 豪勢에 投獻한 者도 同論하되 男女는 不坐함이라 但 婦女를 姦占하기 前에 被奪한 家에셔 取回한 境遇에는 各히 二等을 減하되 因하여 人을 刃으로 傷이나 折傷以

上에 致한 者는 懲役終身에 處함"이라[134]고 규정하고 있다.

605조에 따르면 권○○은 김○○를 강탈하여 3회 간음했기 때문에 교형에 처해져야 한다. 하지만 김○○는 과부이므로 1등 감형이 가능했다. 따라서 교형에서 한 등급 낮은 유형 종신이나 징역 종신이 선고 돼야 할 것이다. 하지만 용서를 빈 정황으로 다시 감형 결국 징역 7년형에 처해졌다.

강간은 기본적으로 폭행이나 협박 등 외부적 강압 혹은 겁박에 의해 불법적 수단으로 부녀자를 강제로 겁탈하는 행위이다. 따라서 이는 인륜을 저버린 범죄로 어느 시대에나 범죄로 여겨졌고 따라서 매우 엄격한 형벌로 이를 통제하고자 했다.

특히 조선은 여성, 아녀자의 정절을 무엇보다 중요시하고 강조한 유교사회였다. 따라서 일반적인 폭력에 비해 강간범에 대해서는 살인죄에 버금가는 엄형으로 다스렸다. 조선시대 강간죄에 대한 처벌은『대명률』에 기초하여 처벌하였다.『대명률』에서는 강간 미수의 경우 장 100대에 유 3천리형에 처해졌고 강간의 경우 교형, 특히 근친 강간의 경우 참형에 처해지는 중범죄로 인식 되었다.[135]

나아가 강간으로 인해 피해자가 자살한 경우 더욱 가중된 처벌을 받았다. 명률에서는 위세(威勢)로 다른 사람을 핍박(逼迫)하여 자진(自盡)한 경우 즉 겁살을 다루기 위해「위핍인치사(威逼人致死)」라는 율문을 별도로 만들었다.[136] 위핍인치사란 "위세로 다른 사람을 깔보고 핍박하

....

134) 현행 형법에서는 279조에서 '폭행 또는 협박으로 사람을 강간한 자는 3년 이상의 유기징역에 처한다.'고 규정하고 있다〈개정 2012.12.18.〉
135)『大明律』「犯姦」, 화간(和姦)을 하면 장 80이되 남편이 있으면 장 90이다(凡和姦杖八十 有夫杖九十). 조간(刁姦)을 하면 장 100이다(刁姦杖一百). 강간(搶姦)은 교형이며, 미수이면 장 100에 유 3,000리이다(搶姦者絞 未成者杖一百 燒三千里).
136) 한상권,「대명률 위핍치사의 법리와 조선에서의 적용」,『법사학연구』50, 2013, 8~9쪽.

여, 위세의 기염을 감당하기 어렵고, 핍박하는 괴롭힘과 모욕을 수용하기 어렵고, 이미 그 위세를 두려워하는데, 또 그 핍박에 마주쳐, 두려워 감히 따지지 못하고, 분하고 한스럽지만 억울함을 펼 도리가 없어, 이로 인하여 스스로 목숨을 끊는 것"을 의미한다.[137] 『대명률』 위핍치사조에서는 '만약 간음이나 도둑질로 인해 사람을 위세로 핍박하여 죽음에 이르게 하면 참형이다(若因姦盜 而威逼人致死者 斬)'라고 규정한다.[138] 『대명률』은 오형(五刑)체계로 되어 있는데, 이는 범죄의 심각성에 따라 신체에 가하는 고통의 가혹함의 정도를 체계화한 것이고 이 중 가장 무거운 형벌은 생명형인 교형과 참형이다. 생명형은 수형자의 고통이 아니라 신체의 절단 여부로 나누었다. 신체적 완전성, 즉 살아 있을 때처럼 죽었을 때에도 신체를 온전하게 보전하는 것의 손상은 전통시기 형벌체계에서 가장 두려워하는 결과였으며, 가장 효력을 발휘하는 위협이었다. 본죄에서는 간음을 화간(장 80)과 조간(장 90), 강간(교형)으로 나누고, 다시 강간을 기수(교형)와 미수(장 100 유 3000리)로 구별하였다. 반면 위핍인치사조에서는 강간의 경우 기수 미수 구별 없이 모두 참형으로 처벌함으로써, 본죄보다 형량이 무겁다는 사실을 알 수 있다.[139]

하지만 갑오개혁 이후 근대적 형식의 형법이 만들어지는 과정에서 참형이 폐지되고 교형, 혹은 총살형(군인의 경우)만 남게 되었다. 이와 함께 강간사건에 대한 형벌도 완화 되가는 양상을 보여주고 있다. 김천복의 과부 겁탈사건 사례를 살펴보면 이를 확인할 수 있다. 1897년 10월 30일 한성재판소판사 서상세는 법부대신 조병식에게 피고 김○○의 과부 겁탈사건에 대한 질품서를 보낸다.[140] 그 내용은 아래와 같다.

---

137) 한상권, 「대명률 위핍치사의 법리와 조선에서의 적용」, 10쪽.
138) 『대명률』, 「형률」, 인명편, 위피립인치사조.
139) 한상권, 「대명률 위핍치사의 법리와 조선에서의 적용」, 18쪽.

本所檢事公訴에 由하여 被告흔 金千福의 案件을 審理ᄒᆞ오니 被告가 年已三十에 家貧未娶러니 本年陰曆九月分에 其隣姜岩回家에 李寡女來留흠을 聞ᄒᆞ고 乘夜往刦하여 負歸成姦이라ᄒᆞ오니 被告의 立年無室이 窮則矜矣나 乘夜行刦은 罪難逭矣라 被告金千福을 大典會通姦犯條 常賤女子刦奪成姦者律에 炤하여 絞에 處흠이 可ᄒᆞ오나 蠢爾鄕氓이 首於四窮하여 喪其良心ᄒᆞ고 不覺犯法이 還爲矜惻이온지라 究其情狀에 庶有參酌이옵기 玆에 質稟ᄒᆞ오며 一切書類를 粘呈ᄒᆞ오니 查照ᄒᆞ오셔 指令ᄒᆞ심을 望흠.

漢城裁判所判事 徐相世

議政府贊政署理議政府贊政法部大臣 趙秉式 閣下

光武元年十月三十日

간단히 정리하자면 피고 김○○은 나이 30에 장가를 가지 못한 것 등에 대한 정상참작이 필요하다는 것이다.[141] 근대적 형식의 형법으로 체계가 변해가면서 신체형을 비롯한 전근대시대의 혹형들이 많이 완화되었고 강간죄에 대한 처벌도 이전에 비해 약화된 상태였다. 반면 여성의 지위는 그다지 높지 못한 처지에 있었다. 이처럼 여성의 지위가 보장되지 않는 경우가 일반적이었고 특히 과부의 사회적 지위는 매우 낮았던

140) 『司法稟報(乙)』 質稟書 第千七號.

141) 김천복은 1900년 10월 29일 감옥에서 병으로 사망하게 된다. 『司法稟報(乙)』 報告書 第百號.

報告書 第百號

本月二十六日에 警部通牒 第百二十九號를 接準內槪에 監獄署懲丁 金千福이가 屢朔呻吟타가 本日巳時量에 自故等因이온바 該犯이 刦寡成姦罪로 減一等하여 光武元年十月二日에 笞一百役終身이 執刑이온바 其後에 赦典을 欽奉ᄒᆞ와 又減一等하여 役十五年에 處ᄒᆞ얏삽더니 有此自故ᄒᆞ와 本所主事 金鍾應으로 派往檢驗ᄒᆞ온즉 確係病斃이옵기 該屍身은 申飭出埋케 ᄒᆞ옵고 玆에 報告ᄒᆞ오니 查照ᄒᆞ심을 爲望.
漢城府裁判所首班判事 李鳳來
議政府贊政法部大臣臨時署理議政府贊政學部大臣 金奎弘 閣下
大臣 協辦
光武四年十月二十九日
光武四年十月三十日 接受 第三十二號

것으로 보인다. 따라서 강간의 피해자였음에도 불구하고 강간 가해자의 입장에 따라 형이 감해지기도 하는 등 사회적으로 큰 피해를 본 것이다.

본 사건의 경우도 마찬가지이다. 가해자 권○○은 단독이 아닌 3명이나 같이 무리를 지어 강간이라는 범죄를 행했다. 형법대전 593조 강도율의 경우 2인 이상이나 무리를 지어 난입하는 경우 감형 사유가 없어진다. 하지만 강간죄의 경우 이 같은 윤간 행위에 대한 가중 처벌이 없고 도리어 피해자가 과부라는 이유로 가해자는 1등 감형을 받는 상황은 여성의 사회적 지위를 적나라하게 보여주는 대표적인 사례이다.

　　피고 이○○과 홍○○는 융희 2년 음력 7월부터 상통하였으나 홍○○
가 유부녀됨을 알고 동년 11월부터 미동 김○○의 집에서 2차례 화간하
여 본부(本夫) 한○○에게 고소를 당했다. 이상의 사건은 피해자인 남편
의 구두고소로 이루어진 사건으로 피고 홍○○와 이○○은 동현경찰분
서에서 신문을 받고 징역 4개월에 처해졌다.

　　경기지방재판소 형사부, 재판장 판사 요코다(橫田定雄), 판사 후카자
와深(澤新一郞)·유동작(柳東作), 융희 2년 11월 28일 선고, 재판소 서기
이토(伊藤)

해 제

　　본 문서는 국가기록원에서 소장 중인 이덕근과 홍성녀의 간통사건
판결문으로 관리번호는 CJA0000320이다. 이 사건은 피고인 이덕근과 홍
성녀가 서로 알고 지내던 중 이덕근이 홍성녀가 유부녀됨을 알고도 서
로 화간하여 홍성녀의 남편인 한화선에게 고소당하고 결국 징역 4개월
에 처해진 사건이다.

　　재판부는 피고들에게 『형법대전』 534조를 적용하였다. 제534조는 "有
夫女를 和姦한 者는 笞九十이며 긔姦한 者는 笞一百에 處하고 無夫에는
一等을 減하되 姦婦도 同論함"이라고 규정하고 있다. 여기서 흥미로운
점은 형법대전 110조에서 "笞刑은 輕罪뿐 施用하되 婦女에게는 姦罪는
去衣受 刑하고 餘罪는 單衣受刑함이라"고 하여 태형을 집행할 시 간죄

(姦罪) 외 나머지 죄를 구분하여 간죄를 범한 부녀는 특별하게 처벌하였다. 534조는 1908년 7월 23일 개정되어 유부녀를 화간한 자는 징역 1년에 처하도록 하였다.[142] 따라서 피고들은 징역 1년에 처해질 사항이었다. 하지만 재판부는 『형법대전』 제125조 "罪人을 處斷할 時에 其情狀을 酌量하여 可히 輕할者는 一等 或 二等을 減함이라 但 本犯이 終身以上律에 該當한 案件은 法部에 質稟하여 指令을 待하여 處辦함이라"는 규정에 의해 감형되어 결국 징역 4개월에 처해지게 되었다.

여기서 한 가지 주목할 부분은 534조의 적용대상에 여성은 포함되지 않는다는 부분이다. 534조의 적용을 받는 대상은 '有夫女를 和姦한 者'이지 외간남자와 화간한 유부녀는 처벌대상에 포함되지 않고 있다. 전통적으로 『대명률』은 간통행위에 대해 미혼기혼을 묻지 않고 남녀를 같게 처벌하였으나 유부녀의 간통은 일반간통보다 일등을 가중하여 처벌하였다. 또한 신분사회적인 특징으로 신분이 다른 사람들 사이의 간통을 일반간통보다 엄격히 처벌하였으며 근친상호 간에 대해서도 일반간통보다 엄격히 처벌하였다. 일반적으로 조선시대에는 실제로는 여자의 간통만 처벌하였던 것으로 생각되지만 법문상으로는 남녀평등처벌을 규정하고 있었다.

혼인은 다른 이성과의 성관계를 하지 않겠다는 의미이기도 하다. 따라서 간통은 혼인제도의 성립과 함께 이루어진 범죄에 속한다. 그러나 간통의 의미는 시대마다 약간씩의 차이가 있다. 예컨대 조선시대에는 '남녀가 밥상에서 마주앉는 일'마저도 간통으로 생각할 정도였기 때문에 간통에 걸려드는 경우가 지금보다 더 많았다.

이처럼 시대에 따라 간통에 대한 개념이 다르게 적용되어 왔는데, 오

---

[142] 『한말근대법령자료집』 7권, 95쪽.

늘날 우리가 일반적으로 내리는 간통에 대한 정의를 먼저 내려 보자. 간통이라고 하면 흔히들 결혼한 기혼 남녀가 배우자 이외의 다른 사람과 자기의 의사에 따라 불법적인 성관계를 가지는 것을 말한다. 말하자면 부부간의 정조가 문제되는 것이지, 미혼 남녀 간의 성관계까지 간통에 해당하는 것은 아니다. 그런데 조선시대 간통의 개념은 지금과는 달랐다. 조선시대에는 남녀 모두 기혼 유무를 막론하고 혼외 성관계를 가지는 것을 모두 간통으로 취급했다. 미혼 남녀 간의 성관계도 문제가 되었다는 말인데, 미혼 남녀의 경우는 기혼 남녀의 간통에 비해 가볍게 처벌 받기는 했지만 엄연한 간통으로 인정되었다.

최근까지 간통죄가 성립하려면 결혼의 파기를 전제로 하기 때문에 배우자의 고소가 필수적이었다. 그러나 조선시대에는 이러한 요건이 전혀 필요하지 않았다. 간통죄는 부부 상호 간의 고소 여부에 상관없이 적발 즉시 처벌 대상이었다. 조선시대에는 간통과 같은 지극히 개인적인 문제까지 국가가 개입하여 처벌할 정도로 성적 문란함을 엄격히 단속하고자 했다.

조선시대에도 오늘날과 마찬가지로 간통죄가 성립하기 위해서는 일단 소문이 아닌 현장에서 눈으로 확인된 것이어야만 했다. 원칙적으로 현장에서 발각된 범행이 아니면 간통죄로 인정하지 않았다. 풍문만으로도 처벌된 무고한 사건이 많아 신중한 법적용을 하려했기 때문이다. 그러나 간통은 대개 은밀한 곳에서 이루어지는 행위이기 마련이므로 현장을 급습하는 일은 실상 대단히 어려웠다. 타인의 접근이 어려운 폐쇄적인 생활양태나 가옥구조일 경우에는 간통 현장을 포착한다는 것이 더더욱 불가능한 일이었다.

따라서 비록 간통 장소에서 발각된 간통이 아니더라도 간통이 명백하면 처벌하는 것을 오히려 상례로 삼기도 했다. 간통은 현장급습 외에

도 주위 사람들의 증언이나 정황 또는 당사자의 자백을 통해서 이루어
질 수밖에 없는 경우도 많기 때문이다. 그러나 간통 당사자 중, 한 명이
라도 승복하지 않을 경우에는 극형에 해당하는 경우라도 자제하는 면이
강했다.

조선시대에는 현장에서 간통하는 남녀를 처벌하지 않은 배우자 또한
비난의 대상이었다. 물론 여기서 배우자란 남편의 경우에만 해당되지
만, 아무튼 간통 현장에서 부인과 간부를 죽였더라도 비난의 대상이 아
니었고 죄가 탕감되었다. 오히려 묵인했다 하여 벌을 받을 정도였다. 부
녀자들의 간통은 장형(杖刑)과 같이 매를 맞는 일시적인 형벌만으로 그
치지 않았다. 여성들의 성적 분방함을 절대 용납하지 않았기 때문이다.
특히 양반사족 부녀자들은 서민 여자들보다 도덕성이 요구되어 같은 간
통을 저질렀다하더라도 극형에 처해지는 일이 있었다.

조선시대의 간통죄 처벌을 보면, 간통을 저질렀을 때의 처벌은 가장
보편적이었던 화간이었을 경우, 장형 80대의 형벌을 받았다. 그런데 간
통녀가 유부녀이면 10대가 더 추가되었다. 반면 남자는 처가 있는가 여
부가 전혀 문제되지 않았다. 간통죄가 형식적으로는 쌍벌주의를 표방했
으나 형량에 있어서 결코 평등하지 않았음을 알 수 있다. 조간일 경우
에는 장형 100대로 화간에 비해 20대가 더 많았다. 그리고 12세 이하의
어린 소녀를 간통하면, 비록 화간이라도 강간으로 취급했다.

조선시대 간통죄에서 또 하나 특이한 점은 서로 다른 신분간의 간통
을 엄격히 규제하였다는 점이다. 동일한 신분이나 지위를 가진 남녀보
다 다른 신분이나 지위의 남녀일 경우에 더욱 무거운 처벌을 받았다.
신분상의 질서가 어지럽혀지는 것을 전혀 용납하지 않았기 때문이다.
이외에도 근친관계나 주종관계처럼 특별한 의리관계를 가진 남녀 사이
의 간통 또한 일반 간통보다 무거운 처벌을 받았다. 그러나 억압적인

성적 규제는 조선 중기 이후의 일이고, 조선 초기까지는 비교적 성적으로 자유로운 분위기가 지배적이었다. 이러한 성적 자유분방은 고려 말의 정치적인 혼란 속에서 만연된 지배층 내의 도덕적 타락의 연장이기도 했지만, 우리나라 전통사회의 성문화가 비교적 자유스러웠던 점도 있었다.

조선 초기 발생했던 간통사건과 그에 대한 경미한 처벌은 이 시기 여성들이 성적으로 무척 자유로웠음을 보여준다. 정종 원년(1399), 중추 조화의 처 김씨를 비롯한 양반 사족녀들이 시끌벅적한 간통사건을 일으켰는데, 당시 이들이 관계한 간통 상대자에는 일반 사족만이 아니라 승려, 심지어 인척까지 포함되어 있을 정도로 다양했다. 그런데 놀랍게도 이들이 받은 처벌은 장형 90대, 또는 단순 유배형이었다. 근친상간까지 벌였음에도 불구하고 처벌이 미약했던 것은 조선 초기까지도 여성들의 간통에 대해 규정된 형 이상을 처벌하지 않으려는 분위기가 강했기 때문이다.

그런데 조선 초기 빈번했던 양반 사족녀들의 간통사건은 점차 간통죄에 대한 처벌을 무겁게 만들어 버린 결과를 초래하고 말았다. 국가 입장에선 통치상 자유로운 성 풍속의 분위기를 쇄신할 필요가 있었고, 게다가 유교적 성모럴의 보수성도 무시할 수 없었다. 이러한 분위기는 조선 초기부터 일기 시작했다. 태종 때 사대부 여자가 승려와 간통하자 이례적으로 참형에 처해지는 일이 있었다. 당시 태종은 이 일을 두고 "능히 할 수 없는 일을 했다면, 받아서는 안 될 형벌을 받는 게 마땅하다는 옛사람의 말이 바로 이것을 말하는 것이다."라며 일벌백계적(一罰百戒的)인 처벌을 내렸다. 그럼에도 불구하고 양반 사족층 내에서의 간통 행위는 쉽게 근절시키기 어려웠다.

하지만 1908년에 형법대전을 개정하면서 일본형법의 예에 따라 유부녀의 간통만 처벌하였다. 『대명률』에 의하면 간통한 자를 장 90의 형에 처하고 특히 간부는 본부가 마음대로 방매하거나 율거할 수 있도록 하였다. 나아가 간통현장에서 본부가 간부와 간부를 즉시로 살해한 때에는 위법성조각사유로 처벌하지 않았다. 그 후 일제 식민지기에는 조선형사령에 의해 일본형법이 적용됨으로써 간통죄는 유부녀의 간통행위만 처벌하는 불평등주의가 우리 사회를 지배하게 되었다.

9
절도사건

최○○ 판결서(1908.09.04. 경성구재판소)

충청남도 덕산군(현재 주소 없음) 고용(雇傭) 최○○ 46세, 절도 피고 사건에 대하여 검사 아키바 카쿠타로(秋場格太郎)가 간여하여 판결함이 다음과 같다.

피고가 융희 2년 9월 4일 오후 9시경에 고용하는 서부 염교현 순서주점에서 판위에 있던 건민어 2마리(대금 1원 40전)를 몰래 훔쳤다.

이에 대한 진술은 피고가 공정에서 자백할 뿐 아니라 순사의 체포보고서와 피고에 대한 청취서등으로 명백하다.

경성구재판소 판사 박제선(朴濟璇)

해 제

본 문서는 국가기록원 소장 판결문으로 관리번호는 CJA0000318-0061 이다. 피고 최○○은 주소는 충청남도 덕산이지만 현재는 주거지 없이 주점에서 일하는 자였다. 그러던 어느 날 밤 1원 40전에 해당하는 말린 민어를 몰래 훔쳤고 결국 법의 심판을 받게 된다.

최○○이 절도한 물품은 말린 민어이다. 민어는 백성 민(民)자를 쓸 정도로 예부터 대중적인 물고기로 알려져 있다. 민어는 서남해 연안 및 서해 연안에서 많이 잡혔는데 그중 전남 태이도, 경기 덕적도, 평안도 신도 연해가 주산지였다.[143]

....

143) 정해석, 『신 자산어보』, 100쪽.

그에게 적용된 규정은 『형법대전』 591조였다.

591조의 내용을 살펴보면, "踰墻穿穴 或 潛形隱面이나 人의 不見홈을 因하여 財物를 竊取혼 者는 其 入已혼 贓을 通算하여 首從을 不分하고 左衣에 依하여 處호딕 未得財혼 者는 禁獄三個月에 處홈이라" 하고 그 형량은 아래와 같이 절도한 물품의 가격에 비례하여 선고되었다.

十兩以下 禁獄六個月

十兩以上五十兩未滿 七個月

五十兩以上百兩未滿 八個月 百兩以上二百兩未滿 九個月

二百兩以上三百兩未滿 十個月 三百兩以上四百兩未滿 懲役一年

四百兩以上五百兩未滿 一年半 五百兩以上六百兩未滿 二年

六百兩以上七百兩未滿 二年半 七百兩以上八百兩未滿 三年

八百兩以上九百兩未滿 五年 九百兩以上千兩未滿 七年

千兩以上千一百兩未滿 十年 千一百兩以上千二百兩未滿 十五年 千二百兩

以上 終身

하지만 이 법규는 1908년 8월 『형법대전』이 개정되면서 아래와 같이 변경되었다.

591조 表를 아래와 같이 改함

二圓未滿 懲役 八個月

二圓以上 十圓未滿 九個月

十圓以上 十五圓未滿 十個月

十五圓以上 二十圓未滿 一年

二十圓以上 二十五圓未滿 一年半

二十五圓以上 三十圓未滿 二年

三十圓以上 三十五圓未滿 二年半

三十五圓以上 四十圓未滿 三年

四十圓以上 四十五圓未滿 午年

四十五圓以上 五十圓未滿 七年

五十圓以上 八十圓未滿 十年

八十圓以上 百十圓未滿 十午年

百十圓以上 終身

절도 금액의 규모에 따라 최소 8개월에서 최대 종신으로 형량이 증가한다. 이 규정에 의하면 최○○은 8개월 정도 금옥될 수 있는 사안이었다.

하지만 재판부는 정상을 참작하여 동법 125조 "罪人을 處斷할 시에 그 情狀을 的量하여 가히 經할 자는 1등 혹 2등을 減함이라 단 本犯이 종신 이하 律에 해당하는 안건은 법부에 질품하여 指令을 待하여 處辦함이라"는 규정에 의하여 6등을 감형했고 동법 157조, 96조, 98조를 적용하여 태형 100대를 언도받았다. 157조, 96조, 98조의 법조항 내용은 아래와 같다.

第96條 役刑은 監獄에 囚禁하여 役에 服케 함이니 等數는 第九十五條流刑과
　　　 同함이라
第98條 笞刑은 小荊條로 臀을 打함이니 左開十等으로 區別함이라 笞長周尺
　　　 三尺五寸大頭徑二分七里小頭徑一分七里
　　一 一百
　　二 九十
　　三 八十
　　四 七十
　　五 六十

六 五十
七 四十
八 三十
九 二十
十 一十

第157條 加하는 次序는 所犯本律로 自하여 隨等遞加하되 流나役의 終身에
止하고 減하는 次序는 所犯本律로 自하여 隨等遞減라되 等이 盡하거
든 全免함이라

이 사안은 형식적으로는 외형적 감형의 절차를 거치고 있다. 『형법대
전』에서는 주형을 1.사형, 2.유형, 3.역형, 4.금옥형, 5.태형으로 구분하
였기 때문에 금옥형을 태형으로 변경시킨 것은 분명 감형이다. 하지만
실질적으로는 6개월 구금사건을 태형 중 정도가 가장 심한 100대의 형
벌로 처리했다는 점은 감형을 가장한 혹형으로 보인다.

그렇다면 조선시대에 태 100에 해당하는 범죄에는 어떤 것들이 있었
는지 살펴보겠다. 조선시대의 기본 법전인 『대명률』의 첫머리에는 태,
장, 도, 유, 사라고 하는 다섯 가지의 형벌이 적혀 있다. 태, 장형의 경우
는 가벼운 죄를 법한 경우에 태와 장으로 죄인의 볼기를 치는 형벌이다.
태형은 10대에서 50대까지, 장형은 60대에서 100대까지 각각 다섯 등급
으로 나누어 집행하였다. 원래 대명률에서는 가시나무를 사용하도록 하
였으나, 조선에서는 일반적으로 물푸레나무를 사용하였고 없으면 다른
나무를 대신 썼다고 한다. 기본적으로 태형은 50대까지였고 그 이상은
장형의 범주에 들어갔다.[144]

....

[144] 장(杖) 백 대를 치는 범죄행위들을 살펴보겠다. 구타 및 살인사건과 관련한 범죄를
'대명률'에서 초출(抄出) 하였다. 강도(强盜) 공모자이지만 강도행위에 가담하거나
장물(贓物)을 나누어 갖지 아니한 경우 장 백이다. 다음 살인을 공모하여 실행하였

물론 장형과 태형은 형구의 크기나 강도에서 차이가 있지만 단순절
도는 조선시대 장형 100대에 해당하는 범죄는 아니었다. 따라서 『형법
대전』 체제에서의 단순 범죄는 이전에 비해 가혹한 처벌을 받은 것으로
판단된다.

－－－－－－－－－－－－－－－－－－－－－－

으나 아직 사람을 상하게 하지 아니한 종범(從犯), 남을 죽일 독약을 만들고 있는
사실을 알면서도 고발하지 아니한 자, 처첩이 남편의 조부모나 부모를 구타하고
욕하자 남편이 마음대로 죽인 경우, 마을의 빈 들판에서 말이나 수레를 달리다가
사람을 치여 죽게 한 경우, 채무나 혼인문제 등으로 사람을 핍박하여 자살하게 한
자, 아는 이가 다른 이를 계획적으로 죽이려 한다는 사실을 알면서도 막지 않고 또
살인과 상해를 입힌 후에도 고발하지 않은 자, 사람의 치아 한 개나 손가락이나 발
가락 하나를 부러뜨린 자, 사람의 한 눈을 멀게 한 자, 사람의 뼈를 부러뜨린 자,
끓는 물과 불이나 끓는 쇳물을 다른 이에게 끼얹어 다치게 한 자, 더러운 물건을
다른 사람의 입이나 코 안에 쑤셔 넣은 자, 이졸(吏卒)로서 해당 관청의 6품 이하의
상관을 구타한 경우, 아내가 남편을 구타한 경우, 남편으로 처부모를 구타한 자,
임금 행차 시 징과 북을 쳐서 격쟁했는데 사실이 아닌 무고로 밝혀진 경우, 노비가
주인댁의 부모나 조부모 혹은 외조부모를 고발한 경우, 이장으로서 위조동전의 제
작을 알면서도 고발하지 아니한 자, 현재 사용 중인 동전을 녹여서 동(銅)을 취한
자, 처첩이나 수양딸을 강제로 남과 간통하게 시킨 자, 부모의 상중(喪中)에 있으
면서 남편이 없는 여자와 간통한 경우, 과부가 부모나 남편의 상중에 화간한 경우,
승려가 과부를 간통한 경우, 종(奴)으로서 남편이 있는 양인(良人)의 여자를 간통
한 경우, 창우(倡優)·악인(樂人)으로 양가집 자녀를 사서 창기로 만든 경우, 일부
러 자기 집을 방화(放火)한 자, 사형죄에 해당하는 죄인을 마음대로 복수 살해한
경우, 옥졸(獄卒)로서 칼이나 흉기 등을 죄수에게 주어 자살을 방조한 경우, 관청
에서 벌을 집행하다가 법대로 하지 않고 매질하다가 사람을 죽게 한 경우, 관리가
임산부를 고문하다가 낙태시킨 경우, 민간에서 용문의 비단을 짜서 판매한 경우
모두 장 백의 형벌에 처해졌다(김호, 「조선의 처벌시스템」, 『과학과 기술』, 2013,
91~92쪽).

10

거과(劫寡) 인신매매 약인(略人)사건

1) 이○○○ 판결서(1908.09.17. 공주지방재판소)

제1 피고는 융희 2년 음력 5월 초 10일에 공주군에 사는 정○○가 피고 사는 동 앞길을 과거(過去)하는 것을 보고 홀아비를 면하고자(慾爲免鰥) 거취(却取)하여 첩으로 만들었다.(作妾)

제2 피고가 정○○를 강제로 머무르게 한지 8일 만에 정○○가 밤을 무릅쓰고(冒夜) 달아나 돌아옴으로(逃歸) 정과부의 사위 김○○이 착거(捉去)하고 그 첩모(妾母)를 빨리 출두하여 현신하기를 독촉해(督現) 결국 감금한 사건이다.

해 제

본 문서는 국가기록원 소장 관리번호 CJA-0000940-0041 문서이다. 공주지방재판소에서 생산했고 담당판사는 공주지방재판소 형사부의 판사 이용성이다. 국한문 혼용으로 작성되었고 분량은 3쪽이다.

사실관계를 살펴보면 충남 회덕군에 살던 도민(屠民) 이○○○은 홀아비인데 이를 면하고자 공주에 살던 정○○를 길에서 납치해 부인으로 삼았다. 하지만 정○○는 이○○○의 강압으로 그 집에 머무른 지 8일 만에 밤을 무릅쓰고 탈출해 집으로 돌아왔다. 집으로 돌아오자 정○○의 사위 김○○이 빨리 신고하도록 독촉해 신고가 이루어지고 이○○○이 체포된 사건이다.

재판부는 이○○○의 행위 중 제1행위 즉 과부를 납치한 행위에 대해 『형법대전』 605조에 해당한다고 판단했다.

『형법대전』제605조는 "有夫女나 未婚女를 强薄하여 妻接을 作한 자는 絞며 강박만 하고 姦淫치 아니한 자는 징역 15년에 처하되 과부는 각기 1등을 감하고 친속 혹은 家人의 처첩을 作하거나 豪勢에 投獻한 者도 同論하되 남녀는 不坐함 단 婦女를 姦占하기 전에 被奪한 家에서 取回한 경우에는 각히 2등을 감하되 이로 인해 사람을 刃으로 傷이나 折傷이상에 이른 자는 징역종신에 처한다"고 규정한다.

따라서 피고 이○○○은 과부의 경우이므로 간음 여부에 따라 1등 감하여 종신형 혹은 15년 이하의 형에 처해 질 수 있었다.

제2행위에 대해서는 『형법대전』제510조에 해당한다고 봤다.[145] 510조의 내용은 본장 제2절의 행위로 사람을 상하게 한자는 제511조 투구상인률에 의하여 1등을 가하도록 하고 있다. 『형법대전』511조는 "鬪毆하여 사람을 상하게 한 자는 아래에 의하여 處하고 제173조 3항[146])에 의하여 치료비를 추징하여 병자에게 주어야 한다"고 규정하고 있다. 투구의 경우를 살펴보면

一 手足으로 毆人하여 不成傷한 者는 笞三十이며 成傷한 者는 笞五十

二 鐵石或杆棒等物로 毆人하여 不成傷한 者는 笞五十이며 成傷한 者는 笞六十

三 穢物로人의 頭面을 汚한 者는 笞一百이며 口鼻內에 灌入한 者는 禁獄一個月

---

145) 第510條 本章第二節의 所爲로 人을 傷한 者는 第五百十一 條 鬪毆傷人律에 依하여 一等을 加함이라

146) 第173條 犯罪로應償홀款額은左開에依ᄒ야追홈이라
　　一 過失殺賠償 八百四十兩
　　二 埋葬費 一百兩
　　三 治療費辜限內每一日 二兩
　　四 雇工錢一人每一日 一兩四錢

四 湯火나 銅鐵汁으로 人을 傷한 者는 禁獄一個月

五 金刃이나 砲丸으로 人을 傷한 者는 懲役二年

六 鬚髮方寸以上을 拔한 者는 笞七十이며 血이 耳目中으로 出하고나 內損하여 吐血에 至한 者는 禁獄二個月

七 一齒或手足의一指를 折하거나 耳鼻를 抉하거나 骨을 破한 者는 禁獄五個月

八 一目을 眇하거나 二齒或二指以上을 折하거나 髮을 髡한 者는 懲役一年

九 肋을 折하거나 兩目을 官케하거나 耳鼻를 割한 者는 懲役 七年

十 肢體를 折跌하거나 一目을 瞎한 者는 懲役 十年

十一 兩肢를 折하거나 兩目을 瞎하거나 身體의 二事以上을 損하거나 舌을 斷하거나 男子에 陽物이나 婦女에 陰戶를 毀敗하거나 因하여 難治疾病에 致케한 者는 懲役終身

이로 보아 정○○는 이○○○에게 끌려갔을 뿐 아니라 구타도 당했던 것으로 보인다. 압수물이 이를 뒷받침한다. 압수 물품인 침저(砧杵), 목타(木柂), 승삭(繩索)을 요즘 단어로 풀이 하면 각목과 밧줄이다. 정확한 사실관계를 파악할 수는 없지만 몽둥이로 겁박하여 밧줄로 결박한 것으로 보인다.

재판부는 이 2가지의 행위 중 더 중한 제1의 행위에 대해 처벌할 필요가 있다고 판단했다. 이러한 판단은 『형법대전』 125조 "罪人을 處斷할 時에 其情狀을 酌量하여 可히 輕할 者는 一等 或 二等을 減함이라 但 本犯이 終身以上律에 該當한 案件은 法部에 質稟하여 指令을 待하여 處辦함이라"는 조항에 근거한 것이다. 이에 피고 이○○○은 본형에서 3등을 감형 받아 징역 7년에 처하도록 했다.

(CJA-0000691-0032)

피고는 진주군에 사는 하○○이가 그 노비아이를 팔아서 고공(雇工)
을 삼는다(作)는 사실을 들어서 알고 같은 군에 사는 최○○를 보증세
우고 융희 2년 음력 3월경(頃)에 223냥의 가격을 주고 하○○에게 그 노
비아이를 매득하여 고공을 만든 사실이 있음.

앞에 적은 사실은 피고 및 하○○, 최○○의 조서, 증인의 청취서에
의하여 이를 인정할 증명이 충분하다. 이에 법률을 살피니 피고의 소위
(所爲)가 『형법대전』 제610조 3단(段) 및 동법 제606조 2단에 해당하나
그 정상을 참작하여 동법 제125조에 의해 본형에서 7등을 감형하여 징
역 7개월에 처한다. 이상의 이유로 원 판결은 타당하고 피고의 공소는
이유가 없으므로 이에 「민형소송규칙」 제33조에 의하여 주문과 같이 판
결한다.

(CJA-0000454-0038)

상고의 취지는 피고는 대구공소원에서 인구매죄(人口買罪)로 징역
7개월의 판결을 받았다. 그러나 해(該) 판결은 전부 불복이라 하기에 원
판결을 살펴보았다.

피고는 진주군에 사는 하○○이 그 노비아이를 팔아서 고공(雇工)을
삼는다(作)는 사실을 들어서 알고 같은 군에 사는 최○○를 보증세우고
융희 2년 음력 3월경(頃)에 223냥의 가격을 주고 하문숙에게 그 노비아

이를 매득하여 고공을 만든 사실을 인정하였다. 그래서 그 소위(所爲)가 『형법대전』 제610조 3단(段) 및 동법 제606조 2단에 해당하나 그 정상을 참작하여 동법 제125조에 의해 본형에서 7등을 감형하여 징역 7개월에 처한다고 판결하였다.

하지만 610조 3단에 의하여 제606조 2단에 문의(問擬)하려면 원심에서 인정한 사실이외에 매자(賣者)가 그 노비아이를 화유(和誘)하여 그 긍낙(肯諾)을 득한 사실이 있고, 또 매자가 그 뜻을 안 사실이 있을 것을 필요로 한다. 그렇지만 위는 그 사실이 결여된 즉 피고는 혼자서 인구(人口)를 매(買)한 자라 하여 제610조 1단의 죄를 구성함이 불과하다. 따라서 제606조 2단을 인용한 것으로 추견(推見)하면 혼자 인구를 매(買)한 사실뿐이니 제606조 2단에 문의(問擬)함은 가능한 전단(前段) 설시(說示)의 사실이 있는 것과 같다. 따라서 원판결은 그 적용한 법리에 대하여 사실의 명시를 결여하여 이유를 충분히 갖추지 못한 위법을 면하지 못한다.

위 사실이 없으면 제610조 1단을 적용함이 가능하다. 이 같은 착오가 있기 때문에 본 건 상고는 이유가 있다. 그 사실 여하를 확정하지 않으면 법률을 적용하기에 곤란함이 있다. 이 경우에는 「민형소송규칙」 제42조, 제33조 및 제40조에 의해 원판결을 취소하고 다시 심문 및 판결을 행하기 위하여 원재판소에 환송함이 가하다. 이에 주문과 같이 판결한다. 융희 2년 11월 10일, 대심원(大審院) 형사부 재판장 판사 와타나베(渡邊暢), 판사 홍우석(洪祐晳)·마키야마(牧山榮樹), 이시카와(石川正)

(CJA-0000691-0061)

피고는 진주군에 사는 하○○이가 자신(渠)의 칠촌의 노비아이(婢兒)를 매매한다는 사실을 들어서 알고(聞知) 있었는데 노비가 온다는 것을 전해 듣고 같은 군에 사는 최○○를 보증세우고 융희 2년 음력 3월경(頃)에 223냥의 가격을 주고 하○○에게 노비아이를 매득한 사실이 있다.

앞에 적은 사실은 피고 및 하○○, 최○○의 조서, 증인의 청취서에 의하여 이를 인정할 증명이 충분하다. 이에 법률을 살피니 피고의 소위 (所爲)가 『형법대전』 610조에 해당함으로 태(笞) 100에 처함이라.

해 제

이 문서들은 국가기록원에서 소장 중인 판결문으로 관리번호는 CJA-0000691-0032, CJA-0000454-0038, CJA-0000691-0061이다. 진주에 사는 김성칠의 인구매매 판결문으로 항소법원인 대구공소원 판결, 상고심인 대심원 판결, 대심원에서 파기환송한 공소원 판결로 구성되었다.

사실관계를 살펴보면, 진주군에 사는 피고 김성칠(金性七)이 같은 군 하문숙(河文淑)이 자신(渠)의 칠촌의 노비아이(婢兒)를 매매한다는 사실을 듣고 같은 군에 사는 최봉두(崔奉斗)를 보증세우고 융희 2년 음력 3월경(頃)에 223냥의 가격을 주고 하문숙에게 노비아이를 매득하였다.

이에 원심 재판부는 『형법대전』 제610조 3단(段) 및 동법 제606조 2단에 해당하나 그 정상을 참작하여 동법 제615조에 의해 본형에서 7등을 감형하여 징역 7개월에 처한다고 판결하였다. 이에 불복 항소했지만 항소법원인 대구 공소원은 원심과 같은 법리를 적용해 이를 기각했다.

이때 적용한 조항은 형법대전 第610條 "人口를 買한 者는 笞一百이며 脅勒或譎計로 買한 者는 懲役一年에 處하되 本節諸條의 所爲를 知情하고 買한 者는 各히 賣한 者의 律에 一等을 減하고 牙保는 二等을 減함이라"와 동법 606조 "人家男女를 和誘ㅎ야 肯諾을 得ㅎ고 賣ㅎ거나 買或轉賣ㅎ야 妻妾或子孫을 作흔 者는 懲役二年이며 雇工或娼妓를 作흔 者는 懲役三

年에處ᄒ고被誘ᄒ者ᄂ各히一等을減홈이라但十二歲以下男女에ᄂ 第六百四條略人律에依ᄒ야科斷ᄒ고被誘ᄒ者ᄂ不坐홈이라"였다.

원심과 항소심 재판부는 610조 3단 '本節諸條의 所爲를 知情하고 買한 者', 동법 606조 2단 '買或轉賣ᄒ야妻妾或子孫을作ᄒ者'에 김성칠이 해당하므로 징역 2년에 처해야 하나 동법 125조[147])에 의해 7등 감형하여 징역 7개월에 처했다.

김성칠은 이에 불복해서 상고했다. 상고심인 대심원의 판단은 원심, 항소심과는 달랐다. 사실관계는 인정이 되나 법리의 적용이 잘못됐다고 본 것이다. 항소심과 같이 610조 3단과 제606조 2단을 적용하기 위해서는 매자(賣者)가 그 노비아이를 화유(和誘)하여 그 긍낙(肯諾)을 득한 사실이 있고, 또 매자가 그 뜻을 안 사실이 있을 것이 필요하지만 피고는 혼자서 인구(人口)를 매(買)한 자라 제610조 1단의 죄를 구성함이 불과하다고 판단했다. 따라서 원심 판결은 부당하고 이를 다시 재판하라고 원심판결을 파기 환송했다.

그 결과 대구공소원에서 재심이 이루어 졌고 『형법대전』 제610조 상단 '人口를 買한 者는 笞一百이며' 규정에 의해 태형 100대가 선고 된 사건이다.

주지하듯 조선은 신분제 사회였기 때문에 노비매매가 가능했다. 하지만 갑오개혁으로 신분제가 폐지되면서 상황은 변하게 된다. 갑오개혁 이전인 1886년 이미 고종의 공포에 의해 '사가노비절목(私家奴婢節目)'이 반포되면서 어느 정도 노비매매에 제한을 가했고 이를 이어 군국기무처 1894년 6월 28일 반상이라는 신분적 차별제도를 폐지하고 귀천에

----

147) 第125條 罪人을處斷홀時에其情狀을酌量ᄒ야可히輕 홀者ᄂ一等或二等을減홈이라但本犯이終身以上律에該當ᄒ案件은法部大臣에質稟ᄒ야指令을待ᄒ야處辦홈이라

구분 없이 인재를 채용하겠다고 선언했다.

이에 노비매매는 법률적으로 해체되는 조치가 이루어졌다. 바로 1896년 제정된 「적도처단례」에 의해서다. 「적도처단례」 제8조 7항 "인가(人家)의 남녀를 약취(略取)해 자취(自取)하거나 전매(轉買)하여 고용을 작하는 자는 주종을 불분하고 모두 태 100, 징역 종신"이라고 규정한다.[148] 이후 다양한 형태의 인신매매에 대한 처벌이 가능해졌다. 이에 대해 도면회는 「적도처단례」 8조 7항과 『대명률』 형률, 도적편의 약인약매인조(略人略賣人條)를 비교하였다. 『대명률』의 양인, 노비로 표현된 부분이 인가남녀 고용으로 변경된 점을 지적하면서 노비의 인격적 독립을 지향하는 형사 정책을 높이 평가한다. 하지만 근본적으로 변화가 없었다는 점을 지적하고 있다.[149]

----

148) 『한말근대법령자료집』 1, 58쪽.
149) 도면회, 『1894~1905년간 형사재판제도 연구』, 서울대 사학과 박사학위논문, 1998, 98~112쪽.

3) 이○○, 이◇◇, 이◆◆, 이●●, 이◎◎, 공△△ 판결문 (1910.04.22. 공주지방재판소)

　이 판결문은 1910년 4월 30일 충주지방재판소 청주지부에서 작성된 이○○ 등의 약인사건에 관한 것으로 그 내용은 다음과 같다. 충청북도 충주군 엄정면 류동에 사는 이○○(41세, 농업) 등 6명에 대해 오노(小野篤次郎) 검사 간여하에 타나카(田中亨), 타케오(竹尾義麿), 카가미(鏡誠之進) 등 3인의 판사가 심리하여 이○○·◇◇에게는 징역 각 2년, 이◆◆·●●·◎◎·공△△에게는 각각 징역 1년에 처하는 판결을 내렸다.

　피고 이○○ 및 ◇◇은 이근태라는 자로부터 제천군 서면 죽관리에 사는 권동현의 여동생 권성녀(권씨 성을 가진 여인이라는 뜻)가 과부인데 그 성격이 선량하다고 듣고, 당시 ◇◇의 처가 병사하고 혼자 있어 부자유함을 느끼고 있던 터라 상호 의기투합하여 이 과부를 약탈하여 ◇◇의 처로 삼기로 결의하고 이들의 동생들인 피고 이◆◆, ●● 그리고 종형인 ◎◎과 동네 사람 공△△에게 사정을 털어놓고 원조를 부탁하자 모두들 이에 동의하므로 1910년 4월 1일 오전 1시경 전기 권동현의 집에 이르러 이◆◆, ●●, ◎◎, 공△△는 문밖에서 대기하고 이○○, ◇◇은 바깥문 그리고 아랫방 문을 열고 들어가니 당시 그녀의 어머니 최성녀 및 형수 최성녀와 함께 자고 있는 과부 권성녀가 크게 소리를 지르며 저항함에도 불구하고 머리채를 움켜쥐고 허리를 잡고 집밖으로 약 100보가량 지점까지 끌고 나왔을 때 그 집 사람들과 동네사람 다수가 구원을 위해 모여들자 과부를 그 자리에 버리고 도망하여 끝내 목적을 달성하지 못하였다.

이 사실은 권동현의 고소장, 최성녀 외 각 사람들의 신고서, 평동 순사주재소 순사의 체포시말서, 사법경찰관 및 검사의 피고 이○○·◇◇·◆◆·◉◉·◎◎·공△△의 각 신문조서, 제천경찰서 순사의 권소사의 청취서, 본 법정에서의 피고 등의 각 공술에 의해 그 증빙이 충분하였다.

이를 법률에 비춰보면, 피고 6명의 소위는 모두 형법대전 제605조[150] 강탈만 하고 간음에 이르지 않은 경우에 해당하고 과부이므로 1등을 감하고 미수이므로 동법 제137조에 따라 3등을 감하고 또 피고 이◆◆·◉◉·◎◎·공△△는 피고 이○○·◇◇의 제의에 찬동한 종범이므로 동법 제135조에 의해 수범의 형에서 1등을 감해 처분하도록 하는데 각 범인 모두 정상을 참작할 사유가 있으므로 동법 제125조에 따라 이○○·◇◇은 거기에 2등을 더 감해 통산 6등을 감하고 이◆◆·◉◉·◎◎·공△△는 거기에 다시 3등을 감해 통산 8등을 감해 이○○·◇◇은 각각 징역 2년, 이◆◆·◉◉·◎◎·공△△는 각각 징역 1년에 처함에 상당하고 인정하여 주문과 같이 판결하였다.

해 제

이 문서는 국가기록원에 소장되어 있는 판결문으로 문서번호 CJA0000085

----

150) 『형법대전』 제606조 유부녀나 미혼녀를 강탈하여 처첩으로 삼으려 하는 자는 교수형이며 강탈만 하고 간음치 아니한 자는 징역 15년에 처하되 과부의 경우에는 각 1등을 감하고 친속 혹은 家人의 처첩으로 삼거나 豪勢에 投獻한 자도 같이 논하되 남녀는 不坐한다. 단, 부녀를 간점(姦占)하기 전에 被奪한 집에서 되찾아간 경우에는 각각 2등을 감하되 그로 인해 사람을 칼로 다치게 하거나 折傷 이상에 이르게 한 자는 징역 종신에 처한다(본문에서의 '不坐'는 연좌하여 죄를 묻지 않는다는 의미).

으로 그 안에 매겨놓은 일련번호를 기준으로 하면 0134~0137에 해당한다. 이 사건은 이○○의 형제들과 종형, 그리고 이웃 사람이 상처하고 혼자 지내는 이○○에게 아내를 얻어줄 요량으로 과부로 친정에서 지내고 있는 여인을 한밤중에 탈취해오려다가 미수에 그친 건이다.

조선시대의 풍습 가운데에는 거꾸로 남편을 둘 이상 섬겨야 할 팔자의 딸을 위하여 밤에 외간 남자를 보에 싸서 잡아다가 강제로 동침시키는 일도 있었다. 처녀의 액땜을 위해 주로 양반집에서 행해진 이런 일에는 잡혀온 남자가 함구령을 어겨서 죽임을 당하는 경우도 있었다. 또 하류층의 수절과부가 노총각이나 홀아비를 같은 방식으로 납치해오는 일도 보쌈이라고 했다. 처녀를 위한 이러한 보쌈은 불경이부(不更二夫)라는 과부의 재가금지제도에서 나온 일종의 약탈혼이라 할 수 있는데 보쌈한 총각과 동침하면 그 처녀는 과부가 된 것과 같은 결과가 되어 과부의 액운을 면했다고 믿으며 다른 곳으로 안심하고 시집을 갈 수 있었기 때문이라고 한다.

이 과부 재가금지제도를 기준으로 해서 보면 본 사건과 같이 과부를 보쌈해가는 풍습도 사실은 이 제도와 관련이 있다. 본 사건에서는 그렇지 않았지만 과부 본인이나 과부의 부모들과 미리 내약을 하고 보쌈해가는 경우도 있었던 것이다. 물론 본인과 미리 짜고 보쌈을 하는 경우란 사전에 은밀히 정을 통해오다가 혼인을 하기 위해 이 형식을 빌리는 것인데 그렇게 하면 주변의 이목을 속이면서 소기의 목적을 달성할 수 있기 때문이다.

이와 같은 과부보쌈이나 과부들의 남성보쌈은 유교적 영향으로 불경이부의 유교적 질서가 고착되면서 여성의 경우 비록 남편과 사별하였더라도 재혼을 못하게 하고 수절을 강요한 결과 생긴 풍습이라 할 것이다. 과부의 재혼을 금지한 제도는 대체로 고려 말에 등장하였고 조선시대에 들어와서 더욱 강화된 것이며 조선 중기 이후에는 민간에까지 깊이 뿌리내리게 되었다. 고려 말에도 양반의 여자로서 부정한 행위를 하거나 세 번 이상 개가한 여성의 소행을 기록하여 그 자손의 관직등용을 제한한 기록이 있으며 조선시대 성종 때에는 아예『경국대전』에 재가하는 부인의 자손은 과거에 응시하지 못하도록 규정하여 과부의 공식적 재혼을 금하였다. 이 제도는 1894년부터 시작된 갑오개혁에 의해 부녀자의 재가가 허용됨으로써 일단 공식적으로는 끝난 셈이나 일반인의 관습으로는 그 이후에도 오랫동안 작동되었다.

11
사기사건

피고 이〇〇은 변호사사무원으로 늘 재판소에 출입하는 자다. 전심(前審)에 처한 상태인 피고 박◆◆에게 동인(同人)의 친족인 박죽(朴竹) 즉 박용봉과 김경석 간에 분묘에 대한 다툼이 있는 것을 들어 알게 되었다. 이에 동인(同人)과 함께 대구재판소의 재판관이라 사칭하고 출장재판을 핑계로 재물을 취하는 것을 공모했다. 그리고 융희 2년 10월 30일 이〇〇과 박상면이 함께 경산군 서면 외곳동 박용봉의 집에 가서 박◆◆이 대구에서 재판관을 동반(同伴)하였으니 마땅히(宜) 그 재판을 받음이 맞다고 신고(申告)하라고 하였다. 피고 이〇〇은 재판관이라 사칭하고 분묘에 대해취조(取調)를 행한 후 박용봉의 집에 김경석을 부르고 재판비용(裁判費用)으로 돈 10원을 출납할 것을 요구했다. 김경석은 동생 김정석(金亭錫)으로 하여금 재판비용으로 10원의 표권(票券)을 만들어 교부(交付)하게 한 후 이 표문에 기대어 동인에게 돈 13냥을 지불하게 하였다. 피고가 취한 10원 표문의 가액은 10원으로 한다.

이상의 사실 중에 제피고가 본 법정에서 한 진술, 김경석, 박용봉의 증언 등과 기타는 검사의 신문조서에 의하여 인정할 증명이 충분하다.

이를 법률에 비추니 민인(民人)된 피고가 관원이라 사칭한 소위는 『형법대전』 제355조에 해당하고 재물을 취한 행위는 동법 제600조, 제595조 3항에 해당하여 피고를 징역 3년에 처하고 피고가 돈 13냥을 취한 행위는 별도의 죄를 구성하지 않는다.

이 문서는 국가기록원 관리번호 CJA-0000691-0075 문서로 관명사칭을 한 이○○의 판결서이다. 대구공소원에서 생산한 문서이다.

사실관계를 살펴보면, 피고 이○○은 변호사 사무실에서 일하는 사무원으로 박◇◇에게 자신의 친척 박용봉과 김경석이 분묘문제로 분쟁 중이라는 사실을 알게 된다. 이에 이○○과 박◇◇은 같이 공모하여 이○○이 대구지방재판소 판사라 사칭했다. 이후 박용봉과 김경석에게 출장재판을 할 것이니 재판비용을 지불하라고 사기를 친 사건이다.

재판부는 이들의 행위가 『형법대전』 제355조에 해당한다고 보았다. 355조는 "民人이 官員이라 詐稱하거나 官員의 姓名을 詐冒하거나 官司의 差遣이라 詐稱한 者는 笞一百이며 因하여 人을 捕하거나求爲함이 有한 者는 懲役三年이며 現任官員의 子孫弟姪이라 稱하고 按臨한 管內에 求爲함이 有한 者는 笞一百에 處하고 得財하여 贓이 重한 者는 第600條準竊盜律로 論함이라"고 규정한다. 따라서 피고 이○○은 동법 600조의 적용을 받게 된다. 『형법대전』 600조는 "官私를 詐欺하여 財를 取하거나 他人의 財를 拐帶한 者는 計贓하여 第595條 竊盜律에準함이라"고 규정한다. 600조에 의해 다시 595조를 적용하면 "踰墻穿穴或潛形隱面이나 人의 不見함을 因하여 財物을 竊取한 者는 其入己한 贓을 通算하여 首從을 不分하고 左衣에 依하여 處하되 未得財한 者는 禁獄三個月에 處함이라" 하고 금액별로 처벌 강도가 다르다. 피고의 사안처럼 13냥인 경우 10냥 이상 50냥 미만이므로 징역 7개월에 처할 수 있다. 하지만 여러 조문이 한꺼번에 적용될 경우 가장 큰 처벌이 적용되므로 피고 이○○은 3년형을 선고 받은 것이다.[151] 한국의 변호사제도는 1905년 11월 8일 법

률 제5호 「변호사법」, 동월 17일 「변호사시험규칙」을 공포하면서 소개
되었는데 이제 막 등장한 변호사 사무실에서 얻은 법률지식을 바탕으로
'출장재판'이라는 사기행위를 하였다. 일반적으로 재물갈취를 목적으로
하는 사기사건들은 동서고금을 막론하고 존재했다. 하지만 '출장재판'이
라는 사기행위는 근대초기 아직 재판제도에 익숙하지 않은 사회상이 잘
나타나 있는 판결이라고 할 수 있다.

---

151) 이 같은 행위에 대한 처벌은 『대명률』에도 규정되어 있다. 『대명률』, 형전 詐欺官
　　私取材조에 의하면 計略을 써서 관청이나 私人을 詐欺하여 매물을 취한 자는 모두
　　臟物로 計算하여 竊盜에 준해 논죄하도록 규정하고 있다.

┃ 찾아보기 ┃

김항기

동국대학교 대외교류연구원 연구원
대전대학교, 서울예술대학교 강사
한국근대사가 전공이며 주요 연구로는 「갑오개혁기(1894~1896) 민사소송제도의 시행과 사권신장」, 「1906~1910년간 일제의 의병 판결실태와 그 성격」 등이 있다.